Die Grenzen Polens vor dem Zweiten Weltkrieg

dbm
MEDIA-VERLAG

Diese Geschichte ist authentisch.
Alle Fakten, Orte und Personen sind real.
Die Dialoge wurden von der Verfasserin
so wahrheitsgetreu wie möglich
nach dem Ende ihrer Mission aufgezeichnet.

Klementyna Mankowska

Odyssee einer Agentin

Ein Frauenschicksal im Zweiten Weltkrieg

dbm
MEDIA-VERLAG

Mankowska, Klementyna: Odyssee einer Agentin.
Ein Frauenschicksal im Zweiten Weltkrieg.
Berlin: dbm Media-Verlag, 1995
ISBN 3-930541-09-2

Eine französische Ausgabe erschien
1994 unter dem Titel „Espionne malgré moi"

dbm Media-Verlag

Aus dem Französischen von Deborah Béatrice Bernhofen
Lektorat: Ulrike Westhoff
Illustrationen und Satz: City-Repro im Druckhaus Berlin-Mitte GmbH
Druck: Druckhaus Berlin-Mitte GmbH
Bindung: Kunst- und Verlagsbuchbinderei Leipzig
Printed in Germany 1995
ISBN 3-930541-09-2

Für meinen Mann,
der mit mir durch alle Schicksalswendungen und Widrigkeiten des Lebens gegangen ist und gemeinsam mit mir am 1. Januar 1993 den sechzigsten Geburtstag unserer Ehe gefeiert hat,

und in Dankbarkeit,
für meine Freunde Paulette und Jacques de Tymowski,die mich nicht nur unterstützt haben, dieses Buch zu schreiben, sondern auch mit großem Einsatz die notwendigen Schritte unternommen haben, es zu veröffentlichen.

Jeder Mensch trägt in sich einen göttlichen Funken. Manchmal reicht ein Wort oder ein Lächeln, um ihn leuchten zu lassen.

Die Angst erzeugt Verachtung, Haß erzeugt Gewalt.

Klementyna Mankowska

Vorwort

„Inia! Das müssen Sie alles schreiben“, sagte ich Gräfin Mankowska vor zehn Jahren anläßlich eines Urlaubsbesuches bei meinen Schwiegereltern Graf und Gräfin Lippens in Knokke-Le Zoute, Belgien.

Sie hatte mir über Tage und Wochen ihre Erlebnisse aus der Kriegszeit erzählt. Welch' eine Odyssee mußte diese schöne und tapfere Frau durchmachen! Solch' ein Schicksal durfte der Nachwelt nicht vorenthalten bleiben.

Im Jahre 1994 war es dann endlich soweit: Ihr Buch erschien in Frankreich und wurde sogleich zum großen Erfolg.

Nun wünsche ich diesen Memoiren auch im deutschsprachigen Raum eine gleich gute Verbreitung, denn sie stellen 50 Jahre nach Kriegsende einen bedeutenden Beitrag zur Völkerverständigung dar und helfen mit ihrem objektiven und versöhnlichen Ton, noch vorhandene Gräben zwischen den Völkern zu ebnen.

Friedrichsruh, im März 1995

Ferdinand Fürst von Bismarck

T. Bór-Komorowski
General
108 Eaton Square
London, S.W. 1

12. August 1948

BESCHEINIGUNG

Ich bescheinige hiermit, daß ich Frau Klementyna Mankowska persönlich gekannt habe, die in den Jahren 1939 bis 1942 in der Organisation „Die Musketiere" unter dem Befehl des Chefkommandanten in der Organisation „Kampf um die Unabhängigkeit", polnisches Innenheer, tätig war.
Von 1941 bis 1942 schickte die obengenannte Organisation Frau Mankowska für den Informationsdienst ins besetzte Frankreich. Danach gelangte Frau Mankowska nach England.
Während ihrer schwierigen und riskanten Mission hat Frau Mankowska außergewöhnlichen Mut, ein hohes Maß an Eigeninitiative und Opferbereitschaft gezeigt.
Diese Bescheinigung soll dazu dienen, Frau Klementyna Mankowska vor der Anklage in Schutz zu nehmen, sie habe mit den deutschen Besatzungstruppen kollaboriert, welche gegen sie von Personen erhoben werden könnte, die nicht über ihren Auftrag unterrichtet sind. Tatsächlich hat sie aber nur die Anweisungen der Führung des polnischen Widerstandskampfes befolgt und für das gemeinsame Wohl und gegen Deutschland gekämpft.*

T. Bór Komorowski

Stwierdzam własnoręczny podpis
gen. dyw. T. Bór-Komorowski

Londyn, dn. 20. sier

Tadeusz Bór-Komorowski
General
Chefkommandant des
polnischen Innenheeres a. D.

* Das polnische Original befindet sich im Besitz der Autorin.

Zum Geleit

Zum Verständnis des Buches seien noch kurz einige historische Hintergründe erläutert. Nach dem Ende des kurzen Krieges gegen Polen im September 1939 erfolgte die Teilung des Landes zwischen Deutschland und Sowjetrußland. Das Deutsche Reich hatte jetzt die Herrschaft über rund 10 610 000 Polen im sogenannten Generalgouvernement. Beinahe ebensoviele Polen, nämlich 10 568 000, hatten ihren Wohnsitz in den ins Reich „eingegliederten Ostgebieten", von denen ein Teil vor dem Ersten Weltkrieg bereits zu Deutschland gehört hatte. Das von der Sowjetunion besetzte Ostpolen war von 5 274 000 polnischen, 1 109 000 jüdischen, 4 529 000 ukrainisch-ruthenischen und 1 123 000 Bürgern weißruthenischer Muttersprache besiedelt.

Die polnische Regierung war am 17. September 1939 nach Rumänien geflohen und dort interniert worden. Da von dort aus eine Exilregierungstätigkeit nicht möglich war, demissionierten die Regierungsmitglieder und übertrugen das Staatspräsidium an den in Paris weilenden Senatsmarschall Wladyslaw Raczkiewicz. Der berief zum Kabinettschef den ebenfalls nach Frankreich gelangten General Wladyslaw Sikorski. Vor Ende des deutschen Frankreich-Feldzuges ging die polnische Exilregierung nach London.

Die Exilregierung beschloß schon bald nach ihrer Bildung die Weiterführung des Krieges gegen Deutschland. Eine Kombination von geflüchteten Soldaten, polnischen Auslandsbürgern und anderen Freiwilligen sammelte sich in einer Exilarmee, die im Februar 1940 84 000 Mann umfaßte. Nach der Aufstellung kämpften drei Divisionen dieser Exil-

armee in den französischen Streitkräften gegen Deutschland. Eine polnische Gebirgsjägerbrigade griff in die Kämpfe um Narvik ein.
Neben dieser Exilarmee entstand schrittweise eine Untergrundarmee in Polen selbst. Bereits wenige Tage nach der Niederlage rief General Mieczyslaw Karasiewicz-Tokarzewski den Verband „Dienst am Siege Polens“ (SZP) ins Leben, aus dem sich schließlich regelrechte Untergrundstreitkräfte entwickelten. Oberbefehlshaber war General Kazimierz Sosnkowski, der bereits Ende 1939 zum Oberkommandierenden des gesamten militärischen Widerstands avancierte. Die SZP benannte sich bald in „Verband für den bewaffneten Kampf“ (ZWZ) um. Im südlichen Polen wurde die militärische Widerstandsgruppe von Graf Tadeusz Bór-Komorowski geführt. Im Sommer des Jahres 1940 waren bereits rund 100 000 Mann in der ZWZ organisiert. Ab 15. Januar 1940 wurde die ZWZ von Oberst Stefan Rowecki geleitet. In den ersten Jahren plante die ZWZ keine bewaffneten Aktionen, sondern legte ihren Schwerpunkt auf Sabotageakte gegen deutsche, bis zum Beginn des Rußlandfeldzuges auch sowjetische Einrichtungen. Sie verbreitete Informationen und Propagandamaterial in Polen und gab über Funk und Kuriere organisatorische und militärische Nachrichten nach Frankreich und England weiter.
Für die als Konkurrenz empfundene Widerstandsgruppe „Die Musketiere“ arbeitete dagegen Klementyna Mankowska, die die Kompetenzstreitigkeiten zwischen diesen geheimen Organisationen miterlebte. Gleichzeitig waren die deutschen Agentendienste an ihr interessiert. So wurde die junge Frau in eine abenteuerliche Rolle gedrängt, die sie mit beweglichem Verstand und hoher Menschlichkeit meisterte.

Uwe Greve

Im Mai 1938 hatte ich einen bedeutsamen Traum. Ich stand am Ufer eines Waldsees. Die Nacht umfing mich, kein Laut durchbrach die Stille, der Wald schien reglos. Es war Mitternacht. Ich blickte hinauf zum Himmel – er war verhangen. Kein Stern war zu sehen. Ich war allein in einer öden Welt. Plötzlich erstrahlte das Firmament in einem seltsamen Licht. Eine Feuerspur durchschoß den Himmel. Die Erde wurde von einem roten Schimmer erhellt.

Ich hörte eine eindringliche Stimme:

„Dieses Zeichen kündigt den Krieg an. Alle Völker werden davon betroffen sein. Chaos wird herrschen." Ich hatte Mühe, die Worte zu verstehen.

In der Ferne konnte ich eine wogende Menschenmenge erkennen; sie war durch helle Brände erleuchtet. Männer und Frauen sah ich. Sie liefen, fielen, rappelten sich hastig wieder auf und eilten zu den Kirchen.

Die Stimme fuhr fort: „Sie, alle, möchten zu mir zurückkehren. Es wird zu spät sein . . ."

Vor Schrecken wie gelähmt wachte ich auf. Mein Mann schlief. Ich ging hinaus auf die Terrasse. Der Himmel war mit Sternen übersät und im Park ertönte der Gesang der Nachtigallen. Es war bloß ein Traum gewesen. Ich beruhigte mich, legte mich nieder und schlief ein. Am nächsten Tag erzählte ich André meinen Traum. Noch ein paar Tage lang sprachen wir darüber, und dann war alles vergessen.

*

Mai 1939 in Winnogóra. Mitten in der Nacht klopfte jemand an die Tür unseres Zimmers. Ich machte auf. André wurde wach. War es Teta, die deutsche Amme der Kinder? War einer der Jungen krank? Nein. Auf der Schwelle stan-

den Marysia, meine Aufwartefrau, der Küchenchef Wladyka und seine Frau, der Diener Antoine und Teta vor mir.
„Kommen Sie, Madame, ein Zeichen, am Himmel."
Wir gingen alle nach draußen. Ich sah den Himmel mit der Feuerspur vor mir – wie in meinem Traum.
„Der Krieg ist nahe", sagte ich.
„Ja, Madame", erwiderte der Küchenchef, „das ist es, wovon die ganze Zeit geredet wird."
Ich bemerkte das siegreiche Lächeln von Teta.
„Ein Himmelszeichen, wir sind in Gotteshänden", tröstete uns André. „Vielleicht ist es bloß ein Polarlicht."
Ich riet allen, ins Bett zurückzugehen und legte mich nieder, konnte aber nicht schlafen. Krieg bedrohte uns. Davon war ich überzeugt.

*

Gegen Ende August wurde die Bedrohung zur Gewißheit. Alle kriegstauglichen Männer wurden zu den Fahnen gerufen. Mein Mann, der Reserveoffizier war, stieß zu seinem Regiment in Gniezno*. Er und unser Chauffeur fuhren mit dem Wagen fort. Ich blieb mit unseren beiden Söhne zu Hause, dem fünfjährigen Christophe und dem dreijährigen André. Uns umgab das gesamte zuverlässige Hauspersonal, und auch – Teta. Ich änderte nichts an meinen täglichen Gewohnheiten. Ab acht Uhr in der Früh ritt ich auf meinem arabischen Vollbluthengst aus und suchte Bauernhöfe und Wälder auf. Nachmittags ließ ich den Wagen anspannen, um Besorgungen zu erledigen oder Besuche in der Umgebung abzustatten. Der alte treue Kutscher Tomisch, der mit

* deutsch: Gnesen

seinem Gehrock und seinem Zylinderhut tadellos aussah, fuhr mich. Er war deutscher Herkunft, stammte aus Schlesien, wo die Eltern meines Mannes noch ein Gut besaßen.

*

Als die Kampfhandlungen begannen und Flugzeuge den Himmel mit Höllenlärm erfüllten, als sie schossen und Städte und Land bombardierten, ging ich mit den Kindern in den Park. „Wenn eine Bombe fällt“, dachte ich, „werden wir alle drei auf einen Schlag getötet.“
Flüchtlinge bevölkerten die Straßen. Auf der Suche nach Essen und Trinken rasteten sie am Schloß. Als ich sah, wie verwirrt, bleich und elend sie waren, entschloß ich mich, auf keinen Fall fortzugehen. Panik breitete sich in der Nachbarschaft aus. Bald erfuhr ich, daß niemand mehr die umgebenden Schlösser und Herrensitze bewohnte. Der ersten Welle von Flüchtlingen folgte das polnische Heer. Ein Panzerwagenregiment auf dem Rückzug fuhr mit großem Getöse durch den friedlichen Park. Ich ging hinaus, um die Offiziere zu empfangen. Sie waren verblüfft, mich hier zu sehen und umringten mich.
„Wie kommt es, daß Sie nicht fort sind? Wir ziehen uns auf die Weichsellinie zurück. Aber Sie, Sie sollten fort. Sie können sich nicht vorstellen, in welche Gefahr Sie sich begeben, vor allem mit kleinen Kindern.“
„Ich bleibe“, erwiderte ich. „Sollen die Deutschen kommen und dann werden wir weitersehen. Angst habe ich keine.“
Am nächsten Tag kleidete ich mich besonders schön. Warum sollte ich mich mit meinem schlechtesten Kleid und einem Kopftuch so lächerlich ausstaffieren, wie all die

Damen, die ich im Zug vorbeimarschieren gesehen hatte, und damit versuchten, unauffällig zu erscheinen? Meine Vorfahren, meine Eltern waren dem Tod immer kühn und würdig entgegengetreten. Kühnheit war für mich kein Fremdwort, würdig wollte ich aussehen. Meine Haare flocht ich sorgfältig und steckte sie zur Krone auf. Ich zog mein weißes Kleid an, das mit großen blauen und roten Blumen verziert war. Ich lief noch einmal um das Haus, um nachzuprüfen, ob alles in Ordnung sei, dann ging ich zu den Kindern. Mit ihrer blauweißen Haube sah Teta, die damit wie eine Krankenschwester wirkte, ausgezeichnet aus. Sie erschien mir lebendiger und nicht so folgsam wie sonst. Sie strahlte Genugtuung aus. Es sprang einem förmlich in die Augen.

*

Gegen fünf Uhr nachmittags hörte man Motorlärm. Vom Fenster aus sah ich vier Motorräder, auf denen Soldaten mit Helmen saßen. Sie fuhren durch das Tor in den Park hinein. Die Deutschen! Sie blieben vor der Freitreppe stehen und warteten. Eine Viertelstunde später kam ein Militärwagen, auf dem ein Wimpel befestigt war. Zwei Offiziere, wie aus dem Ei gepellt, stiegen aus dem Wagen. Der eine in reiferem Alter, der andere etwas jünger. Ich beschloß, ihnen entgegenzugehen. Sie stiegen die Stufen der Freitreppe herauf und schlugen zur Begrüßung die Hacken zusammen. Der jüngere Offizier ergriff das Wort.
„Verzeihen Sie, darf ich uns vorstellen. Dies ist Rittmeister von Nickisch-Rosenegk vom Stab des Generals von Gienanth, ich bin Hauptmann von Hoepfner. Der General und einige Offiziere besetzen das Schloß von Miloslaw. Wir

haben Befehl, Ihr Schloß für die Quartiermeisterabteilung, deren Chef ich bin, zu beschlagnahmen. Wir hatten keine Kenntnis von Ihrer Anwesenheit. Selbstverständlich werden wir Ihnen die Freiheit gewähren, die Räume, die Sie bevorzugen, zu bewohnen. In den übrigen Räumen werden wir unsere Büros einrichten."

Nach Besichtigung des Ortes vereinbarten wir, daß ich sechs Räume für mich und die Kinder, dazu die Zimmer für die Diener im Untergeschoß behalten würde. Alle schönen Möbel wurden in den Keller gebracht.

So ging das Leben weiter so gut wie möglich. Ich kümmerte mich um Haus und Gut und ritt weiterhin aus. Die Offiziere, die im Schloß wohnten, mischten sich in nichts ein und verhielten sich mir und dem Personal gegenüber sehr anständig. Sie waren sieben, die mir von Hoepfner vorstellte:

– Hauptmann Harold von Hoepfner,
– Rittmeister von Nickisch-Rosenegk,
– Oberstabsarzt Dr. Rupp,
– Major Lengnick,
– Hauptmann Kree,
– Hauptmann Ruban,
– Rittmeister von Kessel.

Der General Freiherr von Gienanth und der Oberst Graf von Rothkirch kamen oft, und ich hatte häufig die Gelegenheit, sie zu treffen und mich mit ihnen zu unterhalten. Sie waren offensichtlich gegen Hitler eingestellt, und um das Gespräch zu erleichtern, sprachen sie französisch mit mir.

*

Die Zeit verging. Ich machte mir mehr und mehr Sorgen, da ich seit dem Beginn des Krieges keine Nachricht von

André erhalten hatte und auch keine Nachrichten von meiner Schwester Marie und meinem Schwager Graf Staszek Mycielski, die achtzehn Kilometer von uns entfernt in Schloß Wrzesnia* wohnten. Hatten sie Wrzesnia mit ihren Kindern verlassen? Dies war schwierig zu erfahren, da die telefonischen Verbindungen für Privatleute außer Betrieb gesetzt waren.

Am 8. Oktober war ich mit den Kindern und Teta im Park, als ich einen schönen weißen Wagen mit einem offenen Verdeck kommen sah. Ich erkannte den Wagen meines Schwagers. Was für eine Überraschung! Sie waren also auch geblieben, sie waren nicht geflüchtet. Ich rannte zum Haus und ließ die Kinder bei Teta. In der Bibliothek fand ich meinen Schwager, der ein ernstes Gespräch mit Nickisch führte. Meine Freude währte nicht lange, denn Staszek brachte besorgniserregende Nachrichten. Ein Arzt, der von der Front kam, hatte ihm mitgeteilt, daß er André gepflegt habe: André sei schwer verwundet worden und läge in einem Notkrankenhaus in der Nähe von Kutno. Dem Bericht des Arztes nach hatte André kaum eine Chance zu überleben. Es sei denn, man würde ihm alle erdenkliche Pflege zukommen lassen. Dies konnte aber kaum der Fall sein unter den Bedingungen, die dort herrschten. Mit einigen Worten erzählte der Arzt meinem Schwager, unter welchen Umständen André verwundet worden war. Er war von seinem Kommandanten mit wichtigen Papieren zu einer anderen Einheit gesandt worden und hatte Befehl, an einem Treffpunkt auf einen Wagen zu warten, der ihn abholen sollte. Es war ein Gut mit einem kleinen Landsitz, auf dem

* deutsch: Wreschen

sich ein militärisches Notkrankenhaus befand. Da er nicht drinnen bleiben wollte, ging er hinaus und ein paar Schritte in einer Parkallee spazieren. Plötzlich schien es ihm, als hörte er Stöhnen und Schreie. Er näherte sich der Stelle, wo er den Schreienden vermutete und sah voller Schrecken eine grausame Szene: ein schwer verwundeter Offizier – offensichtlich Deutscher – lag auf dem Boden. Ein polnischer Unterleutnant und vier Soldaten spuckten ihm ins Gesicht. Dabei schlugen sie mit dem Kolben ihrer Gewehre auf ihn ein. Das Blut spritzte in die Gegend. André, der ein höherer Offizier war, befahl ihnen, sofort aufzuhören. Aber die Soldaten ignorierten seinen Befehl und schlugen nur um so heftiger weiter auf ihr Opfer ein. Schnell rannte André zum Krankenhaus, das hundert Meter entfernt war. Fünf Minuten später kam er mit Sanitätern zurück, die den armen Verwundeten abholten. Der Unterleutnant und seine Soldaten behaupteten daraufhin, André sei ein Verräter und sie griffen ihn an. Der Offizier schoß dreimal auf ihn und befahl den Soldaten: ,,Und nun schlagt ihn.“ Das war das letzte, was André hörte, bevor er bewußtlos zusammenbrach. Wie lange lag er dort? Keiner weiß es. Das Krankenhauspersonal hat ihn wahrscheinlich regungslos gefunden und ihn aufgenommen, um ihn zu pflegen.

*

Der Rittmeister, mein Schwager und ich berieten uns. Wie sollten wir vorgehen, um ihn wiederzufinden? Wir wußten, daß in Kutno fast alle Krankenhäuser geräumt worden waren. Wenn André noch am Leben war, müßte er sich in dieser Region befinden. Wir bezogen Hauptmann von Hoepfner und Dr. Rupp in unsere Beratungen ein, und wir

beschlossen, daß der Arzt und ich uns auf die Suche nach André begeben würden.
Am 9. Oktober, um sechs Uhr morgens, fuhren wir los. Die Straßen waren mit den verschiedensten Militärfahrzeugen verstopft. Panzer, dicke Kanonen, Sturmwagen. Wir mußten oft stehenbleiben, um das Kriegsgerät vorbeifahren zu lassen. Sie kamen aus Warschau, wo sie den Tod ausgesät hatten. Gegen elf Uhr erreichten wir endlich Kutno. Zuerst mußten wir tanken. Der Chauffeur begab sich also zum Bahnhof. Das große Eingangstor war verschlossen. Der Chauffeur hupte. Zwei Soldaten öffneten es und wir fuhren zum Treibstofflager. Zahlreiche Waggons, die voller Benzinkanister waren, befanden sich auf den Abstellgleisen. Einer der Soldaten tankte den Wagen auf und begleitete uns bis zum Tor zurück. Er verabschiedete sich und schloß das Tor hinter uns.
Bei der Kommandantur stieg Dr. Rupp aus und erkundigte sich, welche Krankenhäuser in der Region noch in Betrieb waren. Die meisten waren Ruinen. Nur zwei blieben noch übrig. Hunderte von Verletzten lagen überall herum: in den Sälen, in den Zimmern, sogar auf den Fluren. Die Register waren nicht ordentlich geführt, so daß wir durch dieses Labyrinth irren mußten. Jedes Gesicht mußten wir gründlich ansehen und die leichter Verletzten fragen, ob sie nicht von Leutnant Mankowski gehört hätten. Aber niemand konnte uns helfen. Dagegen hörten wir noch von anderen Orten – Garagen, Scheunen, Schulen –, wo weitere Verletzte in Sicherheit gebracht worden waren. Wir suchten sogar auf den Friedhöfen und entzifferten die Namen auf den Kreuzen.
Gegen acht Uhr abends waren wir erschöpft und entmutigt. Wir fuhren nach Winnogóra zurück.

„Morgen machen wir weiter", versprach mir Dr. Rupp.
Am darauffolgenden Tag, am 10. Oktober 1939, begleiteten mich Hauptmann von Hoepfner und Dr. Rupp. Nach fruchtlosen Versuchen wie am Vorabend fuhren wir zu einem hübschen Herrenhaus, in dem sich nach Angaben von benachbarten Dorfbewohnern einige verletzte polnische Offiziere befanden. Dr. Rupp beschloß, im Wagen zu bleiben. Ich und von Hoepfner versuchten erneut unser Glück. Wir klingelten an der Tür. Nach einer Weile führte uns ein Diener in einen geschmackvoll eingerichteten Salon.
„Madame kommt gleich. Bitte nehmen Sie Platz", kündigte er uns an, bevor er ging. Vom Zimmer nebenan waren Stimmen zu hören, die wie Gebete klangen. Und dann nichts mehr. Jetzt hörte ich „Ite missa est" und sofort danach ertönte die religiöse polnische Hymne von Männerstimmen gesungen. Mit „ Freie Heimat, Herr, habe die Güte, sie uns zurückzugeben" hörte die Hymne auf.
Große Erregung überkam mich. Die Tränen schossen mir in die Augen und ich hatte das Bedürfnis zu fliehen. Mich hier mit einem deutschen Offizier zu befinden, was für eine Schande!
„Gehen wir", sagte ich zum Hauptmann. Als die Tür vom Zimmer nebenan aufging, stand ich auf. Eine reizende ältere Dame betrat das Zimmer. Sie empfing uns liebenswürdig. Ich konnte ihr erklären, warum ich sie mit einem deutschen Offizier besuchte. Sie sprach ihn auf deutsch an: „Ich glaube, daß mehrere Personen, die Leutnant Mankowski kennen, bei mir sind. Sie wären in der Lage, Ihnen mehr über ihn zu erzählen. Warten Sie einen Augenblick. Es wird leichter sein, wenn Madame Mankowska allein mit mir kommt."

Hierauf nahm sie meinen Arm und führte mich ins Zimmer nebenan. Dort erblickte ich einen Priester, der gerade dabei war, sein Priestergewand auszuziehen. Ich sah außerdem fünf junge polnische Offiziere in Uniform. Die Dame stellte mich vor und erläuterte die Gründe meines Besuches. Einer der Offiziere kam näher und erzählte mir, daß er mit André zusammen in einem behelfsmäßigen Krankenhaus gewesen sei. Nach einiger Zeit aber hätte man sie voneinander getrennt. André wurde in ein anderes, weiter östlich gelegenes Krankenhaus gebracht. Mehr konnte der Offizier uns nicht sagen. Wir mußten weitersuchen.
Ich bedankte mich herzlich bei der Dame und dem Offizier und wünschte ihnen alles Gute. Ich hätte ihnen gern Worte aus der polnischen Nationalhymne zitiert – „Noch ist Polen nicht verloren . . ." –, aber ich unterließ es. Wir mußten fort. Die Dame führte mich in den Salon, wechselte ein paar liebe Worte mit meinem Begleiter und bedankte sich bei ihm für seine Mithilfe. Wir verließen sie an der Haustür.
„Gott erbarme sich Ihrer", wünschte sie mir, als ich den Wagen bestieg.
Wir fuhren Richtung Osten. In der Umgebung gab es keine Spur von irgendeinem Krankenhaus. Am Abend kamen wir in Sochaczew an, das fünfzig Kilometer von Warschau entfernt liegt. Dort hielten wir an der Kommandantur. Dr. Rupp stieg aus dem Wagen und kam fünf Minuten später mit weiteren Informationen zurück: Fünf Kilometer weiter, in Chodaków, befand sich ein Feldlazarett in einer Fabrik, die nicht mehr in Betrieb war. Dort waren Kriegsgefangene untergebracht. Alle Offiziere, auch diejenigen, die verletzt waren, sollten nächste Woche nach Deutschland geschickt werden.

Unsere letzte Chance! In Chodaków war der Eingang zum Lager gut bewacht: bewaffnete Soldaten, Stacheldrahtmauer und selbstverständlich ein großes verschlossenes Tor. Doch da unser Wagen Stabsinsignien trug, begrüßte man uns und das Tor ging auf. Niemand hielt uns an. Wir befanden uns in einem großen Hof, der von zahlreichen Gebäuden umgeben war.
Diesmal blieb ich mit Dr. Rupp im Wagen sitzen. Der Hauptmann stieg aus, um sich zu erkundigen. Das Warten kam mir ewig vor. Schließlich sahen wir den Hauptmann mit einem Offizier kommen. Um dem Kopf hatte der Offizier einen Verband und ging an einem Stock. Als sie näher kamen, erkannte ich ihn: Es war André! Welch ein Glück!
„Sie haben eine halbe Stunde Zeit", warnte mich von Hoepfner. „Nicht länger, wir haben es eilig. Spätestens um zehn Uhr müssen wir zurück sein, und es ist schon sechs Uhr. Wir machen eine Runde und sprechen mit dem Arzt. Währenddessen können Sie sich im Wagen unterhalten."
Er befahl dem Chauffeur, sich zu entfernen.
Was sollte ich machen, um André zu befreien? In seinem Zustand konnte ich ihn nicht nach Deutschland gehen lassen. Wir fingen an, Pläne zu schmieden.
„Zuerst", sagte ich André, „muß ich ganz genau wissen, was hier vor sich geht. Wer überwacht euch? Wer gibt Befehle? Wer sind alle diese Gefangenen? Offiziere? Soldaten?"
„Ja, es sind Offiziere und Soldaten. Alle drei Tage gegen drei Uhr nachmittags sammelt der zuständige Feldwebel ungefähr fünfzig Entlassungsanträge und begibt sich zur Lazarettkommandantur nach Sochaczew. Dort werden die Anträge aussortiert und man beschließt, wer von den Gefangenen freigelassen werden soll. Bis jetzt haben nur Soldaten Entlassungsscheine erhalten. Kein einziger Offizier."

„Habt ihr, du und deine Kameraden, etwas beantragt?"
„Nein, noch nicht. In zwei Tagen sind wir dran. Wir haben die Formulare schon ausgefüllt, aber noch nicht überreicht."
„Gut", erwiderte ich, „ihr müßt die Anträge bis zum 13. vorbereitet haben. An diesem Tag werde ich kommen und wir werden sehen, was zu tun ist."

*

Als ich nach Winnogóra zurückkam, schickte ich Kazik, den Sohn des Küchenchefs, mit dem Fahrrad zu meinem Schwager nach Wrzesnia. Er sollte ihm einen Brief geben, in dem ich ihn darum bat, mir seinen Wagen für den 13. Oktober vormittags zu borgen. Er kam am 12. nachmittags. Ich bekam den Wagen und fuhr erneut nach Wrzesnia. Tomisch folgte mir mit dem anderen Wagen und fuhr meinen Schwager nach Hause.
Am 13. Oktober um neun Uhr morgens machten wir uns erneut auf. Zuvor hatte ich von Hauptmann von Hoepfner eine Fahrerlaubnis erhalten, als hätte ich eine Mission für den Stab zu erfüllen. Mit meinem hübschen blumenverzierten Kleid und meinem weißen Mantel stand ich in Kutno vor dem Gitter des Treibstofflagers. Ich brauchte ausreichend Benzin für Hin- und Rückfahrt. Und – Glück wie immer! – derselbe Soldat, der mich mit dem Stabsoffizier gesehen hatte, machte das Tor auf. Er tankte auf und begleitete mich ohne ein Wort zum Tor zurück.
Ich nahm dieselbe Straße, die von Kolonnen großer Offizierswagen und Jeeps der Feldgendarmerie überfüllt war. In die entgegengesetzte Richtung fuhr ich ganz allein in meinem schönen weißen Wagen, dessen Verdeck geöffnet

war. Durch welches Wunder gelang es mir weiterzufahren, ohne ein einziges Mal angehalten zu werden?
In Chodaków angekommen, machten die Offiziere das Tor auf, ohne mir Fragen zu stellen. Hatten der Hauptmann und Dr. Rupp ihnen Bescheid gegeben? Ich habe es nie erfahren. Sofort stürzte ich in das Gebäude, in dem sich André und sein Kommandant Major Chudzikiewicz und noch ungefähr zehn von seinen Regimentskameraden befanden. Ich mußte ihre Freude und Begeisterung dämpfen.
„Ruhe bitte. Haben Sie Ihre Anträge vorbereitet? Ja? Dann geben Sie sie dem Feldwebel. Ich werde mit ihm nach Sochaczew fahren. Ich kann Ihnen nichts versprechen, aber ich werde mein Bestes tun, und ich hoffe, daß es mir gelingen wird."
Einer der Offiziere ging mit den Anträgen hinaus. Ich blieb bei André und den anderen. Gegen zwei Uhr nachmittags begab ich mich auf den Hof. Der Feldwebel war dabei, die Reifen seines Fahrrads aufzupumpen. Ein leichter Sprühregen setzte ein. Ich näherte mich dem Feldwebel.
„Das Wetter schlägt um", sprach ich ihn an. „Ich muß nach Sochaczew in die Apotheke und dann zur Kommandantur. Könnten Sie mir den Weg dahin erklären? Bei diesem Regen habe ich keine Lust, lange zu suchen."
„So ein Zufall! Das trifft sich gut . . . Auch ich muß zur Lazarettkommandantur! Ich kann Ihnen den Weg zeigen, aber ich fahre mit dem Fahrrad."
„Mit dem Fahrrad? Und wenn es einen Schauer gibt? Warum fahren Sie nicht zusammen mit mir?"
„Mit dem größten Vergnügen. Danke, haben Sie vielen Dank. Ich muß um drei Uhr dort sein."
„Ungefähr in zwanzig Minuten werden wir also abfahren.

Bis wir soweit sind – könnten Sie mir helfen, das Verdeck zu schließen?"
„Aber natürlich. Ich mache es auch gern allein."
Zwanzig Minuten später saß ich gemütlich am Steuer. Neben mir saß der Feldwebel mit seiner wertvollen Aktentasche. Wir fuhren durch das große Lagertor. Da die Straße nicht gut war, fuhr ich möglichst langsam. Wir hatten Zeit. Es war erst zwei Uhr dreißig. Ich fragte meinen Begleiter, ob es in der Kommandantur lange dauern würde.
„Nein, nicht länger als fünfzehn Minuten. Ich überbringe die Entlassungsanträge der Gefangenen. Jeden Tag sind es ungefähr fünfzig. Der Kommandant stempelt und unterschreibt die Anträge der Soldaten. Die Anträge der Offiziere streicht er mit dem Rotstift durch und versieht sie mit dem Vermerk ‚ungültig'."
„Wie aber kann er in einer so kurzen Zeit von den Anträgen der Soldaten die der Offiziere heraussortieren?"
„Nicht er macht das. Dafür bin ich zuständig. Ich lege die Anträge der Soldaten oben auf den Stapel und sage ihm, wie viele es sind. Heute zum Beispiel werde ich ‚zweiunddreißig' sagen. Das heißt, daß es zweiunddreißig Anträge von Soldaten gibt. Er wird sie unterschreiben und abstempeln. Alle anderen werden abgelehnt. Man braucht nicht lange dafür."
Um nicht seinen Verdacht zu wecken, durfte ich ihn nicht weiter ausfragen. Ich lenkte also das Gespräch auf etwas anderes.
„Sind Sie schon lange hier?"
„Ungefähr einen Monat. Nächste Woche fahre ich für vierzehn Tage nach Hause. Meine Frau soll ihr erstes Kind bekommen. Ich hoffe, es wird ein Junge."
„Ich wünsche es Ihnen von ganzem Herzen. Konnten Sie ihr ein paar schöne Geschenke kaufen?"

„Noch nicht. Ich habe vor, es in Posen zu tun. Dort findet man alles. Bei uns gibt es nichts mehr. Unglücklicherweise habe ich nicht viel Geld. Ich werde meinen Lohn erst in der Heimat bekommen.“ Ich hielt den Wagen an.
„Warten Sie.“
Ich nahm meine Tasche und zog einen Hundertmarkschein heraus.
„Nehmen Sie, ich gebe Ihnen das Geld gern, Ihnen und Ihrer Frau. Kaufen Sie etwas Schönes! Dafür möchte ich Sie um etwas bitten. Es ist nicht schwierig . . . In dem Stapel, den Sie dem Kommandanten bringen, vertauschen Sie einige Anträge. Erlauben Sie mir, ein paar auszuwählen. Das ist ohne Risiko.“ Er überreichte mir seine Aktentasche. Ich entnahm ihr die besagten Dokumente. Ich suchte die Anträge von André, von Major Chudzikiewicz und von acht weiteren Offizieren seines Regiments heraus. Ich legte sie unter drei Anträge von Soldaten. Somit gab es drei Soldaten, zehn Offiziere, dann wieder neunzehn Soldaten, insgesamt also zweiunddreißig Männer zu entlassen.
„Ich hoffe“, äußerte ich, „daß es dem Kommandanten nicht auffallen wird.“
„Nein, wahrscheinlich nicht, aber seien Sie anwesend, sprechen Sie mit ihm, damit er die Papiere nicht genauer betrachtet. Ihm gefallen hübsche Frauen sehr und er wird glücklich sein, sich mit Ihnen unterhalten zu können. Jeden Tag führt er die gleiche Arbeit aus. Sie ist ihm zur Routine geworden.“
Alles lief wie geplant und wir fuhren nach Chodaków zurück. Darüber hatte ich vergessen, daß ich eigentlich vorgegeben hatte, in die Apotheke gehen zu wollen.

*

Als die Nacht kam, nahm ich in meinem Auto André und seinen Major mit. Wir fuhren weg. Was die anderen Offiziere betraf, so hatten sie ihre wertvollen Entlassungsscheine und schlugen sich mit den entlassenen Soldaten aus dem Lager.
Um den Major absetzen zu können, mußten wir über Gniezno fahren. Das war ein großer Umweg. Aber es ging nicht anders. Übrigens war es mir recht, nicht so früh in Winnogóra anzukommen. Bei Chudzikiewicz blieben wir also eine gute Stunde, tranken Tee und aßen leckere Kuchen.
Wir erreichten Winnogóra um zwei Uhr in der Nacht. Im Gegensatz zu meinen Vermutungen und Hoffnungen war das ganze Haus beleuchtet. Als wir vor der Freitreppe stehenblieben, bemerkte ich Dr. Rupp, Nickisch und von Hoepfner. Sie stürzten auf uns zu.
„Was ist denn los? Wir haben uns Sorgen gemacht, als wir Sie am Abend nicht nach Hause kommen sahen."
„Was los ist ? Es ist so . . .", antwortete ich und deutete auf André, der neben mir saß. „Ich habe meinen Mann zurückgeholt. Ich hoffe, daß Sie nichts dagegen haben."
„Aber wie haben Sie das geschafft?"
„Morgen erzähle ich es Ihnen. Jetzt muß er ins Bett. Er ist erschöpft, und ich auch."
Dr. Rupp half mir. Nachdem wir André ins Bett gebracht hatten, trennten wir uns.
Es war nicht leicht, den Kindern, Dienern und Teta seine Rückkehr zu verheimlichen. Gleich am nächsten Tag untersuchte Dr. Rupp sorgfältig Andrés Wunden. Er pflegte ihn mit großer Hingabe. Von Hoepfner verlangte aber, daß André seine Rückkehr nach Winnogóra offiziell anmelde und unterschreibe. Dieses vom Hauptmann unterzeichnete

Dokument wurde zum Landrat von Sroda gesandt. Am selben Tag begab sich von Hoepfner nach Miloslaw zu General von Gienanth. Er erhielt dort ein Dokument, in dem die Umstände erläutert waren, unter denen André verwundet worden war. Gemäß diesem Dokument sollte André wie ein verletzter deutscher Offizier behandelt werden. Es sollte ihn auch vor allen eventuellen Verfolgungen, die mit seiner Rückkehr nach Hause verbunden waren, schützen.
Einige Tage vergingen. André kam wieder zu Kräften. Wir hofften, daß wenigstens für ihn der Krieg bald zu Ende war. Umsonst! Eines Morgens hielt ein schwarzer Wagen vor dem Haus. Zwei Männer der Gestapo stiegen aus. Sie gingen die Stufen der Freitreppe hinauf und betraten das Haus. Sie baten den Diener, Leutnant Mankowski besuchen zu dürfen. Als Nickisch sie sah, erklärte er ihnen, daß der Leutnant verwundet sei und das Bett hüten müsse. Er legte ihnen das Dokument des Generals vor. Sie nahmen davon jedoch kaum Notiz und beharrten darauf, André sehen zu wollen. Ihr Besuch sei rein routinemäßig. Es werde nicht lange dauern. Man werde André wahrscheinlich vor Mittag schon wieder nach Hause bringen.
Dagegen half nichts. André mußte sich in aller Eile anziehen und mit ihnen kommen. Es war zehn Uhr. Schließlich war Mittag vorbei, eine Stunde, zwei Stunden, drei Stunden vergingen. Ich machte mir große Sorgen. Ich schickte Kazik, den Sohn des Küchenchefs, mit seinem Fahrrad nach Sroda, vierzehn Kilometer von uns entfernt, damit er sich erkundige. Er kam sehr schnell zurück und war äußerst bestürzt.
„Auf dem Rathausplatz“, sagte er mir, „wird ein Podest aufgebaut. Da sollen morgen zwanzig Gefangene erschossen werden.“

Was sollte ich tun? Man durfte nun keine Zeit verlieren. An diesem Nachmittag waren meine Offiziere abwesend. Vielleicht waren sie zum General von Gienanth nach Miloslaw gefahren?
Ich zog mich rasch um und schickte Marysia zu Tomisch, damit er in aller Eile Dahoman, meinen arabischen Vollbluthengst, sattele. Schon bald brachte er ihn mir vors Haus. Ich bestieg mein Pferd und galoppierte am See entlang durch den Wald und erreichte die kleine Stadt Miloslaw, durch die ich sehr schnell hindurchgaloppierte. Vor dem Schloß blieb ich stehen und fragte die Wächter, ob der General zu Hause sei. „Ja!“ Was für ein Glück! Sofort wurde ich in sein Zimmer geführt. Außer Atem erklärte ich ihm in wenigen Worten die Situation. Der General, der aufmerksam zugehört hatte, hob den Telefonhörer ab und bat um eine Nummer.
„Den Prinzen von Reuß will ich sprechen“, verlangte er.
Ein langes Gespräch folgte. Dann legte er auf und wandte sich zu mir:
„Ein Anruf des Prinzen im Namen des Gauleiters Greiser an die Gestapo von Sroda wird ausreichen, damit Ihr Mann heute noch nach Posen gebracht wird. Er wird in ein Krankenhaus der deutschen Diakonissen eingeliefert.“ Am Ende des Gesprächs lächelte mich der General von Gienanth an und beruhigte mich:
„Schlafen Sie in aller Ruhe, Gräfin, Sie brauchen sich vor nichts mehr zu fürchten.“
Es stimmte. Am selben Abend brachte ein Gestapowagen aus Sroda André nach Posen. Ich konnte dennoch nicht ruhig schlafen. In der Frühe wurden, wie geplant, die neunzehn Geiseln erschossen. Alles lief auf eine unbeschränkte Herrschaft der Gestapo hinaus. Tag für Tag stieg die Zahl

der Hinrichtungen. Die Mordlust schrieb in Blutbuchstaben eine neue Seite der Geschichte.
Im Krankenhaus der Diakonissen wurde André dennoch gut behandelt. Man operierte ihm zwei Kugeln heraus. Bald war er auf dem Weg der Genesung. Er nahm wieder zu und sah die Zukunft mit Optimismus. Fest entschlossen kämpfte ich um seine bedingungslose Entlassung. Ich wollte, daß er nach Hause zurückkommen konnte. Ich lief von Verwaltung zu Verwaltung. Bald waren mir alle Büros der Gestapo, die in unserer Nähe waren, wohlbekannt. Aber meine Behördengänge brachten nichts ein. Mein Stab konnte mir auch nicht weiterhelfen. Alles hing allein von der Gestapo ab.
Eines Abends bei Sonnenuntergang, als ich nach Hause ging, sprach mich ein unbekannter Mann an. Er gab mir einen Brief von Klemens Rudnicki, einem jungen Cousin meiner Mutter, Oberst im polnischen Heer, Kommandant des siebten Reiterregiments in Posen. Er, seine Frau und seine Kinder kamen damals oft nach Winnogóra und wir waren eng miteinander befreundet. In seinem Brief ließ er mich ohne weitere Erläuterung wissen, daß er mir seinen arbeitslos gewordenen Chauffeur schicken wolle, da niemand mehr einen Wagen besitzen durfte. Er bat mich, diesen angeblichen Chauffeur in meine Dienste zu nehmen, der nicht die vorgeschriebene Dienstuniform, sondern lediglich Zivilkleidung trug. Er sollte einfach irgendwelche Aufgaben bei mir erfüllen, um überleben zu können.
Nachdem ich den Brief gelesen hatte, betrachtete ich den Mann genauer. Er sah keineswegs wie ein untätiger Chauffeur aus. „Bestimmt ein Offizier“, dachte ich bei mir. Ich wies ihm die Aufgabe der ersten Aushilfe des Gärtners zu. Seine Anwesenheit im Haus oder in den Quartieren der

Diener im Untergeschoß machte keine Umstände. Bald vergaß ich ihn.
Seit einiger Zeit schon quälte mich von Hoepfner wegen des Jagdarsenals meines Mannes. Die neun, sehr wertvollen Waffen waren zusammen mit anderen kostbaren Gegenständen im Keller eingemauert. Auf die Fragen der deutschen Offiziere hatte ich immer wieder geantwortet, daß wir sie vor dem Krieg meinem Vater zugeschickt hätten.
Von Hoepfner glaubte mir nicht. Er blieb hartnäckig und äußerte Befürchtungen. Die Situation könne sehr gefährlich für mich werden, wenn die Gestapo je von diesen Waffen oder gar der Munition Wind bekäme. Er beharrte so nachdrücklich darauf, daß ich anfing, mir Sorgen zu machen. Was würde werden, wenn die Offiziere mich verließen?
Schließlich gab ich nach, verriet ihm aber von dem Versteck nichts. In der Nacht gingen der Küchenchef und ich in den Keller. Wir brachen ein paar Mauersteine heraus und bargen neun Jagdwaffen und eine große Menge Munition. Ich ließ die Mauer mit Sorgfalt Stück für Stück wieder zumauern und brachte alles in mein Zimmer.
Am Morgen bat ich von Hoepfner in mein Zimmer und achtete darauf, keine Zeugen zu haben. Ich bemerkte, wie verblüfft er beim Anblick der Waffen war, und brach in Gelächter aus. Er fiel ein. Wir vereinbarten, daß er Waffen und Munitionen zu seinen Eltern nach Berlin bringen würde. Am Ende des Krieges, wenn die Alliierten gesiegt hätten, würde ich sie wiederbekommen. Zu diesem Zeitpunkt wußte ich natürlich nicht, was nach dem Krieg aus den Waffen, aus dem Haus oder aus seinen Eltern in Berlin werden würde.

Mitte November mußte der Stab fort. Ich erfuhr davon gleich, als sie den Befehl bekamen. Von Hoepfner, Nickisch und Dr. Rupp rieten mir, nach ihrer Abfahrt fortzugehen.
„Nichts wäre leichter“, beteuerten sie mir. „Wir könnten Sie und die Kinder nach Italien schicken.“
Davon wollte ich nichts hören. Von Andrés Problem einmal abgesehen, wäre mir eine Abreise, welcher Art auch immer, wie eine feige Tat vorgekommen. Zum wiederholten Mal entschied ich mich zu bleiben.
„Niemand“, sagte ich, „wird mich von hier vertreiben.“

*

Am Vorabend seiner Abreise wollte von Hoepfner mich sehen. Wir nahmen den Weg hinaus in den Park und gingen zunächst still nebeneinander her. Plötzlich sprach er mich an:
„Ich kann nicht fortgehen, ohne Ihnen zu sagen, was Sie für eine wunderbare Erinnerung in dieser Etappe meines Lebens in meinem Herzen hinterlassen. Hier bei Ihnen in Winnogóra sah ich, wie Sie mit den schwierigsten Situationen fertig wurden. Hier habe ich erfahren, was Mut, Barmherzigkeit und Nächstenliebe heißt. Wir schämten uns manchmal, meine Kameraden und ich, als Feinde bei Ihnen zu sein. Niemals haben Sie es uns spüren lassen. Wir sind Soldaten. Wir müssen Befehle ausführen. Nicht die gesamte deutsche Nation ist für das Geschehen verantwortlich. Wir haben auch Männer und Frauen, die ein Herz haben. Dieser verrückte Hitler und seine Bande sind von Dämonen besessen. Was können wir gegen diese teuflische Macht tun? Und wie wird das alles enden in Ihrem Land

und in unserem? Gott segne Sie und Ihre Kinder. Scheine die Sonne in Ihrem Herzen weiter.“
Er schwieg. Wir kehrten ins Hause zurück.
Am nächsten Tag gingen sie alle fort.

*

Zwei Tage später brachte uns die Gestapo einen Treuhänder, Herrn Kotzenberg. Er war um die fünfzig, dick, häßlich und unfreundlich. In Anwesenheit eines Offiziers der Gestapo sollte ich ihm den Schlüssel unseres Tresors aushändigen. Ich sollte ihm das Gut und alles von Wert offiziell überlassen. Man zwang mich, ein Dokument, welches das Gut auf drei Millionen Mark veranschlagte, zu unterschreiben. Ich wurde zusätzlich davon in Kenntnis gesetzt, daß Winnogóra, seine Ländereien, seine Bauernhöfe und seine Wälder, nach Beendigung des Krieges als Geschenk für den Generalfeldmarschall Keitel bestimmt war. Ich wurde meiner Ländereien beraubt, erhielt aber die Erlaubnis, vor Ort zu bleiben. Man gewährte mir eine bestimmte Summe pro Monat zum Lebensunterhalt. Auf Kotzenbergs Befehl wurde das Haus in Ordnung gebracht. Alle Spuren der Anwesenheit des Heeres verschwanden. Die Möbel wurden aus dem Keller zurückgeholt und in die Wohnräume gestellt. Die große Gewinnerin war Teta – zwischen ihr und dem Treuhänder entspann sich eine schöne Romanze. Ohne die geringste Einfühlsamkeit mir gegenüber, ließ sie es sich nicht nehmen, ihre Überlegenheit zu demonstrieren. Zur selben Zeit erfuhren wir zum ersten Mal von Deportationen. Für sie und für die Hinrichtungen war die Gestapo verantwortlich. In den kleinen und großen Städten der Region wurden Geiseln erschossen. Trotz der zunehmenden

Schwierigkeiten begann ich, mich in dieser neuen Situation zurechtzufinden und verfügte sogar über so etwas wie Autorität. Mir gelang es, Kotzenberg geselliger zu machen, und dadurch wurde schließlich auch Teta erträglicher. Der November verging und ohne jede Veränderung begann der Dezember. Die Hoffnung auf die Zukunft hielt mich während dieser grauen und elenden Tagen aufrecht. Wir nahmen an, daß das Ende nahe bevorstand, ohne jedoch etwas Genaues zu wissen. Eine innere Kraft hielt mich allem zum Trotz aufrecht.

*

Am 8. Dezember 1939 um zehn Uhr in der Früh hielt ein Wagen vor der Freitreppe. Zwei Totenköpfe der Gestapo verließen mit André den Wagen. Bevor ich überhaupt reagieren konnte, stiegen sie in den Wagen zurück und verschwanden. André stand allein vor der Treppe. Das ganze Haus versammelte sich. Alle waren vor Freude außer sich. Wir gingen hinein und verloren uns in wilden Vermutungen. Warum hatte man ihn freigelassen? War vielleicht meine Beharrlichkeit der Grund?
Wir plauderten angeregt und begaben uns mit den Kindern in meinen kleinen hübschen Damensalon. Gegen zwei Uhr, als hätte mich eine unerklärliche Vorahnung ergriffen, warf ich einen Blick nach draußen. Voll Schrecken sah ich einen schwarzen, gepanzerten Polizeiwagen, der vor dem Haus hielt. Im Nu war ich von einer Schar schwarzer Uniformen umringt.
„Sie sind verhaftet", kündigte man mir an. „Sie, Ihr Mann und die Kinder müssen in einer Viertelstunde reisefertig sein. Nehmen Sie nur das mit, was Sie bei sich tragen können."

Es fällt nicht schwer, sich vorzustellen, was wir innerhalb dieser schicksalhaften Viertelstunde taten. Mit Hilfe des gesamten, untröstlichen Personals gelang es uns, ein paar warme Kleidungsstücke, einige Toilettenartikel und ein paar Bilderrahmen, die ich wahllos in meinem kleinen Salon zusammengerafft hatte, auf einem Haufen zu legen und in zwei Koffer zu packen. Bevor ich hinausging, hatte ich gerade noch Zeit, dem Küchenchef unbemerkt meinen Schmuckkasten anzuvertrauen. Im letzten Augenblick nahm ich mein Akkordeon unter den Arm. Mein Hochmut? Ein spontaner Einfall? Meine Geste war zu unüberlegt und spontan, als daß ich in diesem Augenblick ihre Bedeutung hätte ermessen können.

*

Das ganze Dorf war vor dem Zaun versammelt. Viele weinten. Wir stiegen ein. Auf dem Mannschaftswagen standen uns vier Männer der Gestapo gegenüber, die Maschinenpistolen in den Händen hielten. Die Jungen, die fließend deutsch sprachen, interessierten sich leidenschaftlich für die Waffen und ließen sich erklären, wie diese Schreckensdinger funktionieren. Die nächste Viertelstunde der Fahrt verlief also auf eine recht erträgliche Weise. Vor der Schule in Sroda stiegen wir im Schlamm aus. Wir waren trotzdem guter Stimmung, denn wir waren alle beisammen. Das war zumindest etwas.

Für die neuen Verhältnisse waren die Gebäude in ein kleines, improvisiertes Konzentrationslager umgewandelt worden. Stacheldraht, Wächter in schwarzen Mänteln: nichts fehlte. Man führte uns in eines der Klassenzimmer, in der wir ungefähr fünfzig gleichgesinnte Unglückliche fanden, die dicht gedrängt auf dem rohen Boden auf einer dünnen Strohschicht lagen. Wir richteten uns mehr schlecht als recht ein.

Unsere Ernährung bestand aus einer zweifelhaften, leicht salzigen Wassersuppe, die uns einmal am Tag gereicht wurde. In ihr schwammen ein paar Kohlblätter und manchmal eine matschige Kartoffel. Glücklicherweise waren wir aus Winnogóra versorgt. Der Kutscher Tomisch, der Küchenchef Wladyka und einer seiner Söhne brachten uns kostbare Pakete.
Gottlob hatte ich mein Akkordeon, mit dessen Klang wir uns singend erwärmten. Die Kinder verließen uns oft und nahmen die anderen mit zu den Wächtern. Sie unterhielten sich stundenlang mit der Gestapo. Wir ließen sie gewähren; wir waren sogar glücklich, daß sie von der allgemeinen melancholischen Passivität nicht angesteckt wurden. Die langen schlaflosen Nächte bewirkten, daß jeder niedergeschlagen war. Unsere Wächter wendeten immer dieselbe Methode an: Sie schalteten nachts mehrmals hintereinander die starken Lampen an, die sie in den Räumen angebracht hatten.
Eine Woche verbrachten wir in Ungewißheit und Angst, da wir nicht wußten, was uns die Zukunft bringen würde. Dann erfuhren wir, daß wir abreisen sollten. Wohin, wußten wir nicht. Eines Morgens rief man uns zusammen. Wir hatten nur ein paar Minuten, um uns vorzubereiten. Lastwagen mit Planen brachten uns zum Bahnhof. Wir hatten schon von diesen Transporten in Viehwagen gehört – jetzt waren wir dran. Man ließ uns einsteigen; auf dem Boden lag nicht einmal Stroh. Es war so eng, daß wir uns nicht hinsetzen konnten. Man verriegelte die Türen.
Als ich, André und die Kinder einstiegen, sprach uns ein Wachposten an. Ich kletterte wieder hinunter und sprach leise am Waggon mit ihm, während die anderen sich weiter zusammendrängten. Die Kinder waren mit mir gekommen. André wartete.

„Möchten Sie uns nicht", fragte mich der Posten in freundlichem Ton, „die Kinder anvertrauen?"
Ich war überrascht und erschrocken. Er fuhr fort: „Wir haben einen Waggon erster Klasse und Verpflegung, die Ihnen fehlt. Die Kinder werden bei uns gegen die Kälte besser geschützt sein und eine schöne Reise machen. Wir mögen die Kinder. Der Kleine erinnert mich an meinen Sohn Franz. Haben Sie Vertrauen."
Ich zögerte, und er merkte es.
„Sie werden sie im Laufe der Reise sehen. Ich werde Sie an den Haltepunkten abholen." Ich mußte schnell eine Entscheidung treffen. Ich beschloß, seinen Vorschlag anzunehmen, da ich verstand, daß er meine Kinder mochte und sich menschlich zeigen wollte. Ein letztes Mal winkte ich die Jungen heran, die auf meine Entscheidung warteten. Ich küßte sie und stieg schnell in den Waggon zurück. Der Zug setzte sich kurz darauf in Bewegung.

*

Der Konvoi schleppte sich mühsam dahin. Die ganze Schwermut der Welt begleitete uns, und noch weitere Kümmernisse: Kälte, Hunger, lästige Gemeinsamkeit . . . Einen Umstand nahmen wir jedoch mit Freude wahr: Wir fuhren in Richtung Osten, das hieß, nicht nach Deutschland!
Die Reise dauerte drei Tage. Manchmal brachte man uns Brot und eine Flüssigkeit, die entfernt Ähnlichkeit mit Kaffee hatte. Von Zeit zu Zeit hielt der Konvoi auf einem öden Bahnhof, damit wir uns die Beine vertreten konnten. Bei einer dieser Pausen holte man mich zu meinen Jungen. Ich sah, daß man sie wie Prinzen behandelte. Man unterhielt

sie, wachte auf ihren Schlaf und stopfte sie mit Süßigkeiten voll. Wir unterhielten uns eine ganze Weile, und mir fiel ein Stein vom Herzen.
Seit zwei Tagen fiel dichter Schnee. Der Konvoi schlich im wahrsten Sinn des Wortes mühsam dahin. Die Pausen wurden immer häufiger. Plötzlich schien es mir, als ob wir in einen sehr großen Bahnhof fahren würden. War es vielleicht Warschau? Einige Stunden später hielten wir auf freiem Feld, weit entfernt von jeder Ortschaft. Am Horizont war ein Tannenwald zu sehen.
„Raus!" schrien die Wachposten auf deutsch.
Wir stiegen hinaus in den Schnee, der bis zu den Knien reichte. Wo waren wir? Wohin sollten wir gehen?
„Raus!" brüllten die Posten erneut.
Wir stiegen alle aus, eine elende Herde, die Bündel und Koffer schleppte. Von Ferne, vom Rande des Waldes, sahen wir einige Schlitten auf uns zukommen. André und ich gingen zu den Kindern zurück. Auf halber Strecke sprach uns einer der Wachposten plötzlich an.
„Gehen Sie in den Waggon zurück und verstecken Sie sich", raunte er uns zu. „Der Zug wird nach Warschau zurückfahren. Wir werden Ihnen die Möglichkeit geben, dort auszusteigen. Machen Sie es so, daß keiner Sie sieht. Wir haben den Befehl, hier alle auszuladen."
Wir ließen uns nicht zweimal bitten und nutzten das Gedränge aus, um unter dem Vorwand, Gepäck vergessen zu haben, in den Waggon zurückzuklettern. Gerade als ich einsteigen wollte, sah ich die beiden Jungen, die vom Posten begleitet herbeieilten. Im letzten Moment stopfte unser Retter in die Taschen der Kinder Schokoladentafeln und in die Hand von Christophe einen Zehnmarkschein. Wir verbargen uns in einer dunklen Ecke. Durch die Schlitze

des Waggons sahen wir die verstreute Schar der Deportierten. Die Schlitten, die wir in der Ferne gesehen hatten, kamen wahrscheinlich aus einem Dorf in der Nähe. Die mitleidvolle und gastfreundliche Bevölkerung nahm unsere unglücklichen Kameraden auf.

Nach einer halben Stunde Pause fuhren wir in die entgegengesetzte Richtung zurück. Als wir Warschau erreichten, war es schon dunkel. Der Zug hielt in einem Güterbahnhof. Wir stiegen unbemerkt aus und begaben uns auf die Suche nach einem Wagen, der uns in die Stadt fahren konnte. Eine kümmerliche „droshka" kam – glücklicherweise hatten wir die zehn Mark.

Meine kleine Schwester Izabella, Beba genannt, war seit Beginn des Krieges in Warschau. Ich kannte ihre Adresse, aber ich wußte, daß ihr Zimmer bei der Cousine Thérèse Lubienska – Rena hieß sie für Freunde und Verwandte – schon überfüllt war. Ich zog es also vor, dem Fahrer eine andere Adresse, die von einer Freundin, zu geben. Olga Slawska war erste Tänzerin in der Oper der Hauptstadt. Wir hatten uns 1938 während einer Badekur in Frankreich angefreundet. Zurück in Polen hatte ich sie zu uns eingeladen. Sie kam oft, um in der Stille der Natur wieder zu Kräften zu kommen, da ihr Beruf sehr anstrengend war. Am Ufer des Sees improvisierte sie hinreißende Ballettveranstaltungen. Diese hinterließen in mir bezaubernde Erinnerungen. Olga war reizend, fröhlich und lebte nur für den Tanz. Wir beschlossen, zu ihr zu gehen.

Warschau war nicht wiederzuerkennen. Diese Stadt, die seinerzeit durch die Schönheit ihrer Architektur so fröhlich, so heiter gewesen war, erinnerte nun an späte Bilder Goyas, war trist und düster.

Die Kinder dösten im Schatten der Droschkenverdecke vor

sich hin. André war völlig erschöpft. Wir kamen endlich an. Das Gebäude, in dem Olgas Wohnung sich befand, war glücklicherweise unbeschadet geblieben. Wir kletterten aus dem Wagen und stiegen die Treppen hinauf. Die Klingel ertönte. Olga öffnete selbst. Sie erkannte uns und warf sich freudig überrascht an meinen Hals. Sie rief nach ihrem Vater und ihrer Mutter und führte uns in den Salon.

Da erst bemerkte ich, in welchem Zustand wir uns befanden. Wir trauten uns nicht, so dreckig und stinkend wie wir waren, auf die hellen Teppiche zu treten, hatten Angst, uns in die schönen Möbel Louis-quinze zu setzen. Nie hatte ich mich so fremd gefühlt. Aber dies dauerte nicht lange. Wir wurden ins Badezimmer geführt. Olgas Mutter rannte in die Küche, um eine Mahlzeit zu improvisieren. Ihr Vater richtete eine Ecke ein, in der wir schlafen konnten. Er schob die Möbel zur Seite, suchte nach Bettlaken und Decken. In diesem Durcheinander, in dieser zärtlichen und fröhlichen Atmosphäre tauschten wir unsere Eindrücke aus. Wir erzählten nach und nach unsere Abenteuer, tranken Tee und Wein. Zwei Wochen blieben wir bei Olga.

Ende Dezember 1939 wußte ich aber trotz ihrer Gastfreundlichkeit und ihrer ganzen Liebenswürdigkeit, daß wir mit den Kindern nicht länger bei Olga bleiben konnten. Die Wohnung war zu klein. Wir mußten eine andere Lösung finden.

Also kam ich auf meine Schwester Beba zurück, die bei unserer Cousine Rena wohnte. Rena beherbergte in ihrer Wohnung alle, die nicht wußten, wohin. Sie verkaufte nach und nach je nach Bedarf ihren Schmuck. Ein gutes Dutzend von Personen versammelte sich bei jedem Essen um den Tisch. Man nannte ihre Wohnung die „Rettung". Rena lud uns ein, und so geschah es, daß wir die erste polnische Widerstandszelle kennenlernten.

*

In der Region von Kock tobten unter dem Kommando von General Kleeberg die letzten Kämpfe. Am 5. Oktober 1939 sah sich der General verloren. In Anwesenheit von Oberst Epler rief er Leutnant Witkowski und betraute ihn mit der Aufgabe, ein geheimes Widerstandsnetz zu organisieren, um den Kampf gegen die Deutschen und die Sowjets weiterzuführen.

So wurde die Organisation „Musketiere" ins Leben gerufen. Von Anfang an richtete Witkowski alle seiner Anstrengungen darauf, an geheime Auskünfte zu kommen. Die Organisation war in mehrere Bereiche gegliedert: militärische Auskünfte, Gegenspionage, Sabotage, Finanzen und Dokumentenfälschung. Zu Beginn teilten sich vier Personen die Führung des Netzes:

– Witkowski (alias Stewit), Seele und Oberhaupt dieser Organisation,
– Oberst Jan Jastrzeski (alias Ptaszek), erster Mitarbeiter,
– der Ingenieur Stefan Dembinski (alias Antoni), Verantwortlicher für die Gegenspionage,
– Alexander Wielopolski, der für das Sekretariat zuständig war und politische Auskünfte sammelte.

Die Organisation wurde rasch größer. Viele Stabsoffiziere schlossen sich den Musketieren an.

Nach unserer Ankunft in der „Rettung", die den Kern der Organisation bildete, trafen wir Oberst Tadeusz Bór-Komorowski, später Generalchefkommandant aller geheimen Dienste, Oberst Klemens Rudnicki, General bei der Kampagne in Italien, Oberst Edward Godlewski, ehemaliger Kommandant des 14. Reiterregiments in Lemberg*, Hauptmann Anders, der Bruder des Generals, Hauptmann Michal Gutowski und viele andere.

Es gab nicht nur Militärs. Alle Freunde Renas brachten Hilfe, Unterstützung und Ratschläge. Sie nahmen an der intensiven Tätigkeit der Gruppe teil. Graf Ludwik Plater-Zyberg, zukünftiger Ehemann meiner Schwester Beba, spielte eine große Rolle. Sein Cousin Stefan war für die Anfertigung von Photographien und Microfilmen verantwortlich.

Die Tätigkeiten von Ludwik und Beba wurden uns zuerst enthüllt. Sie organisierten und erleichterten die Flucht polnischer Offiziere, die sich noch in Lagern und Krankenhäusern befanden. Sie lachten herzlich über ihre eigenen Abenteuer. Ich spürte, daß sie für ihre Heldentaten wahren Mut und Kaltblütigkeit brauchten. Sie setzten ihr Leben aufs Spiel. Nie fehlte es den beiden an Ideen, Initiative und Kühnheit. Als ich ihre Berichte hörte, brannte ich darauf, es ihnen gleichzutun. Aber wir mußten erst einmal an die Sicherheit der Kinder denken. Die ideale Lösung schien mir, sie auf das Land zu schicken. Ich beschloß also, sie in naher Zukunft zu meiner guten Freundin Hania zu bringen, die noch zusammen mit ihrer Mutter und ihrer Schwester auf ihrem Gut in Garbacz nicht weit entfernt von Opatów wohnte. Die Kinder wären da in Sicherheit.

Eines Tages, inzwischen waren wir mit Stewit, Oberst Rudnicki und anderen Mitgliedern der Organisation mitten in der Arbeit, wurde Alarm gegeben! Es klingelte an der Haustür. Wer konnte das sein? Die regelmäßigen Besu-

* russ. Lwow

cher kannten alle den Klingelgeheimkode. War es die Gestapo?
Stewit, André und Ludwik stürzten sich auf das Material, das sie zur Dokumentenfälschung benutzten und verschwanden im Raum nebenan, der zum Dienstboteneingang der Wohnung führte. Rena, ruhig wie gewöhnlich, öffnete die Tür.
„Ein deutscher Offizier möchte dich sprechen", kündigte sie mir an, und führte ihn ins Wohnzimmer, in dem wir alle versammelt waren.
Was für eine Erleichterung! Es war Rittmeister von Nickisch-Rosenegk, einer der Stabsoffiziere des Generals von Gienanth, der bei mir in Winnogóra gewohnt hatte. Man stellte sich vor. Die „Musketiere" gaben alle falsche Namen an, bis auf meine Cousine Rena. Oberst Rudnicki gab sich als Flüchtling aus den sowjetisch besetzten Territorien aus.
„Entschuldigen Sie diesen unangemeldeten Besuch", sagte er. „Ich habe die Gelegenheit, etwas beim Warschauer Stab zu erledigen, ausgenutzt, um Ihnen Ihren Schmuck und den Briefumschlag mit dem Geld zurückzugeben. Sie hatten sie uns vor unserer Abreise von Winnogóra anvertraut. Gleichzeitig wollte ich Ihnen mitteilen, daß Hoepfner und ich übermorgen den Nachtzug nach Berlin nehmen müssen. Wir würden uns sehr freuen, zum Abschied den Abend mit Ihnen verbringen zu dürfen."
Ich wußte nicht, was ich antworten sollte. Konnte ich sie hier empfangen? Wäre Rena damit einverstanden? Was würde Stewit davon halten? Als Rena meine Verlegenheit bemerkte, schritt sie sofort ein:
„Bleiben Sie doch bei uns zum Tee. Kaffee haben wir keinen. Aber Tee wärmt noch besser bei dieser Kälte. Was Ihr

Treffen morgen betrifft, so schlage ich vor, daß Sie hierher kommen. Es wird mir ein Vergnügen sein, Sie zu empfangen."

Wir saßen gemütlich um den Tisch bei einer guten Tasse Tee und ein paar Keksen. Eine angenehme Stimmung kam auf. Nickisch drückte sein Mitleid mit uns und unserem Land aus. Er und seine Freunde waren über das Treiben von SS und Gestapo entsetzt. Sie nannten Hitler einen „Teufel".

„Wir bewundern die polnische Kavallerie", meinte er. „Unser General bewundert den Mut und den Einfallsreichtum besonders dieses Offiziers, der es bis jetzt ablehnt, sich mit seiner Einheit dem Feinde zu ergeben und die Waffen zu strecken. Er versteckt sich in den Bergwäldern im Herzen des Landes. Man sieht ihn von Zeit zu Zeit in Radom oder in Kielce. Ein großer Kerl mit rotem Bart ist es. Wir wissen alles über ihn und sein Tun, aber der General will ihn nicht verhaften, weil er sein Verhalten so romantisch findet."

*

Während wir miteinander sprachen, tauchten Christophe und der kleine André im Wohnzimmer auf. André hatte den Rittmeister erkannt und kletterte auf seinen Schoß. Er nahm die deutsche Militärmütze und setzte sie auf. Dabei stimmte er so laut wie er konnte „Jeszcze Polska nie zginełá", die polnische Nationalhymne, an. Die Situation war mehr als drollig! Dieser kleine, dreijährige polnische Knabe auf dem Schoß eines deutschen Stabsoffiziers sang die polnische Nationalhymne in Anwesenheit von einem der Führer der Untergrundarmee, während Mitglieder des Wider-

stands im Zimmer nebenan falsche Papiere fertigten. Vielleicht hätte General von Gienanth auch hierzu „so romantisch“ gesagt.
Oberst Rudnicki hörte sehr aufmerksam zu. Später erklärte er uns, daß er den rotbärtigen Offizier gut kenne:
„Major Henri Dobrzanski alias Hubala weigert sich, unseren Befehlen und Anweisungen zu gehorchen. Wir versuchen alles Erdenkliche, um ihm begreiflich zu machen, daß er nicht nur sein Leben, sondern auch das Leben seiner Männer und das der Bauern, die ihn versorgen und unterstützen, auf Spiel setzt. Aber vergeblich! Jetzt muß ich ihn warnen, daß die Deutschen über seinen Aufenthalt und seine Tätigkeit bestens Bescheid wissen.“
Nachdem Nickisch gegangen war, erzählten wir Stewit von meinem bevorstehenden Treffen mit den Offizieren. Zu meiner Verwunderung interessierte sich Stewit, der normalerweise eher still war, sehr für den Fall. Er fragte mich lange über meine Beziehungen zu den Stabsoffizieren und zu General von Gienanth aus, die sich nun, nachdem sie Winnogóra verlassen hatten, in Radom aufhielten. Stewit fragte mich, ob ich diesen Offizieren über die Heeresbewegungen einige Informationen entlocken könnte. Ich versprach, mein Bestes zu tun.
Rena überließ mir ihren kleinen Salon. Wir bereiteten Sandwiches und Getränke vor. Keiner sollte uns stören. Vor dem Zeitpunkt des Treffens legte mir Stewit seine Vorstellungen dar, was für eine wichtige Rolle ein gutorganisiertes Spionagenetz, mit den Alliierten in Übereinstimmung gebracht, für den Widerstand spielen könne. Er habe, sagte er mir, Kontakte zu Paris und London und wolle davon ausgiebig Gebrauch machen. Meine Beziehungen zu den deutschen Stabsoffizieren könnten ihm sehr nützlich sein.

Die Ergebnisse meiner abendlichen Unterredung mit Nickisch und von Hoepfner übertrafen meine Erwartungen. Bis zwei Uhr in der Nacht sprachen wir miteinander und der Cognac führte schnell dazu, daß sich die Zungen der Offiziere lösten. Ich hörte aufmerksam zu und stellte immer wieder persönliche Fragen. Auf diese Weise erfuhr ich aufsehenerregende Dinge, und zwar, daß sie über Berlin nach Küls bei Krefeld gehen würden, wo sich eine Ansammlung von Truppen für einen neuen Feldzug formiere. Ich erhielt also genaueste Informationen über bevorstehende Angriffe, die sich gegen Holland und Belgien, und nicht etwa gegen die französisch befestigte Maginot-Linie richten würden.

Am darauffolgenden Tag erstattete ich Stewit Bericht über meine nächtlichen Gespräche. Noch am selben Tag wurde ein detaillierter Bericht nach Paris geschickt. Aber unglücklicherweise rief er keine ersichtlichen Reaktionen hervor, was vielleicht daran lag, daß er durch sämtliche Ministerien der Hauptstadt ging. Stewit war dennoch zufrieden.

„Sehr gut“, lobte er mich, „Sie haben ausgezeichnete Arbeit geleistet. Ich mache Ihnen einen Vorschlag: Wenn Sie, nachdem Sie Ihre Kinder zu Ihrer Freundin nach Garbacz gefahren haben und wieder zurück sind, möchte ich Sie bitten, nach Winnogóra zu reisen. Ich werde Ihnen nur die Fahrt und alle Kosten erstatten. Organisieren müssen Sie die Fahrt selbst. Sie werden dem Chauffeur von Oberst Rudnicki*, den Sie vor einigen Monaten als Aushilfsgärtner eingestellt haben, eine Nachricht überbringen. Wenn Sie die Aufgabe trotz aller Schwierigkeiten zufriedenstel-

* Rudnicki wurde später General.

lend lösen, werden wir Sie für einen dauerhaften Einsatz ins Auge fassen."
Nach Winnogóra fahren? Ich war niedergeschmettert! Die Reichsgrenzen waren schon längst festgelegt. Es war zu dieser Zeit gar nicht leicht, nach Deutschland zu gelangen. Außerdem wußte ich, daß jeder ehemalige Eigentümer, der in seinen Bezirk zurückkehrte, sich höchst strafbar machte. Gefängnis oder Hinrichtung – nicht mehr, und nicht weniger! Stewit wartete auf meine Antwort.
„Gut", antwortete ich, „ich akzeptiere." Wir schüttelten uns die Hände.

*

Am nächsten Tag, dem 6. Januar 1940, ging ich zum Bahnhof, um unsere Fahrkarten nach Opatów zu kaufen, wo der nächstgelegene Bahnhof von Garbacz war. Bei dieser Gelegenheit fragte ich, ob ich mir im voraus eine Fahrkarte nach Posen kaufen könnte. Der Angestellte musterte mich neugierig und sagte:
„Es gibt darüber neue Verordnungen. Wenn Sie an irgendeinen Ort ins Reich reisen wollen, müssen Sie, besonders wenn Sie Polin sind, einen gültigen Paß besitzen und ein Visum beantragen."
Ich verließ den Schalter. Ich mußte mir etwas einfallen lassen.
Am nächsten Tag reiste ich mit den Kindern ab, die sich sehr auf das Land freuten. Am Bahnhof von Opatów erwartete uns Hania. Nachdem ich für den Aufenthalt der Kinder in Garbacz alles geregelt hatte, machte ich mich auf den Rückweg über Opatów Richtung Warschau. In Opatów fragte ich nach der Kommandantur und trat selbstbewußt

ein. Der diensthabende Offizier empfing mich sehr freundlich. Ich schilderte meinen Fall mit der ganzen gebotenen Diplomatie.
„So", sagte ich ihm, „ich halte mich mit meinen zwei Kindern bei meiner Cousine in Garbacz auf. Ich habe gerade erfahren, daß meine Tante, die in Posen ganz allein und ohne Hilfe und Unterstützung lebt, krank geworden ist. Ich muß sie besuchen, wäre es auch nur ein paar Tage, um die notwendige Pflege und Hilfe zu organisieren. Können Sie mir für eine Hin- und Rückfahrt nach Posen einen Ausweis ausstellen?"
„Was dies betrifft, haben wir eine neue Verordnung", erwiderte er mir. „Wenn Sie nach Posen oder in irgendeinen Winkel des Reiches reisen wollen, müssen Sie einen Paß und ein Visum haben. Ich kann Ihnen nicht helfen."
Ich erklärte ihm, wie enttäuscht ich wäre und gab mich verzweifelt. Ich könne meine Tante nicht sterben lassen, ohne nicht zumindest versucht zu haben, sie zu retten oder ihr beizustehen.
„Die Verordnung ist doch erst vor kurzem bekannt gegeben worden", meinte ich. „Sie können mir also ohne Risiko diesen Ausweis austellen. Wer soll das Datum nachprüfen? Ich erwarte doch nur, daß sie menschlich sind."
Er zögerte immer noch. Ich diskutierte, ich ließ meinen Charme spielen, ich beharrte. Schließlich gab er nach. Das Dokument, das er mir vorlegte, war nicht besonders eindrucksvoll: ein halbes Blatt Papier und ein paar getippte Sätze, zwei Stempel und eine unlesbare Unterschrift. Ich dankte überschwenglich und war glücklich, das erste Hindernis so leicht überwunden zu haben.
Zurück in Warschau beeilte ich mich, meine Reisevorbereitungen zu Ende zu bringen. Stewit versah mich, auf

meine Bitte hin, mit einer Mitgliedskarte des Roten Kreuzes und einer Armbinde, die ich an meinem Pelz feststeckte. Außer einem Köfferchen nahm ich noch einen großen, leeren Koffer mit. Ich würde nicht nur vorgeben, meine kranke Tante zu pflegen, sondern auch einige notwendige Kleidungsstücke abholen zu müssen. Ich zog ein hübsches Kleid, meinen Pelz und meine weißen Stiefel an. Keinen Hut, um auf meine Zöpfe aufmerksam zu machen. Allein sie ließen mich wie eine echte Reichsdeutsche aussehen. Ich begab mich zum Bahnhof und bekam ohne Schwierigkeiten eine Fahrkarte zweiter Klasse für den Expreßzug nach Posen. Alles lief bestens. Ich stieg in den Zug und sah mich schon als erfolgreiche internationale Agentin.
Die Fahrkartenkontrolle verlief ohne Hindernisse. Bald darauf kam in Kutno die Grenze. Was war ich aufgeregt! Ich war beinahe froh, als die erste Kontrolle kam: Soldaten der Feldgendarmerie. Ich streckte ohne Eile die Papiere hin. Sie studierten sie eine Weile, die mir wie eine Ewigkeit vorkam, gaben sie mir höflich zurück und gingen hinaus. Ich hatte nicht die Zeit, wieder zu lesen anzufangen, denn neue Aufregung entstand. Ohne Zweifel die dritte Kontrolle. Das Knallen der Türen, schwere Schritte und schroffe Stimmen verrieten die Gestapo, diesmal in ihren schwarzen Mänteln, mit Totenköpfen auf ihren Mützen und ihren brutalen Bewegungen. Ich bereitete meine Papiere vor. Aber bevor ich Gelegenheit fand, sie vorzuzeigen, ereignete sich ein höchst unangenehmer Zwischenfall. Einer der Fahrgäste, den ich für einen Offizier in Zivil hielt, wurde von seinem Platz geholt und gezwungen, den Kontrolleuren zu folgen. Keiner von denen, die dablieben, fühlte sich danach noch wohl. Eine unheilverkündende Stille trat ein. Vielleicht, so hoffte ich, würden sie nicht mehr zurück-

kommen. Ich irrte mich. Sie kamen zurück. Und nun kontrollierten sie jeden von uns. Ich saß in der Ecke am Fenster und kam als letzte an die Reihe.
Kaum, daß ich meine Papiere hingereicht hatte, brach auch schon die Hölle los. Der Deutsche riß mir den besagten Ausweis aus der Hand und brüllte los:
„Machen Sie sich über uns lustig? Was ist denn das? Sie müssen auf der Stelle aussteigen und den Zug nach Warschau nehmen. Das hier ist nicht gültig."
Mit einem roten Stift strich er das Dokument durch und versah es mit dem Vermerk „ungültig". Ich war am Boden zerstört, nahm meine Koffer und verließ das Abteil. Ich stieg aus, und ohne ein Wort zu sagen, warf der Mann meine Koffer auf die Gleise. Ich hatte mich nicht gerade mit Ruhm bekleckert. Allein bleib ich auf dem öden Gleis zurück.
Nachdem die Grobiane davongefahren waren, atmete ich auf. Ich setzte mich auf eine Bank, um meine Geisteskräfte zu sammeln und mich von diesem ersten Schock zu erholen. Es war elf Uhr früh. Das Wetter war grau und verdrießlich. Trotz meines Pelzes fror ich. Was tun? Von Anfang an war mir bewußt, daß diese Mission mir wie eine Prüfung aufgezwungen worden war. Das Verhalten von Stewit deutete darauf hin. Nie hatte er sich angeboten, mir gültige Papiere zu beschaffen. Ich war auf mich selber angewiesen, auf meine Phantasie, auf meine Unverfrorenheit. Wenn ich jetzt kehrtmachte, erkannte ich meine Niederlage, meine Unfähigkeit an. „Auf", sagte ich mir, „es ist an der Zeit, etwas zu tun! Angst und Niedergeschlagenheit gibt es nicht!" Ich stand auf und sammelte mein Gepäck zusammen.
Weiter oben auf dem Gleis gab es ein beleuchtetes Gebäu-

de. Durch die Fensterscheibe blickte ich in ein Büro, in dem ein kleiner Ofen brannte und zwei Angestellte über Papiere gebeugt waren. Ein dicker, älterer Mann mit einer rotgestreiften Mütze und ein jüngerer, magerer mit grünlichem Gesicht. Der Dicke war vermutlich der Bahnhofsvorsteher. Ich schob die Tür auf und trat entschlossen ein. Beide hoben den Kopf. Der Dicke hieß mich mit einer einladenden Geste beim Feuer Platz nehmen.

„Wärmen Sie sich auf, Fräulein", forderte er mich auf, „draußen ist so schlechtes Wetter."

„Sie sind sehr freundlich. Ich habe gerade eine sehr unangenehme Erfahrung gemacht."

Er schwieg, aber seine mir zugewandte und freundliche Haltung ermutigte mich. Ich begann, meine Geschichte zu erzählen und tat so, als wäre ich empört. Dann schwieg ich, blickte ihn lauernd an und wartete auf irgendeine Reaktion. Er sagte immer noch nichts, aber sein gutmütiges Gesicht behielt immer den gleichen, wohlwollenden Ausdruck. Ohne mir zu antworten, zog er aus dem Papierhaufen, der vor ihm lag, einige Formulare, die er seinem stillen Angestellten reichte. Dieser nahm sie und ging hinaus.

„Sie sind sympathisch", sagte er mir auf deutsch, „ich werde Ihnen helfen. Hören Sie zu: Heute abend um Viertel nach neun Uhr gibt es einen Expreßzug nach Posen. Ich werde Sie bis dahin an einen sicheren Ort bringen. Dort müssen Sie warten. Ich kümmere mich um alles. Gedulden Sie sich eine Weile, bis ich die notwendigen Arbeiten erledigt habe."

Ich wartete, aber Zweifel befiel mich. Schließlich fragte ich mich, ob ich nicht einen Vorwand finden sollte, um mich aus dem Staub zu machen. Als er endlich aufstand, griff er nach meinem Koffer. Ich zögerte, ihm zu folgen. Er merkte es und sah mich fest und lächelnd an.

,,Sie müssen Vertrauen zu mir haben", ermahnte er mich.
,,Selbstverständlich habe ich Vertrauen zu Ihnen."
Er hielt die Tür offen und ich folgte ihm hinaus. Wir befanden uns auf dem leeren Bahnsteig. Wir gingen die Gleise entlang bis zu einem schneebedeckten Feld und schlugen einen kaum sichtbaren, schmalen Pfad ein. Überall in diesem Niemandsland lagen Reste von Kriegsfahrzeugen. Der Pfad war gewunden und rutschig. Wir liefen weiter am Rand einer völlig ausgefahrenen Straße entlang. Wir sahen eine Reihe von Häusern aus grauem Beton.
Außer Atem stellte mein Führer meinen Koffer vor dem Eingang eines Wohnhauses ab und suchte in seiner Tasche nach dem Schlüssel. Er öffnete die Tür.
,,Kommen Sie herein und gehen Sie die Treppe hoch. Passen Sie aber auf die steilen Stufen auf!"
Auf dem obersten, winzigen Treppenabsatz blieb er stehen. Er zog einen zweiten Schlüssel hervor und öffnete die Tür zu einer dunklen und vollgestellten Kammer. Ein häßlicher Wandteppich, auf dem verschleierte Frauen und Kamele dargestellt waren, hing an der Wand. Ein anderer Teppich mit einem röhrenden Hirschen im Wald prangte über einem verbeulten Sofa, auf dem mit Sonnenblumen und Störchen verzierte Kissen lagen. Ein runder Tisch und einige Sessel ergänzten die Einrichtung. Nippsachen und Kitsch, alles sehr gut zum Ganzen passend: ein Lampenschirm mit Perlenfransen, eine mit Muscheln verzierte Pappschachtel. Während mein Wohltäter in einen Sessel sank, blieb ich mitten im Raum stehen.
,,Ich habe keine Zeit", verkündete er mir, ,,mich um Sie zu kümmern. Ich werde Ihnen also schnell erklären, was Sie machen sollen. Sie warten hier. Aus Sicherheitsgründen werde ich Sie einschließen. Aber keine Angst. Man wird

Ihnen etwas zu essen bringen und Sie um halb neun abholen. Der Expreßzug nach Posen fährt um Viertel nach neun. Wenn Sie meinen Anweisungen Wort für Wort folgen, wird alles gutgehen. Einer von meinen Angestellten wird Sie abholen. Kurz vor Ankunft des besagten Expreßzugs wird der Zug Lodz–Kutno in den Bahnhof einfahren. Mein Mitarbeiter wird Sie in den letzten Waggon dieses Zuges führen. Dieser Waggon wird kurz danach abgekoppelt und nach der Kontrolle an den Zug Warschau–Posen angehängt werden. Da die Fahrgäste des angehängten Waggons aus Lodz kommen, das sich auf Reichsterritorium befindet, wird es keine Kontrolle der Papiere mehr geben. Mein Angestellter wird Ihnen nach diesem letzten Manöver eine Fahrkarte Lodz–Posen aushändigen. Sie werden im Gang stehen und mir durch das Fenster zuwinken. Das wird heißen, daß alles in Ordnung ist. Wenn ich weiß, daß Sie im Zug sind, gebe ich das Signal zur Abfahrt."

„Ich habe verstanden, aber wie werde ich es auf der Rückfahrt machen? Ich hatte vor, am Montag wieder nach Warschau zurückzufahren."

„Am Montag ist der Zug gegen Mittag hier. Sie nehmen erst eine Fahrkarte bis Kutno und warten im letzten Waggon, bis ich Sie abholen lasse. Sie werden am selben Nachmittag in Warschau sein. Jetzt muß ich gehen."

Er eilte ins Zimmer nebenan und kehrte mit zwei Kopfkissen und einer Decke wieder.

„Sie können bis dahin schlafen. Die Zeit wird Ihnen lang werden. Haben Sie keine Angst. Auf Wiedersehen – bis Montag."

Ich stand auf und stotterte Dankesworte.

„Nichts zu danken, nichts zu danken", versicherte er mir beim Hinausgehen. „Es ist mir ein Vergnügen, einem so

schönen Fräulein zu helfen. Ich werde das Essen nicht vergessen. Viel Glück!“
Ich hörte, wie sich der Schlüssel im Schloß drehte und dann das Klicken des Schlosses unten. Ich war gefangen. Was erwartete mich? Hatte er ganz einfach vor, mich verhaften zu lassen? Hatte ich meinen Charme vergeudet? Wie lange brauchte er, um die Gestapo zu holen? Sollte ich warten? Es wäre vielleicht vorsichtiger, die mit der Maschine getippte Nachricht, die ich dem „Chauffeur“ des Oberst Rudnicki in Winnogóra überbringen sollte, zu zerstören. Nachdem ich darüber nachgedacht hatte, entschied ich mich dagegen. Ich rief mir das gutmütige Lächeln des Bahnhofsvorstehers ins Gedächtnis zurück und beruhigte mich. Ich glaubte ihm, daß er mir nur etwas Gutes tun wollte. Aber warum? Ich hatte nicht gewagt, mit ihm über eine Entlohnung zu sprechen. War seine Geste vollkommen uneigennützig? Die Minuten wurden mir lang, und auf eine Stunde folgte die nächste. Plötzlich hörte ich Schritte vor dem Haus. Die Eingangstür wurde geöffnet – jemand kam die Treppe hinauf. Der Schlüssel drehte sich im Schloß, die Tür ging auf und in ihrem Rahmen stand ein Bahnhofsangestellter, der einen aus zwei übereinander liegenden Töpfen bestehenden Behälter trug. Ohne ein Wort stellte er ihn ab, ging in die Küche und kehrte mit einem Teller und Besteck zurück. Kurz darauf verließ er mich und verschloß die Tür.
Sauerkraut mit Kartoffeln und Speck. Was für ein Festessen! Ich aß und brachte das Geschirr in die Küche zurück. Nachdem ich alles sauber abgewaschen hatte, ging ich zurück in das Wohnzimmer.
Ich war zwischen Zuversicht und Zweifel hin- und hergerissen. Er wartete bestimmt auf die Nacht. Er würde gegen

vier Uhr mit seiner Arbeit fertig sein – und dann? Ich versuchte, nicht den Kopf zu verlieren. Jetzt in Angst zu verfallen, wäre das Schlimmste, was mir passieren konnte. Im Eifer des Gefechts würde mich schon nichts aus der Fassung bringen. Was mich am meisten aufregte, war, zur Untätigkeit verdammt zu sein. „Verscheuche deine Angst!" sprach ich mir Mut zu. „Die Eingebung wird dir im kritischen Augenblick schon die passenden Worte einflößen und du wirst dich der Lage entsprechend verhalten." Furcht zu haben und seine Schwäche zuzugeben, war eine Schande! Schließlich schlief ich irgendwann ein.

Ich fuhr aus dem Schlaf. Es war dunkel. Ich stand auf und schaltete die Lampe ein. Ich hörte Schritte. Es war Viertel nach acht. Es konnte nur der Abgesandte des Bahnhofsvorstehers sein, der mich zum Zug führen sollte. Derselbe Mann, der mir das Essen gebracht hatte, betrat das Zimmer. Er nahm meine Koffer, machte das Licht aus und gemeinsam gingen wir hinaus. Die Lichter des Bahnhofs in der Ferne wiesen uns den Weg. Ich fühlte mich befreit und voller Tatendrang. Vor uns lagen die Gleise. Wir aber bogen ab und überquerten sie, von einem Zug verdeckt. Wir näherten uns dem letzten Waggon des Konvois. Mein Führer nahm einen Spezialschlüssel heraus und öffnete die letzte Tür dieses letzten Waggons, stellte meine Koffer ab und reichte mir eine Fahrkarte Lodz–Posen. Bevor ich Zeit hatte, mich bei ihm zu bedanken, verneigte er sich und ging davon.

Der Gang war voller Leute. Ich wendete mich zur Tür auf der Bahnsteigseite, zog die Scheibe herunter und lehnte mich hinaus. Mir fiel sofort der Bahnhofsvorsteher ins Auge, der aufmerksam zu den Fenstern hinsah. Er hatte mich gesehen! Unmerklich winkte er mir zu, kehrte mir

den Rücken und ging den Konvoi entlang. Auf halber Höhe mit der Lokomotive gab er das Signal zur Abfahrt. Der Zug pfiff und setzte sich in Bewegung. Gott sei Dank!
Ich schnappte meine Koffer und bahnte mir einen Weg durch den vollbesetzten Gang. Ich machte eine Abteiltür nach der anderen auf. Endlich ein Sitzplatz! Ich legte mein Gepäck ins Koffernetz, zog meinen Pelz aus und setzte mich auf den freien Platz. Plötzlich hörte ich vom Flur einen besorgniserregenden Lärm. Ich lauschte, mir stockte der Atem. Ohne Zweifel näherte sich eine Kontrolle. Abteiltüren knallten. Im Gang wurden Rufe laut: „Ausweise, bitte, Paßkontrolle!" Was tun? Mein braver Bahnhofsvorsteher hatte diese unvorhergesehene Kontrolle nicht vorausgeplant. Die Gestapo mußte irgendjemanden verfolgen.
Man hatte mich erwischt! Ich handelte instinktiv. Langsam erhob ich mich und schob die Abteiltür auf. Koffer und Mantel ließ ich liegen und trat auf den Gang. Zwei Abteile weiter sah ich die Kontrolleure. Die Gestapo! Sie waren zu dritt. Ohne Eile ging ich auf sie zu, wobei ich mich auf deutsch bei den Leuten, die ich streifte, unentwegt entschuldigte. Bei den Kontrolleuren angekommen, ging ich weiter. Mit einem „Entschuldigen Sie, bitte" und einem reizenden Lächeln trat ich höflich zwischen den dreien hindurch. Sie nahmen nicht einmal Notiz von mir, obwohl ich sie anstarrte. Ich achtete darauf, meine Schritte nicht zu beschleunigen und schlug den Weg zur Toilette ein. Ich schloß mich ein und wartete. Nach einiger Zeit hörte ich sie vorbeigehen. Ich geduldete mich noch ein paar Minuten, dann ging ich hinaus. Frisch frisiert kehrte ich in mein Abteil zurück. Meine Nachbarn hatten schon das Licht ausgemacht. Niemand stellte mir Fragen.

Wrzesnia, die Haltestelle von Winnogóra, war eine Stunde von Posen entfernt. Ich stand allein auf dem wohlvertrauten Gleis. Es war kalt und dunkel. Wie ausgestorben. Mir war es recht. Ich begab mich zum Schloß meines Schwagers und meiner Schwester. Auch sie waren von der Gestapo vertrieben und in den Osten deportiert worden. Es war elf Uhr abends. Ich ging an dem verschlossenen Gittertor des Gutes vorbei. Ungefähr fünfzig Meter weiter lag das Haus von Boleslaw, dem alten Diener meines Schwagers. Ich kannte ihn gut und hoffte, ihn anzutreffen. Jemand öffnete mit großer Vorsicht einen Spaltbreit die Tür. Es war seine Frau persönlich. Was für eine Erleichterung für mich – und für sie, da ich zu so später Stunde noch Lärm geschlagen hatte! Was für eine Freude! Boleslaw erschien gefolgt von seiner Tochter Karolinka. Seine Frau bereitete schnell einen warmen Tee, reichte Brot und luftgetrocknete Wurst. Karolinka wechselte das Zimmer, damit ich in ihrem schlafen konnte. Währenddessen besprachen Boleslaw und ich unsere Pläne für den nächsten Tag. Ich erfuhr, daß die Gestapo immer noch unerbittlich vorging und daß es für mich sehr gefährlich werden könnte, wenn sie davon Wind bekäme, daß ich mich in der Umgebung aufhielt. Boleslaw versprach, mir einen Bauernwagen zu besorgen für die achtzehn Kilometer lange Strecke, die mich noch von Winnogóra trennte. Karolinka bot sich an, mich zu begleiten. Bis spät in die Nacht tauschten wir Nachrichten und Informationen aus. Ich wurde gut untergebracht und herrlich verwöhnt. Schließlich sank ich in tiefen Schlaf. Ich wußte, daß freundliche Menschen mich umgaben.

Der nächste Tag war grau. Es regnete. Nichts wäre uns besser zupasse gekommen. Gegen neun Uhr kam Karolinka

mit einem Wagen, vor den ein einziges Pferd gespannt war. Wir trabten fort. Nach drei Stunden erkannte ich die Landschaft. Links der Wald und der See, der sich vor uns ausbreitete. Rechts lagen Felder soweit das Auge reichte.
Wir bogen nach links ab und fuhren auf einem kleinen, mir wohlvertrauten Weg durch den Wald. Der Weg führte zum Haus des Försters Krönke. Karolinka stieg ab und öffnete das Tor im Zaun. Ich fuhr mit dem Wagen in den Hof. Krönke trat mit seinem Hund und seinen zwei Kindern vors Haus. Sie waren freudig überrascht. Ich erklärte ihnen rasch meine Situation und trat in die große Küche. Krönke schickte seine ältere Tochter, mein Patenkind, zu Karolinka. Sie sollte Karolinka beim Abspannen des Pferdes helfen. Danach führten sie das Pferd in den Stall. Ich erklärte lang und breit das Ziel meines Besuchs. Vor allem mußte ich, so wie Stewit es mir aufgetragen hatte, diesen ehemaligen Chauffeur treffen, der nun als Aushilfsgärtner arbeitete, und Tomisch, unseren alten Kutscher, bei dem alle Kleidungsstücke verwahrt lagen, die ich bei unserer Verhaftung und Vertreibung nicht hatte mitnehmen können. Krönke sagte mir, daß bei ihm auf dem Dachboden immer noch unsere Kisten mit der Wäsche und den vielen kostbaren Wertsachen liegen würden. Er würde alles unberührt lassen.
Unmittelbar nach dem Essen erschien der Aushilfsgärtner, der ehemalige Chauffeur. Nun erfuhr ich, daß dieser Mann Offizier war. Krönke hielt Wache, während wir uns unter vier Augen unterhielten. Ich überreichte ihm die in einem Taschentuch versteckte Nachricht. Er versprach, mir in einigen Stunden seinen Bericht zu bringen. Er würde ihn unauffällig einpacken. Er bestätigte mir, was ich von Krönke erfahren hatte: Der Treuhänder Kotzenberg war immer noch da, und Teta herrschte über das Schloß. Wladyka, un-

ser lieber Küchenchef, der durch Krönke von meiner Anwesenheit wußte, eilte herbei, um mir vom Haus Genaueres zu erzählen. Bei dieser Gelegenheit gab er mir den Schmuckkasten wieder, den ich ihm bei unserer Verhaftung anvertraut hatte. Er riet mir, jede Begegnung mit Teta zu vermeiden. Um drei Uhr kam der „Chauffeur" zurück und übergab mir seinen Bericht – auf einer Klopapierrolle. Um vier Uhr gingen Krönke und ich ins Dorf, wo sich unser alter Kutscher Tomisch aufhielt. Er brach vor mir in Tränen aus. Ich, gleichfalls berührt, küßte ihn und erklärte ihm die Gründe meines Besuchs.
„Alle Ihre Sachen", sagte mir Tomisch, „liegen in zwei Kisten verpackt auf dem Dachboden. Meine Tochter Ida hat den Schlüssel. Leider ist sie gerade im Schloß, um Teta zu besuchen."
„Sie müssen sie möglichst schnell zurückholen. Es könnte für mich sehr gefährlich werden, wenn ich zu lange bliebe und Teta mich sähe."
Er machte sich sofort auf den Weg. Krönke behielt die Umgebung im Auge. Er lag in einer Sackgasse auf der Lauer. Die Zeit wurde mir lang. Endlich kamen sie. Ida war sichtlich erschüttert.
„Wir müssen uns beeilen", warnte sie. „Teta hat die Aufregung meines Vaters bemerkt."
Die Kisten waren heruntergeschafft worden. Wir begannen rasch auszusortieren, bis mein Koffer voll war. Nicht einmal zehn Minuten waren vergangen, als die Tür aufging: Teta trat ein. Ich stellte mich überglücklich. Ich küßte sie auf die Wangen und sagte:
„Sie werden mich entschuldigen, aber ich habe es eilig. Die Offiziere, die mich von Warschau herbegleitet haben, warten an der Ecke im Wagen."

Tomisch, der Tee zubereitete, wendete sich geistesgegenwärtig an Teta:
„Sie werden doch wohl eine Tasse Tee mit uns trinken. Frau Gräfin hat es sehr eilig und kann nicht länger bleiben."
Wir verschlossen die Koffer. Ich mußte jetzt schnell verschwinden. Ida schenkte Teta Tee ein. Wir schlossen die Tür. Krönke kam aus der Dunkelheit hervor, nahm mein Gepäck, und wir machten uns eilig davon.
Angesichts der unvorhergesehenen Begegnung mit Teta mußte ich unverzüglich fort. Teta hätte bei der Gestapo Alarm schlagen können. Während Krönke das Gepäck auflud, half ich Karolinka, das Pferd anzuspannen. Krönkes Frau eilte herbei und gab mir ein Tuch, das ich um meinen Kopf band. Ich küßte sie alle, und wir fuhren in völliger Dunkelheit davon. Glücklicherweise kannte ich die Straße gut. Tief in der Nacht kamen wir in Wrzesnia an. Wir hatten erst Freitag. Ich hatte eigentlich vorgehabt, länger in Winnogóra zu bleiben, und hatte mich mit dem Bahnhofsvorsteher erst für Montag verabredet.
„Ich glaube", sagt Boleslaw, „es wäre besser, die verbleibende Zeit in Karolinkas warmen Bett zu verbringen. Es würde mich überraschen, wenn die Gestapo von Teta über Ihre Anwesenheit nichts erfahren hätte."
Ich wurde also ins Bett gebracht. Eingehüllt in ein riesiges Federbett und eine Spitzendecke verstrich die Zeit mit Boleslaw und seiner Frau beim Plaudern ziemlich schnell.
Montag vormittag war ich ausgeruht und bereit, den Überraschungen der Rückfahrt zu trotzen. Es war noch nicht acht Uhr und noch dunkel, als wir mein Gepäck auf einen kleinen Schlitten stapelten und uns auf den Weg zum Bahnhof machten. Mein Expreßzug sollte gegen neun Uhr

dreißig eintreffen. Karolinka bat ich, einen Gepäckträger zu holen. Ich gab ihm reichlich Trinkgeld und trug ihm auf, mein Gepäck in den letzten Waggon des Zuges zu schaffen. Ich für meinen Teil ging zu dem einzigen Schalter und fragte nach einer Fahrkarte nach Kutno.

„Nach Kutno? Aber nein . . . Sie wissen wohl nichts von den letzten Verordnungen. Es ist uns ohne ausdrückliche Erlaubnis der Gestapo verboten, Fahrkarten zu den Grenzübergangsbahnhöfen zu verkaufen."

„Das wußte ich nicht, entschuldigen Sie."

Es blieb nur noch wenig Zeit.

„Lauf schnell", sagte ich zu Karolinka, „kaufe mir eine Bahnsteigkarte, beeile dich."

Sie kam mit der Bahnsteigkarte gerade, als der Zug in den Bahnhof einfuhr. Ich stürzte in den ersten Waggon. Der Bahnhofsvorsteher folgte mir atemlos. Einmal im Zug, eilte ich den Gang entlang ans hintere Ende des Zuges. Schnell zog ich Kopftuch und Mantel aus, um nicht wiedererkannt zu werden. Im letzten Waggon angekommen, dessen Gang von Soldaten überfüllt war, fand ich mein Gepäck wieder. Ich legte meinen Mantel umgekehrt in Falten zusammen, legte ihn auf meinen Koffer, setzte mich darauf und begann, mich zwanglos mit den herumstehenden Soldaten zu unterhalten. Als der Bahnhofsvorsteher – wir waren mitten im Gespräch – erschien, war er immer noch außer Atem. Er untersuchte alle Abteile in der Hoffnung, die Person wiederzufinden, die in Wresznia eingestiegen war. Er ging an mir vorbei, ohne mich zu erkennen. Bis Kutno reiste ich, ohne gestört zu werden, mit meiner Bahnsteigkarte. In Kutno blieb ich im Waggon. Er wurde schließlich abgekoppelt und auf ein anderes Gleis geführt. Der Expreßzug leerte sich. Die Fahrgäste mußten zur Auweis- und Zollkontrolle aussteigen. Ich wartete noch immer. Hatte mich der Bahnhofsvorsteher vergessen? Zehn lange Minuten vergingen, als ich endlich einen Gepäckträger kommen sah. Er trat auf mich zu, grüßte mich und packte meine Koffer. Ohne ein Wort zu sagen, folgte ich ihm. Wir gingen über die Gleise und stiegen in einen der Waggons von der Rückseite ein. Nachdem er mir eine Fahrkarte erster Klasse für die Strecke Kutno–Warschau ausgehändigt hatte, bezahlte ich ihn. Ich stellte mich auffällig in ein Fenster des Ganges. Fahrgäste begannen hereinzuströmen. Der Bahnhofsvorsteher, der dicke Bayer, erschien. Sobald er mich wahrgenommen hatte, gab er das Signal zur Abfahrt, und der Zug setzte sich sofort in Bewegung, ohne daß man auf die übrigen Fahrgäste gewartet hätte. Manche rannten völlig kopflos hinterher. Zu spät! Aus welchem Grund nahm der Bahnhofsvorsteher nur auf mich Rücksicht? Für eine Weile fühlte ich mich wie die Königin Victoria höchstpersönlich.

Während ich mir noch Gedanken über diese ungewöhnliche Bevorzugung machte, wurde nebenan die Abteiltür aufgeschoben. Ein SS-Offizier trat auf den Gang hinaus. Er stellte sich neben mich. Meine überschwengliche Zuversicht verflog. Mit Königin Victoria war es jetzt vorbei! Im Bruchteil einer Sekunde wurde mir klar, daß er mein heimliches Manöver – das Einsteigen auf der falschen Waggonseite – verfolgt haben könnte. Man würde mich jetzt bestimmt ausfragen und verhaften. Meine einzige Sorge war, im Besitz der Klopapierrolle bleiben zu können. Ich wartete ab und lächelte ihm unterdessen zu. Er kam näher. Ich machte einen Schritt zurück und sah, daß seine drei anderen schwarz gekleideten Kameraden im Abteil saßen. „Diesmal“, dachte ich, „werde ich nicht entkommen können.“

„Fräulein“, sprach er mich an und verneigte sich, „es wäre uns eine Ehre, wenn Sie unser Abteil teilten.“
Ich ging vor ihm her und tat so arglos wie möglich. Seine Kameraden erhoben sich und stellten sich vor. Ich setzte mich.
„Kaffee? Kuchen?“ fragten sie mich.
Ich willigte ein. Sie klingelten und der Kellner des Zugrestaurants erschien mit einem vollen Tablett. Zunächst verlief das Gespräch belanglos. Schließlich drehte es sich um ein mir unbekanntes Gebiet: Eugenik. Sie erklärten mir die Regeln und Gesetze der Züchtung von Menschen, der einzig wahren Möglichkeit, eine absolut reine und höhere Rasse zu zeugen. Ich versuchte, das Gespräch fortzuführen und lebendig zu halten. Und ich hoffte, daß sie darüber vergessen würden, mich nach meinem Einsteigen in den Zug zu fragen.
Nach einigen köstlichen Tassen Kaffee und leckeren Kuchen wurde mir bewußt, wie komisch diese Situation war. Ich wurde fröhlich, sicher und machte sogar Witze. Die Klopapierrolle hörte auf, meine ganze Aufmerksamkeit zu beanspruchen. Wir fuhren als gute Freunde in den Bahnhof von Warschau ein und gelobten, uns bald wiederzusehen.
Ich stieg leichten Herzens aus und mischte mich unters Volk. Um sicher zu sein, daß keiner mir folgte, nahm ich den Bus. Noch am gleichen Abend überreichte ich Stewit den „unauffällig“ eingepackten Bericht. Ich hatte gewonnen!

*

Von nun an, so wurde mir versichert, würde ich rund um die Uhr mitarbeiten, zu Beginn als Kurier. Es waren endlo-

se Spaziergänge durch die Stadt mit Klopapierrollen, die ich unter meiner Kleidung verbarg. Ich bekam häufig den Auftrag, Dokumente zum Photographieren zu bringen und hinterher die Mikrofilme zurückzuholen. Die Massenverhaftungen, die die Gestapo vornahm, wurden immer häufiger. Sie verfolgten uns wie Wild. Sie sperrten Straßen, riegelten ganze Viertel ab, stoppten den Verkehr. Manche Straßenbahnlinien waren wieder in Betrieb, aber ich vermied dieses Verkehrsmittel. Ich ging lieber zu Fuß, außer in Notfällen. Manchmal leistete ich mir einen „Riekchaw", eine Art Rikscha. Ich segnete die Ruinen, in denen ich mich wiederholt verstecken konnte. Ich reiste oft nach Lesna Podkowa, einer entfernt gelegenen Vorortsiedlung Warschaus, wo wir in einer Villa eine Sendestelle, ein leistungsstarkes Empfangsgerät, besaßen. Wir mußten die Tätigkeiten des Personals, welches dieses Geräte bediente, das Kommen und Gehen der Agenten und Kuriere besonders umsichtig tarnen.
Stewit schickte mich recht häufig nach Radom, wo Rittmeister von Nickisch-Rosenegk beim Stab neue Funktionen innehatte.

*

Es war Anfang März, als Stewit mich zu sich rufen ließ. Es sollte eine ernste Unterredung werden. Mein Chef stand im Raum und erwartete mich.
„Es wäre Zeit für Sie", sagte er, „wegzugehen."
„Nach Lemberg?" fragte ich.
„Nein, nicht nach Lemberg, nach Frankreich."
„Für einen Auftrag? Und die Kinder? Und André?"
„Alle gemeinsam, nicht unbedingt für einen bestimmten

Auftrag. Ihre Anwesenheit dort wird mir künftig nützlich sein. Der Krieg wird lange dauern. Es besteht das Risiko, daß die Deutschen Frankreich überfallen. Wir könnten eine Verbindung zwischen Polen, Frankreich und England herstellen. Wir müssen uns früh genug darauf einrichten. André könnte zum polnischen Heer in Frankreich stoßen und Sie, Sie sollten sich möglichst weit im Norden oder im Nordwesten, in der Normandie oder in der Bretagne niederlassen."

„Aber ist das wirklich notwendig? Wir sind gut aufeinander eingespielt. Ist das jetzt der richtige Zeitpunkt?"

„Es ist genau jetzt der richtige Zeitpunkt. Sie sind überdies in Gefahr. Ich habe soeben erfahren, daß man nach Ihnen fahndet."

„Sind Sie sicher? Ich habe nicht den Eindruck."

Stewit ging auf und ab. Ich kannte ihn. Er war sichtlich beunruhigt.

„Daß Marieta verschollen ist, geht uns nichts an", sagte er. „Sie gehörte unserem Netz nicht an. Aber das mit Cyta ist eine andere Geschichte. Sie betrifft uns. Ich möchte nicht, daß Ihnen so etwas zustößt."

„Cyta? Was ist mit ihr? Ich habe sie noch letzte Woche im Bahnhof gesehen. Sie nahm den Zug nach Lesna Podkowa."

„Sie ist nicht angekommen. Man hat sie im Zug geschnappt und in das große Gestapogefängnis nach Szucha gebracht. Sie ist gefoltert worden und ist gestorben, ohne gesprochen zu haben."

Ich war niedergeschmettert. Cyta! Jung, fröhlich, mutig, lebhaft und voller Lebensfreude. Es war ein harter Schlag. Ich konnte es nicht glauben.

„Ich habe überall Informanten. Das ist meine Aufgabe,

oder etwa nicht? Ich kenne die Details: Augen ausgebrannt, geschlagen, und dann mit einer Luftpumpe langsam aufgepumpt. So ist sie umgekommen.“
Ich sagte nichts. Ich begriff, daß wir fortgehen mußten.

*

André wußte Bescheid und war der gleichen Meinung. Aber an mir war es, alle Behördengänge zu erledigen. Der einzig mögliche Weg führte über Italien. Der Halbbruder von André hatte eine Stelle als erster Botschaftssekretär im Vatikan in Rom. Er würde uns die Pässe schicken. Ich müßte an die Ausreiseerlaubnisse, die die Gestapo ausgab, herankommen, sowie an die Visa der italienischen Botschaft. Wir müßten schnell handeln, hatte uns Stewit gemahnt.

Nachdem wir in aller Ruhe über die Situation gesprochen hatten, wurde uns aufgrund bestimmter Indizien klar, daß Teta uns angezeigt hatte. Glücklicherweise kannte sie meine Warschauer Adresse nicht. Die deutschen Sicherheitsdienste waren noch sehr schlecht koordiniert. Wir hatten es wiederholt festgestellt. So ging ich zum Beispiel regelmäßig ins Büro 358 der Gestapo. Bei jedem dieser Gänge kam ich am Büro 355 vorbei, in dem, das wußte ich durch Stewit, mein Haftbefehl in einer Kartei lag. Bis zum 12. April immerhin, dem Datum unserer Abreise, wurde ich nicht entdeckt.

Die italienische Botschaft zeigte sich sehr entgegenkommend. Di Stefano, ein junger Botschaftssekretär, erteilte zahlreiche Ratschläge, erwies mir alle Hilfe und Unterstützung. Ich mußte noch eine Reise nach Radom machen, um Dr. Rupp aufzusuchen, damit er für André ein ärztliches

Attest über eine Behinderung ausstellte. Schließlich hatten wir alle Dokumente in den Händen. Wir schickten uns an, unsere vier Koffer zu packen. Wir hatten die Kinder wieder bei uns. Sie waren hellauf begeistert, eine große Reise zu machen.

Am Vorabend der Abreise sollte das Gepäck fertig sein. Die Gestapo erschien im Haus zwecks eingehender Überprüfung der Koffer und versiegelte sie anschließend. Niemand hatte dann mehr die Erlaubnis, das Gepäck vor dem letzten Grenzübergang anzutasten. Nach ihrem Besuch kam jemand, von Stewit bestellt, der die Griffe der Koffer auftrennte, um darin zwei bereits vorbereitete Mikrofilmrollen zu verstecken. Kunstvoll nähte er sie wieder zusammen. Und so konnten wir ohne Schwierigkeiten zahlreiche wichtige Dokumente ins Ausland schaffen, die für die alliierten Geheimdienste wichtig waren. Wir sollten sie bei Oberst Romeyko, Militärbevollmächtigter bei der polnischen Botschaft in Rom, übergeben.

Gingen wir für immer? Wurden wir zu ewigen Exilanten? Würden wir bis ans Ende unserer Tage ohne Heimat umherirren? Den ersten Bruch hatten wir in Winnogóra vollzogen, als man uns vertrieb. Dies war die Fortsetzung.

Von nun an blieb uns nur, mutig nach vorn zu blicken.

*

Wir kamen in Rom an. Antoine und seine Frau Maya erwarteten uns und fuhren uns gleich zu sich nach Hause. Bei ihnen wohnte auch die Schwester von Maya, Rose Chlapowska, eine Kriegerwitwe, mit ihren beiden kleinen Kindern. Sie kam auch aus Polen, aus dem bombardierten Warschau.

Zwei Tage später verließ uns André, um zu den Einheiten der polnischen Armee in Marseille zu stoßen. Was mich betraf, so suchte ich erst Oberst Romeyko auf, und dann nach Mitteln und Wegen, um irgendwie nach Nordfrankreich zu gelangen. Es war keine leichte Aufgabe. Ich faßte alle Möglichkeiten ins Auge, fand aber keine befriedigende Lösung, gerade mit den Kindern und so völlig mittellos. Ich mußte mich aufmachen, ein paar Mark zu verdienen, um den täglichen Bedarf zu decken. Rose, ich und die vier Kinder, wir waren eine beträchtliche Bürde für Antoine, der über nichts weiter verfügte, als seinen Lohn, da er alles in Polen verloren hatte. Wir begannen zahlreiche Pläne zu schmieden. Unter anderem hatten wir vor, in den Höfen der römischen Häuser Konzerte zu geben. Rose sollte singen und ich Akkordeon spielen. Dieses Vorhaben, worauf wir uns sehr gefreut hatten, kam nicht zustande, weil man zur gleichen Zeit Statisten für einen Film in Cinecitta suchte. Man schlug uns zuerst Probeaufnahmen vor, die zwei Wochen dauerten. In dieser Zeit amüsierten wir uns köstlich.
An dem Tag, an dem wir erfuhren, daß wir beide als Statisten für den Film angenommen werden würden, erhielt ich eine Vorladung zur amerikanischen Botschaft. Mit Wehmut sah ich Rose den Weg zur großen Karriere beschreiten. Ich hingegen mußte ins Büro der Botschaft.
Seit Monaten schon, sagte man mir dort, versuche eine Freundin, mich über diesen Weg zu erreichen. Es war Yanie Chaumont, eine gebürtige Amerikanerin, Französin durch ihre Ehe, die dringend nach mir suchte. Ihr Mann Jean war vor dem Krieg Direktor der französisch-polnischen Bank in Posen gewesen. Uns Paare verband eine enge Freundschaft. Zu Beginn der Kampfhandlungen hatte Jean seine Frau und seinen zweijährigen Sohn nach Frank-

reich geschickt. Seitdem hatten wir uns aus den Augen verloren. Ich hatte lediglich erfahren, daß auch Jean Polen verlassen hatte, um zu seinem Regiment zu stoßen. Er war Reserveoffizier. Sie wohnte in der Vendée auf der Insel Noirmoutier. Das Paar hatte sich dort ein Grundstück gekauft und ließ sich ein Sommerhaus bauen.

Nachdem ich diese Einzelheiten erfahren hatte, schrieb ich ihr unverzüglich. Sie antwortete sofort und lud mich und die Kinder zu sich ein. Ihr Haus wäre zwar noch nicht fertig, aber eine Freundin hätte ihr ein geräumiges Haus in dem Dorf Noirmoutier zur Verfügung gestellt. „Zu zweit werden wir es schon schaffen“, schrieb sie mir, „komme, was wolle.“ Ich hatte kein Geld, sie wahrscheinlich auch nicht mehr sehr viel. Aber sie wiederzusehen, würde mir große Freude bereiten. Ich kannte Yanie aus der Zeit der schönen Jagden, der großen Empfänge und der Vergnügungsfeste in Winnogóra. Eine bewundernswerte Kameradin, gewandt und phantasievoll.

Lebe wohl, Rom, Film, dolce vita! Ich bereitete mich darauf vor, mit Yanie zusammenzutreffen. Ich war glücklich, daß sie an der französischen Küste wohnte, denn ich würde dort für Stewit arbeiten können. Er hatte mich beauftragt, noch bevor ich irgendwelche Kontakte knüpfte, mit Vorsicht alles, was ich an deutschen und französischen Dokumenten zusammenraffen könnte, zu sammeln. Für ihn ging es zuerst einmal darum, über das ganze Arsenal von verschiedenen militärischen und zivildienstlichen Stempeln zu verfügen. Im Ernstfall könnte man sie später nachmachen, um sie für falsche Dokumente, die für das Spionagenetz notwendig waren, zu benutzen. Selbstverständlich hatte ich vor, Yanie über alles zu informieren. Ich kannte ihre Zuneigung für ihre zweite Heimat. An ihrer Hilfe zweifelte ich nicht.

Am 3. Juni 1940 verließen wir Rom. In Marseille unterbrach ich meine Reise, um André im Krankenhaus zu besuchen. Er war auf dem Wege der Besserung, nachdem man ihm eine weitere Kugel, sie stammte noch von dem unglücklichen Zwischenfall in Kutno, herausoperiert hatte. Wir verbrachten drei Tage zusammen, bevor ich nach Norden weiterreiste. Die meisten Franzosen flohen aus Furcht vor einem deutschen Überfall in den Süden. Ich dagegen reiste in die entgegengesetzte Richtung.
So erreichten wir La Roche-sur-Yon, Hauptstadt der Vendée, und schließlich den kleinen Hafen von Fromentine, wo Yanie uns empfing. Wir ließen uns, wie vorgesehen, im Haus von Yanies Freundin nieder. Die Tage verbrachten wir mit Besichtigungen der Insel und die Nächte mit Plaudern. Die kleine Insel bezauberte mich auf Anhieb. Die kargen Buchten, die malerischen Felsen, die grünen Eichenwälder, die historischen Ruinen und das Schloß aus dem XI. Jahrhundert erfüllten mich mit Begeisterung, sowie auch die Freundlichkeit der örtlichen Bevölkerung, die reizenden Empfänge der Besitzer der reichen Häuser aus der Jahrhundertwende oder der Eigentümer der modernen Villen im Landhausstil. Ich begann dieses Land zu lieben. Ich spürte, daß ich hier Wurzeln schlagen könnte, daß ich hier nicht als Exilantin, sondern anerkannt und glücklich leben könnte. Ich liebte das Meer. Keiner von den Orten, die ich bis dahin gesehen hatte, übte diese starke und faszinierende Anziehungskraft auf mich aus.

*

Unglücklicherweise hatten wir Krieg. Es war Anfang Juni. Der Druck, den die Deutschen ausübten, trieb die Men-

schen, Paris zu verlassen. Die Freundin von Yanie, die uns ihr Haus überlassen hatte, telegraphierte. Sie ließ uns wissen, daß sie und ihre ganze Familie kommen würden, um in ihrem Besitz zu wohnen. Yanies eigenes Haus war aber längst noch nicht fertig. Es hatte weder Türen noch Fenster und natürlich keinerlei Einrichtung. Es gab glücklicherweise schon die Mauern und ein Dach. Wir machten Herr Dupont ausfindig. Er war der Bauunternehmer. Ich lernte ihn mit Kordhose und Baskenmütze auf dem Kopf kennen. Gute Laune und Liebenswürdigkeit waren auf sein rundes Gesicht gemalt.
„Daran soll es nicht scheitern", versicherte er uns. „Ich werde Sie gleich mit dem Lieferwagen abholen. Wir werden das Bauen beschleunigen. Ich kann Ihnen einige notwendige Möbelstücke leihen. Für den Augenblick werden Matratzen und ein paar Kisten reichen. Statt mit Louisquinze werden Sie am Anfang mit Louis-Kiste auskommen müssen."

Wir richteten uns unter seinem sanften Blick ein. Seine Hilfsbereitschaft war grenzenlos und er verfügte über großen Einfallsreichtum. Er tat alles, um das Bauen zu beschleunigen.
Am ersten Morgen im Haus erwachten wir über und über mit Farbe bespritzt. Die Anstreicher, in der Früh angekommen, pinselten fröhlich über unseren Köpfen und den Matratzen. Über viele Wochen hin wurde ununterbrochen improvisiert. Yanie fehlte es weder an Geschicklichkeit noch an Humor. Die Kinder planschten fröhlich den ganzen Tag am Strande von Le Bois-de-la-Chaize herum. Abends, wenn wir unsere drei Knaben ins Bett gebracht hatten, gingen wir zu den Nachbarn hinüber, um Radio zu hören.

Nach dem Aufstehen, bevor wir einkauften, zählten wir unsere gemeinsam zusammengebrachte Barschaft. Wir warteten vergeblich auf den Sold unserer Gatten: er kam nicht.
Und Paris war gerade besetzt worden. Unsere schönen Hoffnungen zerrannen. Vom Zusammenbruch getroffen, trugen wir mit den Einheimischen an der Last der verheerenden Niederlage. Mit tiefer Trauer dachte ich an diejenigen, die in Polen so viel Vertrauen in den Sieg Frankreichs gesetzt hatten. Ich hatte den Überfall auf Polen miterlebt. Und obwohl es mich tief erschüttert hatte, glaubte ich an Stewits Überzeugung. „Der Krieg wird lange dauern", hatte er zwar immer wieder gesagt. Aber niemals hatte er am endgültigen Sieg der Alliierten gezweifelt. Durch seinen Glauben gestärkt, tröstete ich Yanie und alle, die zweifelten.

*

Die ganze Insel wartete mit Grauen auf die Ankunft des Feindes. Die Leute wußten nichts Genaues, aber wiederholt gingen Nachrichten von Mund zu Mund, die das Blut in den Adern gefrieren ließen. Man war darauf gefaßt, daß Horden von Barbaren auf unsere friedliche Insel kommen würden. Sie würden Männer, Frauen und Kinder töten und das ganze Land verwüsten.
Eines schönen Morgens hörten wir aus der Ferne ein Geknatter. Wir gingen mit den Kindern auf die Schwelle unseres Hauses. Es waren deutsche Motorräder. Sie waren da! Aber schon am selben Abend atmeten alle vor Erleichterung auf. Gemäß ihren Befehlen verhielt sich das deutsche Heer – dessen kleines Kommando, das die Insel besetzt hatte – liebenswürdig und höflich, manchmal sogar ritter-

lich. Der Händler des kleinen Lebensmittelgeschäfts, in dem wir einkauften, erzählte uns, daß sie nicht nur ihre Einkäufe bezahlten, sondern auch noch nett zu den Kindern und respektvoll zu den älteren Menschen wären. Die Angst legte sich und die Einheimischen nahmen den gewohnten Rhythmus ihres täglichen Lebens wieder auf.
Wir gingen weiter zum Strand, wir besuchten weiter den uns ergebenen Dupont, wir trafen uns weiter bei den Nachbarn, um den Nachrichten zu lauschen. In dieser Zeit wurde uns bewußt, daß unsere Geldmittel zusehends zusammenschrumpften. Ohne ein Wunder, an das schwer zu glauben war, würden wir bald nichts mehr zum Leben haben. Wir hatten noch wenige Vorräte, aber wir mußten sie so lange wie möglich einteilen. „Wir müssen sparen", sagte ich Yanie. Aber wo konnten wir uns noch einschränken?
Wir beschlossen, auf die Milch zu verzichten, die uns eine Bäuerin jeden Morgen auf die Türschwelle stellte. Zu zweit gingen wir zu ihr und ich erklärte ihr, daß wir die tägliche Lieferung nicht mehr nötig hätten. Sie sah mir in die Augen:
„Und die Kinder, Madame? Wie wollen Sie sie ohne Milch ernähren?"
Yanie verstrickte sich in Erklärungen, die ohne Anfang und Ende waren. Madame Gendron wendete sich ohne Umschweife zu ihrem Kessel, in dem eine Fischsuppe kochte, die vorzüglich roch. Dann fragte sie unversehens:
„Sie können nicht bezahlen, nicht wahr? Das spielt keine Rolle. Ich werde Sie wie gehabt jeden Tag beliefern."
Wir bedankten uns gerührt und verlegen. Wie einen Schwarm lästiger Fliegen schlug sie mit der großen Suppenkelle unseren Dank in den Wind.
„Stellen Sie sich mal vor, kleine Kinder in diesem Alter ohne Milch!"

Als wir dankbar und völlig durcheinander davongingen, stand sie auf der Türschwelle und folgte uns mit ihren Blicken. Sie lächelte nicht und ihr Ton war barsch. Aber in ihrem Blick spiegelte sich die ganze Güte der Welt.

Wenige Tage darauf lud sie uns mit den Kindern zum Abendessen ein. Nachdem wir uns mit den schmackhaften Gerichten, die sie uns zu Ehren mit viel Liebe vorbereitet hatte, den Bauch vollgeschlagen hatten, ließ sie uns in der Küche, in der wir zu Tisch saßen, allein. Sie gab mir ein Zeichen: ich sollte ihr ins Schlafzimmer folgen. Wortlos schloß sie die Tür und ging zu einer Kommode, auf der einige Familienphotos standen. Sie zog eine Schublade auf und entnahm ihr ein Päckchen, das in Zeitungspapier eingewickelt war. Sie öffnete es und zog ein Banknotenbündel heraus. Sie wandte sich zu mir und drückte es mir in die Hand. Ich wies es ab und wollte es ihr zurückgeben.

„Madame“, sagte sie mir. „Das ist alles, was ich an Ersparnissen habe, dreitausend Francs. Sie sind für Ihre Kinder, Sie können nicht ablehnen.“

„Nein, nein, liebe Madame Gendron, ich kann es nicht annehmen. Wir werden uns schon durchschlagen.“

„So“, sagte sie, „dann bin nicht ich es, die Gendron, die es Ihnen schenkt –, dann ist es Frankreich, das es Polen schenkt.“

Ich küßte sie mit Tränen in den Augen und gelobte, von nun an Frankreich als meine zweite Heimat zu betrachten. Während unseres gesamten Aufenthaltes erhielten wir von der ansässigen Bevölkerung unzählige Beweise ihrer Gutherzigkeit.

*

Wir hatten neue Nachbarn. In einem Haus in unserer Nähe, das Schloß Pé-Lavé genannt, hatten die Deutschen ihr

Büro eingerichtet. Dort befand sich der Brunnen, aus dem wir das Wasser für unseren täglichen Bedarf holten. Wir hatten weder fließendes Wasser noch Strom auf unserer Insel. Also berieten Yanie und ich uns lange, ob es oder ob es nicht ratsam wäre, auf den Hof des Feindes zu gehen. Yanie weigerte sich. Es gab aber einen praktischen Aspekt des Problems, mit dem ich sie letztlich umstimmte: Der nächste Brunnen befand sich ungefähr einen Kilometer entfernt.

Nachdem sie sich entschieden hatte, griff sie nach dem Eimer und zog „ins Gefecht“. Ich folgte ihr in aller Ruhe. Würdevoll und wortlos, die Nase in die Höhe, stolzierte sie in den Hof. Nichts war geeigneter, die Aufmerksamkeit der Deutschen im Büro auf sie zu lenken. Sie waren sehr neugierig und umringten den Brunnen, um das ganze Unternehmen zu verfolgen. Aufgeregt, ihnen so nahe gegenüberzustehen, ließ sie den Eimer los, der daraufhin mit einem Widerhall tief im Brunnen versank. Alle waren verblüfft, als Yanie sich ohne zu zögern vorbeugte, um den Eimer zurückzuholen. Unglücklicherweise stürzte sie dabei kopfüber ins Wasser. Leider konnte sie sich nicht allein aus dieser mißlichen Lage befreien. Die Deutschen, überrascht, aber geistesgegenwärtig, retteten sie. Sie zogen sie klatschnaß mit dem Eimer in der Hand heraus. Später schüttelten wir uns vor Lachen, und seit diesem Tag gingen wir, wenn Bedarf bestand, fröhlich Wasser schöpfen.

*

Ihre gewagte Tat war mein Beweggrund, sie zu fragen, ob sie keine Angst gehabt hätte, als sie im Brunnen die Eisen-

leiter, die über der Wasseroberfläche aufhörte, nicht mehr hatte greifen können.
„Ja, ich habe schon Angst gehabt, nicht mehr aus dieser schlimmen und lächerlichen Lage herausfinden zu können", antwortete Yanie, „aber laß mich dir von der größten Angst meines Lebens erzählen. Es war, als ich dich an meinem ersten Wochenende in Winnogóra kennenlernte. Die Begebenheit steht in meinem Tagebuch:
Ich hatte gehört, daß André Mankowski der beste Freund meines Mannes sei. Seine Gattin Inia sei zauberhaft schön. Ich könnte mich auf diesen Aufenthalt bei ihnen wirklich freuen.
Winnogóra sah aus, wie einer dieser alten, von wilden Weintrauben überrankten Herrensitze aus der Kolonialzeit, die man, mit großen Säulen und Treppen versehen, aus dem Süden der Vereinigten Staaten kannte. Es war, als wäre Winnogóra von Virginia nach Polen verpflanzt worden. Als wir ankamen, stand André oben auf der hohen Eingangstreppe. Er war ein gutaussehender, sanfter Mann. Er empfing uns und kündigte uns an, daß seine Gattin bald erscheinen würde.
Man zeigte uns unser Zimmer. Jean ging mit André weg. Was mich betraf, so blieb ich im Zimmer, um meine Koffer auszupacken, mich frisch zu machen und meine Nase zu pudern. Als ich mich schließlich auf den Weg zum Salon machte, stand plötzlich Inia vor mir. Sie war bezaubernd schön. Wohl einen Meter lange, honiggoldfarbene Zöpfe hatte sie um den Kopf gewunden, ihre blauen Mandelaugen und ihr unbekümmerter Ausdruck weckten in mir das seltsame Verlangen, ihr Gesicht mit den Händen wegzudrücken. Wir hatten zu viel voneinander gehört, um uns auf Anhieb vertraut zu sein.

Sie teilte mir mit, daß Jean und André bereits auf die Jagd gegangen seien, in der Hoffnung, noch vor Einbruch der Dunkelheit einen Rehbock zu schießen.
‚Würde es Ihnen Freude machen, das Gut zu besichtigen?'
‚Ja, sehr gern', habe ich geantwortet. Diese Antwort entsprach überhaupt nicht der Wahrheit.
Ich folgte meiner Gastgeberin aus dem Haus. Am Fuß der Treppe erwartete uns ein zweirädriger Wagen, vor den ein Pferd gespannt war. Das Pferd bäumte sich auf wie bei einem Rodeo, stampfte mit den Hufen und war so feurig, daß vier oder fünf Diener Mühe hatten, es zu bändigen. Inia griff zur Peitsche. Sie sprang behende in diesen Zweisitzer. Sie wurde von einer Ecke zur anderen geworfen, da das Pferd so heftig sprang. Sie reichte mir die Hand, um mir beim Einsteigen zu helfen. Ich brauchte gut fünf Minuten, um wieder den Gravitationsgesetzen zu gehorchen und zu meinem Sitz zu gelangen. Dies alles verstimmte mich und löste bei Inia eine unverhohlene Genugtuung aus.
Auf mein Zeichen ließen die Diener, eine bemerkenswert gemeinschaftliche Leistung, alle zusammen die Zügel los und gingen in Deckung. Und wir fuhren in einer Staubwolke davon. Die erste Kurve nahmen wir auf einem Rad. Inia, die trotz allem mit dem Tempo des Tieres nicht zufrieden war, feuerte es mit der Peitsche und durch Zurufe an. Vor Angst nahm mein Gesicht plötzlich die Farbe von giftgrünen Erbsen an, aber ich sagte keinen Ton. Das machte Inia wütend. Sie lenkte deshalb das Gespann weg von der Straße und folgte einer Spur, die sich im Zickzack durch gepflügtes Feld schlengelte. Ich suchte ihre Blicke und rief:
‚Was für eine wunderbare Gegend hier . . .'
Sie wagte nicht mehr, das Pferd und die unsichere Strecke,

auf der wir umherirrten, aus den Augen zu lassen. Ich glaubte, in der Ferne unsere Jäger zu sehen. Ich dachte, daß mein letztes Stündlein geschlagen hätte, und daß ich meinen Mann, wenn wir nicht anhielten, nie mehr wiedersehen würde. Ich schlug meiner Begleiterin vor, mir die Zügel anzuvertrauen.
Nach großer Anstrengung gelang es Inia, das Tier in ihre Gewalt zu bringen. Sie blickte mir in die Augen und fragte vorwurfsvoll:
‚Haben Sie schon ein Pferd geführt?'
‚Nein', antwortete ich.
‚Also?'
‚Wollten Sie mich vor Angst sterben lassen?', fragte ich sie.
‚Ja.'
‚Das ist Ihnen gelungen!'
Ich zündete mir eine Zigarette an. Sie begann zu lachen. Sie hatte ein so ansteckendes Lachen, daß ich mitlachte, und das Eis zwischen uns war endgültig gebrochen. Wir waren Freundinnen geworden und fuhren bedächtig nach Hause. Ich hatte mir die Sporen und die Hochachtung verdient.
Am nächsten Morgen klopfte ein Diener an die Tür. Er schwankte unter dem Gewicht eines riesigen Frühstückstabletts. Ich hatte Inia gesagt, daß ich nur schwarzen Kaffee und Jean Tee mit ein paar Toasts nehmen würde. Auf dem Tablett waren sechs weichgekochte Eier, Käse, Schinken, Wiener Gebäck, Konfitüre und der gewünschte Kaffee und Tee. Dies alles sollte erst einmal bis elf Uhr reichen, bis wir dann auf der Veranda große Schalen mit frischem Obst vorgesetzt bekamen.
Um eins wurde eine Reihe von Vorspeisen auf Rollti-

schen in der Bibliothek serviert. Zwanzig bis dreißig verschiedene Genüsse standen zu unserer Verfügung: Essigpilze, geräucherter Fisch, rohes Gemüse, Eier mit Mayonnaise, Sardinen, luftgetrocknete Wurst, dünne Scheiben Schwarzbrot, und so weiter. Wir naschten von allem und tranken als Aperitif Wodka. Um halb zwei wurde das Mittagessen serviert, der Tee um fünf und das Abendessen um acht Uhr. Wenn jemand noch etwas Hunger hatte, konnte er sich vor dem Einschlafen im Kühlschrank bedienen. Das war völlig überflüssig, da in jedem Zimmer ein kleiner Imbiss bereitstand. Nichts war besser geeignet, jemanden zum Schlafen zu bringen!
Wir waren gerade im Begriff abzufahren, da sagte Inia zu uns: ‚Kommen Sie bald wieder. Sie sind bei uns immer willkommen.'"

*

Unsere Geldmittel schmolzen trotz des Schatzes von Madame Gendron zusammen. Anfang Herbst stellten wir fest, daß es unmöglich war, von klarem Wasser und einigen grünen Bohnen zu leben. Dieses Gemüse brachte uns die Frau vom Arzt des Ortes regelmäßig, da sie sie in ihrem Gemüsegarten anbaute. Die Kinder nannten sie „Madame Grüne Bohnen". Da wir nur noch einige Francs und Schulden hatten, mußten wir die Situation gründlich überdenken und entscheiden, was zu tun sei. Eine von uns mußte „Panna Maria" – so hieß das Haus in Erinnerung an Yanies schöne Tage in Polen – verlassen und in Paris nach Arbeit suchen. Wo sonst konnte man Geld verdienen, wenn nicht in der Hauptstadt? Wir waren sehr unternehmungslustig und ein bißchen naiv. Wir losten, und das Los fiel auf mich. Wir packten meinen Koffer und Yanie versah mich mit allen Segenswünschen. Da das Schiff in aller Herrgottsfrühe auslief, mußte der Koffer am Vorabend der Abreise zum Hafen gebracht werden. Yanie übernahm das. Ich nützte die Gelegenheit, um mich mit den Kindern bei meinen Freunden, von den Buchten, den Feldern und den Wäldern zu verabschieden. Wir kamen gerade rechtzeitig zum Abendessen zurück. Was für eine Überraschung für mich, als ich zu Hause Yanie mit meinem Koffer antraf! Sie war schrecklich aufgeregt, warf sich an meinen Hals, sang und tanzte.

„Du gehst nicht weg, du gehst nicht weg!"

Sie wollte mir bis zum nächsten Morgen nichts verraten.

„Es ist eine Überraschung", wiederholte sie.

Beim Frühstück erfuhr ich von der geheimnisvollen Neuigkeit:

Als sie zum Hafen geradelt war, hatte sie eine Bekannte getroffen. Frau Bach, eine Elsässerin, die Dolmetscherin im Rathaus war, hatte Beziehungen zur Kommandantur. Sie waren die Strecke gemeinsam mit dem Fahrrad gefahren. Frau Bach hatte ihr erzählt, daß sie ihre Arbeitsstelle verlassen und ins Elsaß zurückkehren möchte. Yanie griff die Gelegenheit beim Schopfe und schlug mich als Ersatz für Frau Bach vor.

Von der unverhofften Wendung entzückt, kam Frau Bach am nächsten Morgen zu uns, um mich abzuholen und mich meinem zukünftigen Arbeitgebern vorzustellen. Bis zu diesem Tag hatten wir kaum ein Wort mit den Besatzern gewechselt. Aber heute begab ich mich im Windschatten von Frau Bach in die Höhle des Löwen.

Meine polnische Staatsangehörigkeit, die ich ihnen nicht verheimlichen konnte, bildete ein ernstes Hindernis. Ich spürte es an ihrem Zögern. Was war es schließlich, das die Waage zu meinen Gunsten ausschlagen ließ? War es die entschlossene und sichere Fürsprache von Frau Bach? Meine deutschen Sprachkenntnisse? Ihre dringende Suche nach einer Angstellten? Vielleicht all das, aber – im nachhinein neige ich zu einer anderen Auffassung, die nicht so logisch, aber zutreffender ist: meine blonden Zöpfe, meine blauen Augen, mein heller Teint, einer nordischen Göttin gleich, in einem Land, wo alle Frauen dunkelhaarig und schwarzäugig sind.

Ich wurde eingestellt und schon am nächsten Tag fing ich in dem kleinen Büro im Hafen mit der Arbeit an. Ich dachte an Stewit. Wie glücklich er wäre!

Zu Beginn hielt sich meine Belastung in Grenzen und die Arbeit nahm mich wenig in Anspruch. Mit ganzem Herzen stürzte ich mich auf meine Aufgaben. Sehr bald schon fanden meine Bemühungen die Zustimmung von meinen deutschen und französischen Arbeitgebern. Meine offizielle Bezeichnung lautete: „Dolmetscherin für Rathaus, Kommandantur und Zollgrenzschutz". Ich hatte also einerseits mit dem Bürgermeister Monsieur Caillaud, und andererseits mit den deutschen Besatzungsmächten zu tun. Ich war beauftragt, die Fischereibescheinigungen für die Fischer am Ort zu bearbeiten. Ich sah zu, daß alles reibungslos verlief. Bald hatte ich das ganze Vertrauen meines Vorgesetzten gewonnen, so daß ich das Leben der Seemänner auf der Insel erleichtern konnte. Es war eine angenehme Arbeit, weil ich Kontakt zur örtlichen Bevölkerung hatte. Von Anfang an hatte ich für sie große Sympathie empfunden.

Mein Chef, ein Mann namens Sommer, übertrug mir bald, um sich zu entlasten, zahlreiche neue Aufgaben. Ich war für die Buchhaltung zuständig. Da ich nun oft allein im

Büro saß, war ich bevollmächtigt zu unterzeichnen. Ich besaß den Schlüssel zur Kasse und zur Schublade, in der Losungsworte aufbewahrt waren. Die Deutschen benutzten diese Losungsworte für ihre Schiffe, die aufs Meer hinausfuhren. Ich brauche nicht zu sagen, daß ich von den Dokumenten und Stempeln jede Menge Kopien sammelte. Ich träumte nur noch davon, die seit langem schon unterbrochene Verbindung zu Stewit und seinem Spionagenetz möglichst schnell wiederaufzunehmen. Aber im Augenblick mußte alles absolut im Rahmen der Legalität bleiben. Ich begnügte mich damit, hier und da Hilfestellung zu leisten, um das vollständige Vertrauen der Deutschen zu erhalten.

Gleichzeitig gewann ich auch sehr schnell das Vertrauen der Einwohner. Ich wurde häufig zu heimlichen Treffen eingeladen. Dort erhielt ich Nachrichten über den wirklichen Verlauf des Krieges und die Aktivitäten der Widerstandsbewegung. Unser Leben zu zweit wurde viel interessanter. Auch für Yanie. Sie, die gezwungen war, sich um das Haus und die Kinder zu kümmern, fiel dies nicht viel leichter als mir. Wir teilten alles, in erster Linie meinen Lohn, der uns erlaubte, den Alptraum „Was-wird-morgen-sein?“ zu verscheuchen. Ich bezog vom Rathaus ein regelmäßiges Gehalt, dreitausend Francs im Monat.

*

Wir schwelgten gerade in höchster Euphorie, als eine verheerende Vorladung auf meinen Schreibtisch landete. Ich sollte mich als unerwünschte Ausländerin am nächsten Tag mit den Kindern bei der Polizei von La Roche-sur-Yon einfinden. Von dort sollten wir dann in ein vom Feind verwaltetes Lager nach Niort im Departement Deux-Sèvres gebracht werden. Sommer war sehr verärgert, aber Befehl sei Befehl. Ich bekam von ihm die Erlaubnis, allein und ohne die Kinder hinzufahren. Ich wollte die Feldkommandantur aufsuchen und dort meinen Fall darstellen. Die deutsche Besatzungsmacht konnte den von der französischen Seite gegebenen Befehl zu meinem Abtransport aufheben. Sommer ging in seiner Sympathie so weit, daß er mich die Strecke mit einem seiner Leute, die regelmäßig die offizielle Post zur Feldkommandantur brachten, fahren ließ. Nur durch Le Gois konnte man bei Ebbe mit dem Auto von der Insel fahren. Wir hatten Dezember. Die Zeiten der Ebbe lagen in den Mittagsstunden und um zwei Uhr nachts. Um morgens in La Roche-sur-Yon anzukommen, mußte man nachts hinüberfahren. Ich verabredete mich mit dem Fahrer für halb zwölf nachts, um bei Ebbe in Le Gois zu sein. Er sollte mich abholen. Ich wartete geduldig. Es schlug Mitternacht und immer noch war kein Wagen in Sicht. Viertel nach zwölf, halb eins, und immer noch sah ich nichts kommen. Endlich, um viertel vor eins, war er da. Ich erklärte ihm, daß es nun zu spät sei für eine Fahrt, da das Meer bei dem regnerischen und windigen Wetter noch früher und schneller steigen würde. Er wollte davon nichts hören. Sein einziger Gedanke war, rasch loszukommen. Er war der festen Überzeugung, daß wir mühelos hinüberfahren könnten. Ein Gewitter zog herauf. In der Ferne sah man Blitze zucken. Der dunkle Himmel grollte. Ich machte mir mehr und mehr Sorgen.

In Le Gois angekommen, flehte ich ihn an haltzumachen, aber er wollte noch immer nichts davon wissen und preschte drauflos. Die Nacht war pechschwarz. Wasser wirbelte empor. Im Lichtschimmer der Blitze vermeinte

ich zu sehen, wie sich die aufgewühlte See näherte. Aber der Deutsche, der die Gefahr leichtsinnig ignorierte, war entschlossen hinüberzufahren. Ich spürte, daß ihn nichts zurückhalten konnte. Plötzlich plätscherte es besorgniserregend von allen Seiten: die Räder waren im Wasser. Unbeirrt fuhr er weiter. Schon drang Wasser in den Wagen. Nun endlich hielt er an. Die vom Wind gepeitschten Wellen erreichten uns bereits. In der Dunkelheit war es unmöglich, den Rückweg einzuschlagen. Ich öffnete die Wagentür und sprang ins kalte Naß, das mir bis zur Taille reichte. Bald würde es uns überfluten. Erst jetzt verstand er. Er griff nach seiner Tasche mit der Post und sprang ebenfalls. Beide begannen wir den Rückzug. Ich kämpfte mit ganzer Kraft, um rascher vorwärts zu kommen. Ich war mir der Gefahr vollauf bewußt. Schließlich erreichten wir festes Land. Wir waren bis auf die Haut durchnäßt und zitterten vor Kälte. Es erübrigt sich zu erwähnen, daß niemand mehr den Wagen je zu sehen bekam.
Wir mußten ungefähr einen Kilometer zurücklegen, um die ersten Häuser zu erreichen. Brave Krämer brachten uns für die Nacht unter.
Wieder trocken, satt und gestärkt fanden wir in der Früh einen Kahn, der uns nach Fromentine, ein Hafen auf dem Festland, brachte. Bei der dortigen Ortskommandantur erhielten wir einen Wagen, der uns noch vor zehn Uhr vor die Feldkommandantur von La Roche-sur-Yon fuhr. Ich näherte mich einem Wachposten und fragte, ob mich der Feldkommandant empfangen könnte. „Unmöglich", antwortete er mir. Ich versuchte, ihn umzustimmen. Im selben Augenblick sah ich einen leicht ergrauten und tadellos gepflegten Oberst, der die gewaltige Treppe herunterkam. Ohne die Erlaubnis des Wachpostens abzuwarten, stürzte

ich auf ihn zu und sprach ihn an. Er ging an mir vorüber, wobei er mich streifte, ohne mich eines Blickes zu würdigen.
„Ich habe keine Zeit", warf er mir trocken und voll Verachtung zu.
Ich ließ ihn vorübergehen und sprang die Treppe hinauf bis nach oben. Ein Flur lag vor mir, auf einer der Türen klebte ein Schild: „Hauptmann Kohlenberger". Ich trat unverzüglich ein, ohne zu klopfen. Und Gott sei Dank fand ich mich vor einem dicken, gutmütigen Kerl wieder, der aufstand, als ich mich ihm näherte. Er gestattete mir zu sprechen. Ich mußte alle meine Überredungskünste anwenden, um ihn zu überzeugen. Ich strich meine materielle Not heraus, meine Dienste in der Verwaltung von Noirmoutier, das ergreifende Schicksal meiner Kinder, würden wir in das Lager von Niort gehen müssen. Schießlich gab er nach und stellte mir eine halboffizielle, vorübergehende Bescheinigung aus, die mir zunächst erlaubte zu bleiben. Er selbst war ein wenig nervös. Die Bescheinigung in der Hand beeilte ich mich, davonzukommen. Ich bedankte mich überschwenglich bei ihm. Ich hatte die erste Klippe überwunden, aber ich konnte nicht damit rechnen, daß es so weiterging.
Meine Rückkehr wurde gefeiert. Die tägliche Routine hatte mich wieder. In der schönen Atmosphäre von Noirmoutier verflog meine Angst wie Rauch. Mir gelang es bald, für die Hummerfischer eine spezielle Erlaubnis zu erwirken. Sie konnten nun viel weiter in den Norden hinausfahren, was normalerweise aufgrund der Besatzungsbestimmungen nicht gestattet war. Ein Kapitän von der Handelsmarine schenkte mir, um mir seine Dankbarkeit auszudrücken, ein sehr schönes Lothringer Kreuz aus Silber, das ich von nun an am Aufschlag meines Mantels trug. Keiner der deut-

schen Polizisten sprach mich auf dieses Kreuz an. Ich ging also weiterhin mit dem Zeichen des französischen Widerstands auf der ganzen Insel spazieren.
Einige Wochen später bekam ich von Hauptmann Kohlenberger eine Vorladung nach La Roche-sur-Yon. Ich sollte meine – immer noch unbestimmte – persönliche Situation und die Hafengeschäfte klären. Ich fuhr also hin und betrat stolz die Kommandantur. Ich zeigte dem Wachposten meine offizielle Vorladung. Trotz dieses magischen Dokuments versperrte mir der Soldat den Weg:
„Was tragen Sie an Ihrem Mantelaufschlag?" fragte er drohend.
„Es ist streng vertraulich", wich ich aus und ging eilig die Treppe hinauf.
Ich ärgerte mich über mich selbst, so gedankenlos gewesen zu sein. Bevor ich zum Hauptmann hineinging, bedeckte ich das Zeichen mit meinem Tuch. Meine Angelegenheiten wurden aufs beste geregelt.
Auf dem Heimweg wollte mir die Sache mit dem Lothringer Kreuz nicht aus dem Kopf. Was wäre, wenn man eine Untersuchung anstellte? Wenn man mich fragte, von wem ich es bekommen hatte? Und aus welchem Grund? Ich faßte also einen Plan, der mir ausgezeichnet erschien. Bei meiner nächtlichen Rückkehr klopfte ich bei dem Juwelier von Noirmoutier, den ich kannte. Ich erklärte ihm den Sachverhalt und ließ das Kreuz bei ihm zurück. Er arbeitete die ganze Nacht daran, es zu verändern, und in der Früh, auf dem Weg zum Büro, ging ich bei ihm vorbei und steckte das Kreuz wie gewohnt an meinen Aufschlag. Um elf Uhr, zur Stunde der Ebbe, hielt ein großer Wagen der Feldgendarmerie vor meinem Büro. Zwei Offiziere stiegen aus und kamen herein. Ein zweifaches „Heil Hitler!" ertönte.

„Wir kommen“, sagten sie, „wegen Ihres Abzeichens. Wissen Sie nicht, daß das Tragen dieses Kreuzes nicht erlaubt ist?“
„Wer hat das gesagt? Und wann? Und warum?“
Ich stellte mich dumm und sah sie erstaunt an. Würden sie das verbotene Wort „Lothringer Kreuz“ aussprechen? Sie trauten sich nicht. Ich würde es auch nicht tun. Innerlich ergötzte ich mich an dem Spiel. Sie waren wütend, mich so gelassen und lächelnd zu sehen.
„Zeigen Sie es mal her!“
Ich nahm es langsam ab und reichte es ihnen.
„Was hat es zu bedeuten?“
Ich bemerkte wohl, daß sie unruhig wurden. Derjenige, der das Zeichen in der Hand hielt, drehte es wieder und wieder in seinen Händen. Der andere sah mich fragend an.
„Sie kennen das Kreuz der unierten Kirche nicht, das des ukrainischen Volkes?“ antwortete ich. „Es ist das Zeichen des griechisch-katholischen Ritus. Dieses kleine Andenken wurde mir von dem Priester meines Dorfes am Tage meiner Hochzeit geschenkt. Das Datum steht darauf. Die Anfangsbuchstaben sind meine und die meines Mannes. Eine schöne Erinnerung, nicht wahr?“
Schade, daß es andere nicht sehen konnten, wie sie sich in Entschuldigungen wanden.
Später hatten Yanie und ich unseren Spaß daran. Und ich trug das Lothringer Kreuz so stolz wie in der Vergangenheit.

*

Kurze Zeit danach bekam ich einen weiteren, unerwarteten Besuch. Es war früher Nachmittag. Ich war mit meinem Chef im Büro, als ich einen Militärwagen kommen sah.

Zwei Offiziere, höheren Dienstgrades und viel schmucker als mein Vorgesetzter, stiegen aus. Sie fragten meinen Chef, ob sie mit mir allein sprechen könnten. Als er uns verlassen hatte, setzten sie sich und wandten sich zu mir.
„Wir haben Ihnen einen Vorschlag zu machen“, sagte mir der Major. „Unsere Nachrichtendienste haben eine lange Untersuchung über Ihre Vergangenheit angestellt. Es gibt nichts, was wir über Sie nicht wüßten.“ Ich fragte mich, was sie tatsächlich erfahren hatten, schwieg aber, ohne mit der Wimper zu zucken. Der Major fuhr fort:
„Wir wissen ganz genau, daß Sie von Ihrem Besitz enteignet wurden. Daß der Stab, der bei Ihnen untergebracht war, sich sogar für Sie verwendet hat, damit Sie Ihr Gut zurückbekommen. Leider war das vergeblich. So scheint es uns nur richtig, Ihnen die Rückkehr sowie die Rückgabe Ihres Besitzes zu erleichtern.“
Ich muß ehrlich gestehen, daß mir wider Willen ein Schreck durch die Glieder fuhr. Dieser Vorschlag kam so unerwartet. Aber ich mißtraute ihnen trotz ihrer Liebenswürdigkeit und ihrer versöhnlichen Worte. Ich sagte also nichts und blickte sie weiter an. Ich wartete auf das, was noch kommen würde.
„Es gibt da nur eine Kleinigkeit, eine reine Formsache . . .“, fuhr der Major fort, „eine schlichte Unterschrift unter dieses Dokument.“
Er reichte es mir. Ich begann die vorbereiteten Seiten, die doppelt kopiert waren, zu lesen. Man sicherte mir tatsächlich zu, daß ich mich in Winnogóra wieder niederlassen könnte oder anderswo ein Gut gleichen Gegenwerts bekommen würde. Aber alles unter einer Bedingung: Meine Söhne und ich müßten die deutsche Staatsangehörigkeit annehmen. Ich sollte demnach meine Söhne zu guten Deut-

schen erziehen. Das war die Spitze der Perversion: dem Regime treu, dem Führer ergeben! Ich las zu Ende, so ruhig wie möglich, und beherrschte meinen anwachsenden Zorn. Ohne ein Wort gab ich die Seiten zurück und lächelte liebenswürdig.

„Na, und?“

„Darf ich Ihnen, Herr Major, bevor ich antworte, eine Frage stellen? Ja? Versetzen Sie sich in meine Lage: Was wäre, wenn man Ihnen heute auf eine ehrenvolle Weise vorschlagen würde, ein guter Engländer zu werden?“

Seine Wangen bekamen plötzlich Farbe. Er wurde so wütend, daß er die Hand hob, um mich zu ohrfeigen. Bevor er es ausführen konnte, griff ich seine Hand, als hätte er sie mir gereicht, und schüttelte sie kräftig. Ich sagte:

„Ich danke Ihnen für Ihr Verständnis. Ich spüre, daß Sie mich verstanden haben. Sie wissen, daß ich Polin bin. Es fällt mir schwer, von einem Tag auf den anderen das zu werden, was ich nicht bin. Außerdem wäre es Ihnen gegenüber nicht ehrlich. Ich arbeite hier und übersetze kleine unwichtige Papiere, um mein Brot zu verdienen und den Lebensunterhalt meiner Kinder zu sichern. Erlauben Sie mir also, Ihnen weiterhin diese kleinen Dienste zu leisten. Ich danke Ihnen für Ihren guten Willen, den Sie mir gezeigt haben. Sie werden, hoffe ich, verstehen, warum ich an meiner gegenwärtigen Situation überhaupt nichts ändern will.“

Noch während ich sprach, beruhigte sich der Major. Sie verließen eher kleinlaut das Büro. Ich sah sie nie wieder.

*

Zu dieser Zeit beschlossen Yanie und ich, uns zu trennen. Sie hatte Nachrichten von ihrem Mann erhalten. Er war vom Militär entlassen worden und nach Paris in seine Bank zurückgekehrt. Sie hoffte, ihn bald wiedersehen zu können. Ich wollte ein neues Haus beziehen, das mir das Rathaus zur Verfügung stellte und das näher an meinem Arbeitsplatz war. Es lag am Rande der Hauptstraße, die von Noirmoutier nach Le Bois-de-la-Chaize führte. Es war dürftig eingerichtet, hatte aber Strom und fließendes Wasser.

Ich hatte mich im Laufe der letzten Monate mit der Familie Caillaud angefreundet. Monsieur Caillaud war Bürgermeister von Noirmoutier und gleichzeitig Besitzer der Fleischerei am Ort. Seine Frau fand mich sympathisch. Ihre Tochter Marie-Thérèse schlug mir vor, sich während meiner Abwesenheit um die Kinder zu kümmern.

Vor ihrer Abreise sah ich Yanie häufig. Zu Weihnachten, da sie nun Geld hatte, machte sie mir ein unglaublich luxuriöses Geschenk: die ganze Reihe der Schönheitsprodukte von Elisabeth Arden. Für die Kinder kaufte ich zwei kleine Fahrräder. Das Leben war schön. Sogar ein kurzer Besuch der Gestapo schien ohne unerfreuliche Folge zu bleiben. Ende Januar fuhr Yanie nach Paris.

Im Februar 1941 fand ich in der Post für das Büro einen Brief, der das Siegel des internationalen Roten Kreuzes trug. Er konnte nur Nachrichten von André beinhalten. Die Filiale des Roten Kreuzes in Bordeaux teilte mir offiziell mit, daß mein Mann lebte und gesund wäre. Er würde sich nach mir erkundigen. Er wäre über Lissabon nach Brasilien gegangen und wünschte, daß ich auf dem gleichen Wege zu ihm käme. Als Postskriptum fügte das Rote Kreuz hinzu: ,,Wegen weiterer Einzelheiten wenden Sie sich bitte an Herrn Chrapecki in Nantes", und es folgte eine Adresse, an die ich mich heute nicht mehr erinnern kann. ,,Herr Chrapecki und seine Familie sind in finanziellen Schwierigkeiten. Man wäre Ihnen dankbar, wenn Sie irgendwie helfen könnten."

Es gab keine Unterschrift bis auf das Siegel und einen Namenszug.

Ich beschloß auf der Stelle, nach Nantes zu fahren. Unter dem Vorwand, einige notwendige Dinge erledigen zu müssen, erbat ich einen freien Tag, den ich ohne weiteres bekam. Monsieur Émile Laubignat, Besitzer des Hotels „La Plage des Dames", begab sich regelmäßig nach Nantes, um Vorräte einzukaufen. Er nahm mich mit. Ich kaufte einen Stadtplan, auf dem ich die Straße, in der die Chrapeckis wohnten, herausfand. Ihre Wohnung ging auf den Hof hinaus. Ich stieg eine dunkle und schmutzige Treppe hinauf und klingelte. Ein ungefähr achtjähriges Mädchen öffnete mir.

„Ist dein Papa da?" fragte ich sie.

„Nein, er ist ausgegangen, aber er wird bald zurück sein. Er holt Brot."

„Und Deine Mama?"

„Sie ist da, in der Küche. Kommen Sie herein."

Sie führte mich in ein sehr dürftig eingerichtetes Zimmer: ein Tisch, vier Stühle, ein Küchenschrank, ein altes Sofa. Sie rief nach ihrer Mutter. Frau Chrapecki trat ein. Klein, blond, mit großen blauen und traurigen Augen. Sie wirkte mißtrauisch. Ich stellte mich vor und zeigte ihr den Brief des Roten Kreuzes von Bordeaux. Sie wurde plötzlich lebhafter.

„Herzlich willkommen. Mein Mann wird nicht lange auf sich warten lassen."

Wenige Minuten später erschien Herr Chrapecki. Seine Frau sagte ihm, wer ich sei und warum ich gekommen wäre.

„Was die Nachrichten Ihres Mannes betrifft", erklärte er mir, „so war das nur ein Vorwand. In Wirklichkeit ist er nie in Lissabon oder Brasilien gewesen. Er wurde 1940 mit dem Rest des polnischen Heeres auf dem Passagierdampfer ‚Batory' von Frankreich nach England evakuiert. Sein Halbbruder, der in Rom war, befindet sich nun in Lissabon als erster Sekretär der polnischen Botschaft. Er war es, der die Nachforschungen geführt hat, um Sie wiederzufinden. Sie können versuchen, wenn Sie es wünschen, mit den Kinder zu ihm zu reisen.

„Aber", setzte er hinzu, „der Hauptgrund für das Eingreifen des Roten Kreuzes ist ein ganz anderer. Wir haben hier eine kleine Organisation, die polnischen Soldaten, die sich noch in den Krankenhäusern von Nantes oder der Umgebung befinden, hilft, nach England zum polnischen Heer zu flüchten. Wir halten durch, aber wir brauchen Hilfe: Geld, Lebensmittel und vor allem Zivilkleidung. Alle diese Soldaten sind noch in Uniform. Wir haben viel Lob über Sie gehört. Bei einem meiner Besuche beim Roten Kreuz in Bordeaux haben wir beschlossen, uns an Sie zu wenden. Das Allerwichtigste ist die Kleidung. In Nantes kennen wir niemanden und von daher haben wir keine Möglichkeit gesehen, Kleidung zu besorgen. Hätten Sie in Noirmoutier vielleicht mehr Chancen?"

Er schwieg. Ich dachte eine ganze Weile nach.

„Einverstanden", willigte ich schließlich ein. „Ich glaube, Ihnen helfen zu können. Ich habe viele Freunde, die glücklich wären, für die Polen etwas zu tun. Der Schneider von Noirmoutier zum Beispiel, dem ich bei verschiedenen Gelegenheiten einen Gefallen getan habe, ist ein großer Patriot und den Alliierten ergeben. Ich halte es für unvorsichtig, wenn ich persönlich noch einmal zu Ihnen komme. Sie müssen mich verstehen! Ich werde mich mit Monsieur Laubignat absprechen. Er hat mich heute hergebracht. Er kommt einmal in der Woche nach Nantes. Die Tage, an denen er kommt, sind wegen der Passage in Le Gois nicht festgelegt. Das Losungswort wird M 33 heißen. Was Geld und Lebensmittel betrifft, wird es, denke ich, keine Probleme geben.“

Ich blieb noch ein oder zwei Stunden bei ihnen, und wir vereinbarten, daß ich ihnen spätestens in zehn Tagen alles schicken würde, was ich kriegen könnte.

Gegen ein Uhr mittags verließ ich sie, um bei „Decre“, dem großen Kaufhaus in Nantes, einkaufen zu gehen. Um drei Uhr sollte ich Laubignat vor dem Dom treffen. Da an diesem Tag abends um sechs Uhr Ebbe war, konnten wir nachmittags ab vier Uhr hinüberfahren. Während der Fahrt schilderte ich Herrn Laubignat den Fall.

„Machen Sie sich keine Sorgen“, sagte er mir, „ich bin völlig einverstanden, Ihnen zu helfen. Was die Lebensmittel betrifft, werde ich mich darum kümmern. Ich habe Lagerbestände. Zudem gibt es noch, wie Sie wissen, die große Ölsardinenfabrik. Obwohl die Deutschen sie beschlagnahmt haben, gelingt es mir immer, so viele Sardinen zu bekommen, wie ich will. Ich kann Ihnen auch bei der Kleidung helfen. Meine Brüder – ich habe fünf – und ich haben immer Sachen, die wir nicht mehr tragen: Matrosenpullover, Hosen, Wollmützen. Alles ein bißchen abgetragen, aber sie werden noch von Nutzen sein. Bei den Schuhen wird es schwieriger. Wir werden sehen.“

Zurück in Noirmoutier begann ich, Geld zu sammeln. Alle meine Pariser Freunde, die Strohls, die Geoffroy-Saint-Hilaires, die Navacelles und die Ausländer, wie die Sivers aus Schweden und die Gutzeits aus Norwegen, öffneten großzügig ihre Geldbörsen. Mit Hilfe von Ilmi, der reizenden achtzehnjährigen Tochter der Gutzeits, erhielt ich in kurzer Zeit die unverhoffte Summe von fünftausend Francs! Ich setzte mich mit Monsieur Friou, dem Schneider, in Verbindung, der mir zwei nahezu neue Anzüge gab. Innerhalb kürzester Zeit, eher als ich gehofft hatte, fuhr Monsieur Laubignat nach Nantes. Er war beladen wie der Weihnachtsmann. Er brachte mir eine detaillierte Aufstellung, die von Herrn Chrapecki unterschrieben war. Ich vernichtete den Beleg auf der Stelle. Ich sah die Chrapeckis nie wieder.

*

Jetzt mußte ich mich entscheiden, ob ich mich mit den Kindern nach Lissabon begeben wollte oder nicht. Es ging um unsere Sicherheit! Aber was sollte ich denn dort machen? Oder gar in England? Das beschränkte Leben einer Offiziersfrau führen? Nein, ich konnte mir mich in dieser Rolle wirklich nicht vorstellen. Hier konnte ich noch hoffen, mich mit meinem Spionagenetz, mit Stewit in Verbindung setzen zu können und ihnen nützlich zu sein. Nein, ich hatte nicht das Recht, sie im Stich zu lassen. Im Gegenteil, je mehr ich das Vertrauen meiner Vorgesetzten gewann, desto nützlicher konnte ich den Alliierten werden.
Die Deutschen wußten mit Sicherheit von dem Brief des Roten Kreuzes. Ich mußte also nun vortäuschen, abreisen zu wollen. Ich nutzte einen Inspektionsbesuch vom Bezirkszollkommissar Schmitz aus Sables d'Olonne, um ihm meinen Fall darzulegen. Ich bat ihn um die Erlaubnis, mich über Angers nach Paris begeben zu dürfen. Ich gab an, dort Behördengänge bei den Deutschen und den Portugiesen erledigen zu müssen, da ich mich mit meinen Kindern nach

Lissabon begeben wolle. Er zeigte sich sehr verständnisvoll und stellte mir einen „Marschbefehl“ und eine eigentlich nur für Militärs gedachte Fahrkarte aus, die für diese Reise notwendig waren.

*

Ich verließ Noirmoutier. Die Kinder blieben bei Marie-Thérèse und ihren Eltern Monsieur und Madame Caillaud. Ich hatte mit dem Konsulat in Angers telefonisch einen Termin für Dienstag, den 11. März, am Mittag vereinbart. Ich war gezwungen, wie immer wegen der Passage in Le Gois, am Abend zuvor abzufahren.
Ich kam am Montag, dem 10. März, gegen vier Uhr nachmittags in Angers an. Ich begab mich unverzüglich ins Hotel „De France“, in die Nähe des Bahnhofs, wo ich zu übernachten vorhatte. Was aber sollte ich bis dahin tun? Durch die Stadt bummeln, oder das Schloß und sein Museum besichtigen? Ich könnte an der Rezeption um Rat fragen. Dort würde man mir Sehenswürdigkeiten nennen. Nachdem ich mich gekämmt und ein wenig erfrischt hatte, ging ich zum Eingang hinunter. An der Rezeption führten zwei deutsche Offiziere ein umständliches Gespräch mit dem Portier, der, so schien es, nichts von dem verstand oder verstehen wollte, was sie ihm zu erklären versuchten. Das laute und wütende Benehmen von einem der Offiziere machte mich neugierig. Ich näherte mich der Theke. Das erste, was mir auffiel, war ein großer Umschlag mit dem Stempel des OKW – Oberkommando der Wehrmacht.
OKW, Stewits Traum! Mit einem solchen Stempel würden sich ihm in Deutschland alle Türen öffnen. Wie sollte ich vorgehen? Ich mußte um jeden Preis diese Offiziere kennenlernen.

„Entschuldigen Sie, meine Herren, ich merke, daß Sie Schwierigkeiten haben, sich verständlich zu machen. Ich bin Dolmetscherin von Beruf, kann ich Ihnen helfen?"
„Aber mit Vergnügen, Sie kommen wie vom Himmel gefallen. Wir versuchen ihm zu erklären, daß wir heute abend nach Paris fahren müssen. Wir möchten aber eines der beiden Zimmer, die wir bewohnen, behalten, da wir einige Koffer dalassen wollen. Wir werden übermorgen wieder in Angers sein und dann alles regeln."
Ich setzte dem Portier, der endlich verstand, die Sache auseinander.
„Tausend Dank, Fräulein, Sie haben uns einen großen Gefallen getan. Erlauben Sie, daß wir uns vorstellen: Oberleutnant Paul Krüger und mein Freund Hans . . ."
Den Nachnamen verstand ich nicht.
„Möchten Sie uns das Vergnügen machen, vor unserer Abreise nach Paris heute abend mit uns zu essen? Wir kennen ein hübsches kleines Restaurant am Ufer der Loire. Man ißt dort sehr gut. Wir müssen frühzeitig hingehen, weil wir den Zehnuhrzug nach Paris nehmen."
„Warum nicht", antwortete ich. „Es würde mir gefallen. Ich habe heute abend nichts vor."
„Also, sagen wir um sieben. Wir werden Sie mit dem Wagen abholen."
„Einverstanden."
Glücklicherweise kein „Heil Hitler", sondern ein freundliches Händeschütteln. Es war sechs Uhr, gerade Zeit genug, um mich ein bißchen zu erholen und meine Geisteskräfte zu sammeln. Ich brauchte diesen Stempel unbedingt! Irgendein Dokument mit diesem Stempel. So eine Gelegenheit würde sich nicht mehr bieten. Welche Taktik könnte ich anwenden? Vor allem durfte ich mich nicht verrückt

machen lassen, auf keinen Fall ... Je nach der augenblicklichen Stimmung würde ich mich für die entsprechende Taktik entscheiden.
Ich war optimistisch, als ich in der Eingangshalle die beiden Offiziere traf. Ein schöner Mercedes mit der Fahne des OKW wartete vor dem Hotel auf uns. Leutnant Krüger setzte sich ans Steuer und lud mich ein, neben sich Platz zu nehmen. Der andere Offizier begab sich nach hinten. Die Fahrt zu dem hübschen kleinen Hotel, das etwas abseits der Straße gelegen war, dauerte ungefähr zehn Minuten. Man konnte durch die Bäume, die den Weg säumten, die Loire sehen. Im Hotel stellte sich uns ein älterer Empfangschef vor und wies uns den Weg zum Eingang des Restaurants. Der Saal war beinahe bis auf den letzten Platz besetzt.
„Ich habe für sie einen Tisch im kleinen Saal reserviert. Sie werden ungestört sein."
Er schien den Leutnant und seinen Kameraden zu kennen. Der kleine Saal war sicherlich nur den privilegierten Stammgästen vorbehalten. Alles darin war luxuriös. Im Gegensatz zu dem ersten Saal, wo man karierte Tischdecken hatte, waren diese hier weiß. Kristallgläser, Porzellan aus Limoges. Sobald wir Platz genommen hatten, brachte man uns die Speisekarte – Austern, Hummer, Lammkoteletts, Salat, Käse, Nachspeise; ein wahres Festessen! Außerdem noch rote und weiße Weine, Champagner.
Bereits zu Beginn des Essens schien es, als würde sich der Leutnant für meine Person interessieren. Er stellte Fragen. Ein wahres Verhör begann: wer, woher, meine Herkunft, die Familie, der Ort, wo ich arbeitete. Ich beschloß, bei der Wahrheit zu bleiben. Wir wären polnische Flüchtlinge, mein Ehemann sei in Brasilien, die Kinder bei mir in Noir-

moutier, wo ich als Dolmetscherin in der Kommandantur arbeiten würde, um überleben zu können.
Ich heuchelte tiefe Traurigkeit. Zur Zeit lebe man gut – aber hinterher? Was erwartete mich? Was für eine Zukunft? Wenn der Krieg zu Ende wäre, wer würde sich um mich und meine Kinder kümmern? Die wenigen Bescheinigungen der Feldkommandantur 605 würden dann wertlos sein, würden mir nicht weiterhelfen, man würde keine Dolmetscher mehr brauchen. Sie alle würden nach Hause zurückkehren und ich, ich würde den Franzosen preisgegeben werden. Wenn ich nur über ein einziges Dokument einer bedeutenden Behörde verfügen würde, könnte ich mich vielleicht eher in Sicherheit wiegen.
„Aber“, seufzte ich, „reden wir nicht mehr davon. Der Wein und das köstliche Essen haben mich melancholisch gemacht. Erzählen Sie nun lieber von sich.“
Der Leutnant sah mich lange an, stand auf und bat mich: „Warten Sie einen Augenblick.“
Er ging hinaus. Kurze Zeit darauf kam er zurück und reichte mir ein Papier.
„Ich hoffe, daß dieses Schriftstück Ihnen das Leben erleichtern wird. Ich vermag leider nicht mehr zu tun, um Ihnen zu helfen. Bleiben Sie weiterhin tapfer und alles wird gutgehen. Ich wünsche es Ihnen von ganzem Herzen.“
Ich traute meinen Augen nicht! Der ersehnte Stempel, da war er! Mir kamen die Tränen. Ich wußte nicht, wie ich mich bedanken sollte. Er war ebenso gerührt. Selbstverständlich nicht aus den gleichen Gründen!
Wir wechselten das Thema. Sie erzählten mir von ihrem Leben, ihrem Krieg, ihren Hoffnungen. Der Abend verging wie im Fluge. Gegen halb zehn brachten sie mich ins Hotel „De France“ zurück.

„Ich hoffe, daß wir uns wiedersehen werden“, sagte Krüger, als er mir die Hand ein wenig stärker als notwendig drückte.

*

Am nächsten Tag, nach einem kurzen und erfolglosen Bsuch im portugiesischen Konsulat, fuhr ich nach Paris. Zuerst müßte, hatte man mir gesagt, eine Erlaubnis zur Auswanderung aus Frankreich von der Passierscheinstelle in Paris vorliegen. Dann sei ein Transitvisum für Spanien nötig, und erst dann sei an die Erteilung eines Visums für Portugal zu denken.
Nachdem ich den Stempel erhalten hatte, von dem Stewit so sehr träumte, wollte ich weder nach Portugal noch nach Brasilien, noch nach England, sondern um jeden Preis nach Polen! Wie aber sollte ich vorgehen? Das würde sich zeigen.
Ich mußte dennoch vorgeben, den Wunsch zu haben, meinen Mann wiederzutreffen, wo immer er sei. Ich würde einfach zur deutschen Botschaft gehen und mich nach meinem Mann erkundigen.
In Paris angekommen, begab ich mich unverzüglich zu den Chaumonts. Was für eine Freude, Yanie wiederzusehen! So viele Fragen, so viel zu erzählen! Und Jean? Ich hatte ihn seit diesem letzten Wochenende in Winnogóra vor dem Krieg nicht mehr gesehen. Es war für kurze Zeit eine andere Welt!
Ich wollte gern ein oder zwei Tage bei ihnen bleiben, wenn sie mich unterbringen könnten.
„Einverstanden“, sagte Yanie, „so lange du willst.“
Am darauffolgenden Tag ging ich zur deutschen Botschaft

und fragte nach Herrn Abetz, dem Botschafter. Er sei abwesend, sagte man mir. Der, der mich so liebenswürdig empfing, war nur sein Sekretär. Ich erläuterte ihm meinen Fall und erklärte ihm, daß ich mit den Kindern nicht eine so große und teure Reise unternehmen wolle, ohne die absolute Gewißheit zu haben, daß mein Mann tatsächlich über Lissabon nach Brasilien gegangen sei.
„Das ist ein leichtes", antwortete der Sekretär. „Unsere diplomatischen Dienste werden bei Ihrem Schwager in Lissabon die Echtheit dieser Mitteilung überprüfen. Es kann sein, daß Sie lange warten müssen, da die zurückgestellten Vorgänge im Moment nicht bearbeitet werden."
Nichts konnte mir gelegener sein. Ich würde genügend Zeit haben, eine andere Reise zu planen. Ich verabschiedete mich und hinterließ ihm meine Adresse: Feldpost Nr. 05399. Am 13. März war ich wieder in Noirmoutier zurück und nahm meine gewohnte Tätigkeit auf.

*

Am Samstag, dem 15. März 1941, während des Mittagessens hielt vor meinem Haus ein schwarzer Wagen. Zwei Männer, wie Zivilisten gekleidet, aber durch ihre Mäntel und schwarzen Hüte unschwer erkennbar, stiegen aus. Sobald sie hereingekommen waren, fragten sie nüchtern und trocken:
„Sie sind Frau Mankowska? Wir kommen, um Sie zu verhaften. Sie müssen mitkommen. Nehmen Sie das Nötigste mit. Wir werden die Kommandantur benachrichtigen. Seien Sie in einer halben Stunde bereit." Was sollte ich sagen? Mit ihnen zu verhandeln, hätte zu nichts geführt. Glücklicherweise hatte ich eine halbe Stunde Zeit. Marie-Thérèse

ging fort, um ihre Eltern von meiner Verhaftung zu unterrichten. Sie würden die Kinder zu sich nehmen. In aller Eile packte ich die kompromittierenden Papiere und Dokumente in eine Tasche. Ich ließ sie von Christophe mit seinem Fahrrad ohne ein Wort der Erklärung zu Ilmi bringen. In schwierigen Situationen hatte sie mir schon des öfteren geholfen. Sie war Norwegerin, Tochter eines Norwegers und einer Italienerin, und lief nicht Gefahr, von der Gestapo kontrolliert zu werden. Als ich dies erledigt hatte, konnte ich mich um meinen Koffer kümmern: ein Nachthemd, meinen schönen weißen Hausmantel aus Wolle, der entfernt Ähnlichkeit mit einem Klostergewand hatte, zwei Handtücher, meine Sachen für die Toilette, die vier schönen rosafarbenen Packungen von Elisabeth Arden, die ich von Yanie zu Weihnachten bekommen hatte, ein schönes Tischdeckchen, das ich eventuell auf einen Gefängnistisch ausbreiten konnte. Man mußte an alles denken!

*

Die halbe Stunde war um. Die Männer kehrten zurück. Sie sahen nicht mehr so grimmig aus. Was hatte man ihnen wohl bei der Kommandantur über mich gesagt? Offensichtlich nur Gutes. Zuvorkommend öffneten sie mir die hintere Wagentür und baten mich, einzusteigen. Sie fuhren los, durch die Passage von Le Gois und dann in Richtung Nantes.

„Sie fühlen sich bestimmt nicht glücklich in der Rolle, die Ihnen zugeteilt worden ist“, sprach ich sie an.

„Überhaupt nicht. Wir bitten um Entschuldigung, aber anders läßt es sich nicht machen. Befehl ist Befehl.“

„Ja, ich verstehe. Aber es muß ein Irrtum sein. Deshalb mache ich mir keine Sorgen.“

„Hoffentlich, wir wünschen es Ihnen."
Das Gespräch wurde belanglos. Wir unterhielten uns über die Passage von Le Gois, die sie zum ersten Mal sahen, über das Klima und schließlich über ihre Familien. In Nantes waren wir beinahe alte Kumpel. Und sie waren Männer von der Gestapo! Jeder Mensch trägt einen göttlichen Funken in sich, manchmal reicht ein Wort oder ein Lächeln, um ihn leuchten zu lassen.
In Nantes fuhren wir zum großen Gefängnis. Sie wünschten mir viel Glück und verließen mich dort.

*

Das Gefängnis. So seltsam wie es schien, belustigte mich dieses Ereignis eher und begann vor allem, mich zu interessieren. Am Eingang kümmerte sich ein Soldat um mich. Er führte mich zuerst einmal in ein kleines Zimmer, in dem eine französische Wachbeamtin stand. Sie führte eine flüchtige Leibesvisitation und eine Untersuchung meines Koffers durch. Als diese Zeremonie beendet war, rief sie den Soldaten wieder herein. Wir gingen durch einen langen Flur. Am Ende des Flures zog er einen großen Schlüsselbund aus seiner Tasche und öffnete eine schwere Tür.
„Gehen Sie hinein", befahl er mir.
Es war die Zelle, die mir zugewiesen war. Ich betrat sie und sah mich um: ein Eisenbett mit einer Strohmatratze und einer grauen Decke. An der gegenüberliegenden Wand stand ein kleiner Tisch mit einem Hocker. Das war alles. Bevor der Wächter Zeit hatte, die Tür zu schließen, rief ich nach ihm:
„Bitte", fragte ich höflich, „können Sie mir Bettlaken, eine zweite Decke und auch eine große Wanne sowie einen Krug mit Wasser bringen?"

Er blieb auf der Türschwelle stehen und sah mich an, als ob er nicht recht gehört oder verstanden hätte. Diesmal wiederholte ich meine Bitte in sehr autoritärem Ton.
„Sofort", sagte er, schlug die Hacken zusammen und ging hinaus, ohne die Tür zuzuschließen.
In der Zwischenzeit richtete ich mich ein. Wie ich feststellte, war der kleine Tisch auf dem Fußboden festgenagelt. Auf ihm arrangierte ich das hübsche Tischdeckchen, den Spiegel, meine Bürsten und Kämme sowie meine vier Packungen von Elisabeth Arden.
Er kam mit allem, was ich verlangt hatte, und noch dazu mit einem Kopfkissen zurück. Er stand mit offenem Mund da. Ich saß in meinem schönen weißen Hausmantel vor dem kleinen Tisch. Ich war dabei, meine langen blonden Haare zu bürsten. Für den Wächter eines Gefängnisses mußte es ein ungewöhnlicher Anblick sein. Er traute sich nicht, hereinzukommen.
„Kommen Sie doch näher", forderte ich ihn auf, „und legen Sie die Sachen dort auf das Bett. Ich werde mir selber alles herrichten. Für Wanne und Krug bräuchte ich einen anderen Hocker. Dieser hier ist am Boden festgenagelt."
„Das wird nicht schwierig sein. Ich werde ihn gegen sechs Uhr mit dem Abendessen bringen."
Kotzenberg, der Treuhänder, sagte mir mal in Winnogóra: „Sie glauben unter Engeln zu sein, die Ihre Gebete erfüllen." Und genauso ging es auch hier weiter! Mit dem Abendessen bekam ich den Hocker. Essen ist vielleicht nicht das geeignete Wort für eine Suppe und ein Stück trockenes Brot. Immerhin, darauf hatte man ein Recht in diesem drei Sterne Hotel.

Wie es sich für ein Hotel dieser Kategorie ziemte, verbrachte ich eine sehr ruhige Nacht. Man weckte mich und brachte das „Frühstück": eine Schale, die, ebenso wie am Vorabend, mit schwärzlichem Wasser, das Kaffee sein sollte, gefüllt war und ein trockenes Stück Brot. Köstlich!
Was tun? Der Tag würde lang werden. Es gab nichts zu lesen. Glücklicherweise erinnerte ich mich, einen Rosenkranz in meiner Tasche zu haben. Als am Mittag der Soldat mit der Suppe zurückkam, war ich gerade dabei, meinen Rosenkranz zu beten. Ich hatte den Wachposten schon ein bißchen an mich gewöhnt. Er näherte sich mir und fragte:
„Was ist das?"
„Das", antwortete ich, „kennen Sie das nicht? Das ist ein Rosenkranz."
„Ach, ja, ich erinnere mich, meine Mutter besaß einen. Aber ich habe nie gewußt, wozu man ihn benutzt."
„Aber – zum Beten! Ich gebe zu, daß dieses Gebet sehr eintönig ist, doch wird es einmal nützlich sein. Im Augenblick des Todes verläßt unsere Seele ihren Leib und es steht ein langer Weg bevor, um zu Gott zu gelangen. Man muß steigen und steigen . . . Die Gebete des Rosenkranzes sind wie die Stufen einer Treppe. "
„Aha . . . meine Mutter wäre bestimmt glücklich, Ihnen zuzuhören. Das nächste Mal, wenn ich zu Hause bin, werde ich sie nach dem Rosenkranz fragen, und sie soll mir das Beten beibringen. Der Augenblick des Todes ist schwer vorauszusehen – nicht wahr? Besonders während des Krieges." Er trat ein paar Schritte zurück. „Ich muß nun gehen. Eigentlich ist es uns verboten, mit den Gefangenen zu sprechen."
Mein Schutzengel grüßte und ging hinaus. Ich sah ihn nie wieder.

Am darauffolgenden Tag, am Montag, den 17. März gegen zehn Uhr, stellte sich ein anderer Wächter ein. Er ließ mich wissen, daß ich in zehn Minuten bereit sein müsse. Er konnte mir nicht sagen, was mit mir geschehen würde. Im Büro wartete ein Offizier der SS auf mich. Nachdem er den Entlassungsschein unterschrieben hatte, gingen wir hinaus. Wir setzten uns in einen Wagen, der vor der Tür bereitstand.

„Wohin fahren wir?“ fragte ich.

„Nach Rennes.“

„Warum nach Rennes?“

„Das werden Sie an Ort und Stelle erfahren.“

Als wir aus Nantes herausfuhren, bemerkte ich ein kleines Café.

„Und wenn wir eine gute Tasse Kaffee trinken? Was halten Sie davon?“

Er zögerte. Schließlich willigte er ein: „Warum nicht ... Wir könnten anschließend schneller fahren, um die verlorene Zeit aufzuholen.“

Das Eis war gebrochen. Kaffee, Croissants mit Butter – was für ein Wunder nach der Gefängnisdiät! Ich hatte großen Hunger, durfte aber trotzdem nicht übertreiben. Während der Mahlzeit und auch später auf der Fahrt unterhielten wir uns angeregt, und so verflog die Zeit schnell. Zwei Stunden später erreichten wir Rennes. Der Wagen hielt gegenüber dem Kanal vor einem unscheinbaren Gebäude. Der Offizier nahm meinen Koffer und wir stiegen in den dritten Stock. Ein Mann ohne Uniform öffnete uns die Tür.

„Ist der Sturmbannführer da?“ fragte der Offizier.

„Ja, er erwartet Sie.“

Man führte uns in ein Zimmer, in dem dieser Würdenträger

der SS in Uniform an einem Schreibtisch voller Akten und Papiere saß. Rechts neben dem Fenster wartete ein rangniedrigerer Mann von der SS vor seiner Schreibmaschine. Ohne Umschweife begann das Verhör. Es waren Routinefragen.
„Warten Sie", sagte ich ihm. „Bevor ich Ihre Fragen beantworte, müssen Sie mir etwas zu essen geben. Ich habe in Nantes bloß Brot und Wasser bekommen und mein Magen ist leer wie mein Kopf. Ich kann mich an nichts mehr erinnern."
Der Sturmbannführer klingelte nach dem Mann, der uns die Tür geöffnet hatte.
„Bringen Sie ein Tablett mit dem, was es hier zu essen gibt." Er wandte sich an mich: „Sie werden mich entschuldigen: es wird nicht viel sein, da wir unsere Mahlzeiten nicht hier einnehmen."
Wenige Minuten später erhielt ich Brot, Butter, Schinken, Rührei und ein Glas Rotwein. Während ich aß, unterhielten sich die beiden Offiziere am Fenster. Mein Begleiter aus Nantes verließ anschließend den Raum.
Das Verhör wurde fortgesetzt: Wer, was, wo, wie, wann, und so weiter. Der Hauptpunkt schien meine Begegnung mit den Chrapeckis zu sein. Uff! Ich atmete auf. Es hatte also mit Polen, mit Stewit und den „Musketieren" nichts zu tun. Innerhalb von zehn oder fünfzehn Minuten war das Verhör zu Ende, das Protokoll gelesen und unterschrieben.
Wir fuhren erneut mit dem Auto, diesmal nach Paris. Der Chauffeur, mit dem ich aus Nantes gekommen war, wartete noch. Man ließ mich auf dem hinteren Sitz Platz nehmen. Der Sturmbannführer setzte sich nach vorn zum Fahrer. Die Straße war fast leer. Ich versuchte, ein Gespräch anzufangen, aber es kam nicht recht in Gang. Die Stille fraß die

Kilometer. Es war gegen sechs Uhr abends, als wir in Paris ankamen.
Avenue Foch, 72 – Hauptsitz der Gestapo, der SS und des SD. Der Sturmbannführer stieg aus und begab sich schnurstracks zum Haupteingang des Gebäudes. Er ließ mich unter Bewachung des Fahrers zurück. Es würde vielleicht schlimm werden, aber ich konnte nichts tun. Eine Flucht war unmöglich. Ich würde schnell eingeholt werden. Und zudem hätten sie noch die Kinder als Geisel. Ich mußte mich gedulden und an meinen guten Stern glauben. Und vor einer Gefahr Reißaus zu nehmen, entsprach sowieso nicht meiner Lebensregel. Es wäre eine Schande gewesen! Man mußte der Gefahr trotzen. Nach einer halben Stunde Warten und Überlegen war ich zu allem bereit.
Ein Zivilist kam aus dem Gebäude. Die Wachposten standen stramm. Groß, schlank und gut gekleidet kam er mit energischen Schritten auf unseren Wagen zu. Er setzte sich zum Chauffeur und hielt ihm die Verspätung vor. Ich nahm ihn in Schutz:
„Es sind über fünfhundert Kilometer. Wie sollten wir es schneller schaffen?“
Er antwortete nicht. Er schien schlechter Laune zu sein.
„Das wird nicht leicht werden“, dachte ich beunruhigt.
Er wandte sich zum Chauffeur und sagte trocken:
„Cherche-Midi, das Gefängnis, kennst du den Weg dorthin?“
Wir waren schnell da. Vor dem großen Eisentor des Gefängnisses hupte der Chauffeur. Es öffnete sich, wir waren im Hof. Ich nahm meinen Koffer und folgte dem Zivilisten. Als wir im Gebäude waren, fragte dieser sofort den Posten, ob meine Zelle vorbereitet wäre. Dann befahl er:
„Gehen Sie zum Verantwortlichen des Traktes und sagen

Sie ihm, daß ich angekommen bin, und fragen Sie nach, ob die Chrapeckis da sind."
Der Posten verließ uns. Ich war allein mit diesem Unbekannten. Es war vielleicht meine letzte Chance, bevor ich zu einer Nummer wurde, bevor ich jede Persönlichkeit verlor. Dieses Gefängnis war allgemein bekannt als wahres Verlies. Ich wandte mich an ihn:
„Wissen Sie, er hat mir Spaß gemacht, dieser kurze Aufenthalt im Gefängnis von Nantes. Es war das erste Mal. Aber heute möchte ich doch lieber nicht hier bleiben. Morgen könnten wir in aller Ruhe sehen, was gegen mich vorliegt. Und wenn es schwerwiegend ist – es war schon immer mein Traum, erschossen zu werden. Es ist ein schöner Tod, nicht wahr? Wenn sich das Ganze aber als Irrtum herausstellen sollte, wie ich annehme, so ist es nicht notwendig, daß ich heute abend hierbleibe. Ich werde mich morgen an dem Ort und zu der Uhrzeit wieder einfinden, die Sie bestimmen."
Er sah mich lange an.
„Einverstanden", erwiderte er lächelnd. „Erlauben Sie aber, daß ich mich um Ihre Unterbringung kümmere."
Der Posten kam zurück, und bevor er Zeit hatte, den Mund zu öffnen, sagte ihm mein Begleiter:
„Wir kommen wieder."
Diesmal war er es, der meinen Koffer trug. Wir gingen hinaus.
„Leider habe ich den Wagen weggeschickt, wir müssen die U-Bahn nehmen. Glücklicherweise ist es nicht weit von hier, es liegt in der Avenue de Wagram."
In der U-Bahn sprach er mich auf einmal in reinem Polnisch an:
„Ich werde Sie zur Aufnahmestation für Polen bringen. Sie

werden sich dort wohlfühlen. Die Marquise von Bonnières – eine gebürtige Polin – ist für die Station verantwortlich. Über alles weitere werden wir bei ihr entscheiden."
,,Wie kommt es, daß Sie so gut polnisch sprechen?"
,,Das ist ganz einfach. Ich habe eine Tante, die ein großes Gut in Pommern besitzt. Es war einst Polen. Wir, meine Schwester und ich, verbrachten bei ihr immer die Ferien. Am liebsten ritten wir aus, denn meine Tante besaß eine große Züchtung von Vollbluthengsten. Ich werde Ihnen darüber ein andermal mehr erzählen, wenn wir Gelegenheit dazu finden."
Über der Eingangstür Nummer 77 der Avenue de Wagram hing ein Schild mit der französischen Aufschrift ,,Aufnahmestation für polnische Staatsangehörige". Wir klingelten und warteten ein oder zwei Minuten. Eine kleine, vollschlanke, rothaarige Person um die Vierzig öffnete uns die Tür und empfing uns überschwenglich.
,,Was für eine Überraschung, Dr. Schwerbel, ich bin glücklich, Sie zu sehen. Aber Sie sind nicht allein. Wen bringen Sie mit?"
,,Ich möchte Ihnen Frau Mankowska vorstellen. Geben Sie auf sie acht. Sie muß sich morgen in meinem Büro sehen lassen."
,,Bitte, kommen Sie herein. Der Tag ist zu Ende, und ich hoffe, daß Sie ein Abendessen annehmen werden. Ich bin heute abend mit Dr. Krupowicz allein und habe gerade ein Huhn im Herd."
,,Das klingt sehr verführerisch. Ich nehme gern an."
Das Abendessen konnte kaum besser sein. Huhn, Pommes Frites, Salate, das Ganze mit einem guten Rotwein. Wir sprachen polnisch. Die Stimmung war äußerst angenehm. Nach dem Essen setzte sich Dr. Schwerbel ans Klavier. Er

und die Marquise sangen im Duett polnische, russische und deutsche Weisen. Als Dr. Schwerbel sich dann gegen elf Uhr abends von uns verabschiedete, erinnerte er mich an meinen Termin:
„Also, bis morgen, zehn Uhr, Avenue Foch, Nummer 72. Sie werden nach Dr. Karl Schwerbel, Polen-Referat, dritter Stock, fragen."
Nachdem er fort war, bereitete mir die Marquise ein Zimmer vor. Bevor sie mich verließ, wünschte sie mir eine gute Nacht und viel Glück für den anderen Tag.

*

Am nächsten Morgen um acht Uhr erwachte ich optimistischer denn je. „Es ist doch nicht möglich", sagte ich mir, „daß dieser Mann, der gestern so freundlich gewesen ist, mich heute ins Cherche-Midi schicken wird. Er kann nicht so durch und durch verdorben sein, zumal er noch, wie ich, Pferde liebt."
Um neun Uhr, wie in alten Zeiten in Polen, gab es ein prächtiges Frühstück: Kaffee, Toast, Butter, Konfitüre, gekochte Eier. Die Marquise und ich plauderten fröhlich und unbeschwert, bevor ich mich freiwillig in die Höhle des Löwen begab. In der Avenue Foch versperrten zwei bewaffnete Wachposten den Haupteingang des Gebäudes. Ich mußte alle meine Überredungskünste aufweisen, um zum Polen-Referat vorzudringen, denn ich hatte keine Vorladung, kein einziges Papier. Glücklicherweise diente mir der Name von Dr. Schwerbel als Sesam-öffne-dich. Man rief nach der Ordonnanz, die mich in den dritten Stock führte und an die Tür klopfte.
„Herein."

Ich trat ein. Dr. Schwerbel stand sofort von seinem Schreibtisch auf. Er kam auf mich zu und sagte:
„Es ist genau zehn Uhr – ich liebe Pünktlichkeit.“
„Ich auch“, entgegnete ich.
Er schickte den Sekretär hinaus, der uns mit einem ärgerlichen Ausdruck im Gesicht verließ.
„Nehmen Sie Platz.“
„Vielleicht sollten wir uns über Pferde unterhalten“, schlug ich vor. „Die ernsten Angelegenheiten, so schwerwiegend sie auch sein mögen, können warten.“
„Nicht so voreilig. Sie vergessen, daß gegen Sie ein Haftbefehl vorliegt. Ihnen werden schwere Verbrechen zur Last gelegt.“
„Schwere Verbrechen? Welche denn? Vielleicht, für die Engländer gearbeitet zu haben? Wenn dem so ist, und wenn Sie Beweise dafür erbringen können, nun gut, ich habe es Ihnen bereits gestern gesagt, mein Traum ist, erschossen zu werden.“
„Sie scheinen es mit dem Sterben eilig zu haben. Können Sie mir das erklären?“
„Oh, nur so, vielleicht aus einer Laune heraus, vielleicht aus Neugier auf das Leben nach dem Tod.“
„Im Augenblick haben wir über das Diesseits zu sprechen. Ein schlichtes Verhör.“
Und es begann. Es waren immer die gleichen Fragen. Er wollte alles über meinen Lebenslauf wissen. Von Zeit zu Zeit blätterte er in einer Akte, auf der ich meinen Namen lesen konnte. Sicherlich tat er das, um meine Aussagen zu überprüfen. Ich begann, meine Erzählung über mein Leben auszuschmücken: Ich schilderte ihm die Liebenswürdigkeit der Stabsoffiziere von General von Gienanth, die Schönheit von Noirmoutier und meine guten Beziehungen

zur Kommandantur und zum Zollgrenzschutz. Mein kurzer Aufenthalt in Warschau bildete nur eine kleine und unbedeutende Episode.

„Und Ihr Verhältnis zu den Chrapeckis? Wie stehen Sie dazu?"

„Ich habe dazu wenig zu sagen. Das war wirklich von untergeordneter Bedeutung für mich. Ich habe einen Brief vom Roten Kreuz erhalten. Ich sollte Leuten helfen, die in trostlosem Zustand lebten. Ich bin einmal dort gewesen, um es nachzuprüfen. Später habe ich ihnen ein wenig Geld und insbesondere Lebensmittel geschickt. In Noirmoutier, müssen Sie wissen, geht es uns ein bißchen besser als den Menschen in den Städten. Danach habe ich die Chrapeckis nie wieder gesehen."

Um halb zwei war das Verhör zu Ende. Ich las das Protokoll und unterschrieb es. Dr. Schwerbel entließ mich.

„Also gut, Sie sind nun frei. Sie können auf Ihre liebe Insel zurückkehren."

„Wie soll ich zurückkommen? Man hat mich mit dem Wagen hierhergebracht. Ich kann doch nicht zu Fuß zurückgehen."

Er klingelte. Der Sekretär kam herein.

„Fragen Sie im Transportbüro nach einer Zugfahrkarte erster Klasse von Paris nach Nantes."

„Es ist unglaublich. Dieser Aufwand für nichts. Man schickt einen Wagen, um mich in Noirmoutier abzuholen. Man schenkt mir einen kleinen kostenlosen Gefängnisaufenthalt in Nantes, und jetzt sagen Sie, daß ich frei bin. Wie ist denn so etwas möglich?"

„Hören Sie zu, liebe Gräfin, ich habe leider die undankbare Aufgabe, mich um die Verhaftung von polnischen Staatsangehörigen zu kümmern. Die Männer, aber besonders die

Frauen, schreien, weinen, flehen, wollen in Ohnmacht fallen. Ich habe noch nie eine Person getroffen, die ins Gefängnis geht wie in die Oper, und dazu noch verlangt, erschossen zu werden. Sie müssen ein reines Gewissen haben. Ich wünsche Ihnen viel Glück. Ah, noch eine Kleinigkeit über die Oper. Ich habe die Marquise von Bonnières und ihren Mann heute abend dorthin eingeladen. Es wird „Land des Lächelns“ von Lehár gespielt. Möchten Sie mitkommen?“

„Haben Sie vielen Dank! Ich nehme Ihre Einladung mit großem Vergnügen an.“

Der Sekretär kam mit meiner Fahrkarte. Man führte mich zum Aufzug. Ich war frei!

*

Dr. Schwerbel wartete am Fuß der großen Operntreppe auf uns. Viele hochrangige Offiziere, deutsche selbstverständlich, in Galauniform und mit Ehrenzeichen waren mit ihren reich gekleideten Frauen anwesend. Es war schwer zu sagen, ob es sich bei den Damen um ihre Gattinnen oder um ihre französischen Freundinnen handelte. Einige Paare in Zivil schlichen schüchtern durch das Gewühl. Die Oper platzte aus den Nähten. Glücklicherweise hatten wir eine Loge und unser Gastgeber trug Zivilkleidung.

Es war großartig! Musik, Gesang, Tanz, Kostüme, Licht, die ganze Inszenierung – nie hatte ich etwas so Schönes gesehen! Wir gingen wie verzaubert hinaus.

„Sie werden uns doch nicht sofort verlassen“, sagte die Marquise zu Dr. Schwerbel, der sich gerade verabschieden wollte. „Kommen Sie doch noch mit auf ein Glas.“

„Gern. Ich werde aber nicht lange bleiben können. Ich muß morgen in aller Frühe den Zug nach Berlin nehmen.“

Wir begaben uns in ein Restaurant in der Rue de Monceau, wo Champagner und Gebäck auf uns warteten. Die Stimmung war sehr angenehm. Wir unterhielten uns über das Theater, die Musik und über den Pariser Klatsch.
Gegen Mitternacht erhob sich Dr. Schwerbel und entschuldigte sich, den Abend zu unterbrechen, aber er müsse sich nun verabschieden. Seine letzten Worte galten mir.
„Viel Glück! Seien Sie in Zukunft vorsichtiger."
„Schade", sagte ich, „daß Sie bei der Gestapo sind."
„Glauben Sie, es tut auch mir sehr leid. Aber man kann es sich nicht aussuchen. Es ist Krieg."
Er ging hinaus. Die Marquise und ich kehrten in die Avenue de Wagram zurück.

*

Am nächsten Tag nahm ich den Zug nach Nantes. Von dort fuhr ich mit dem Bus nach Noirmoutier zurück.
Es war ein begeisterter Empfang, den mir meine Freunde auf der Insel bereiteten, vor allem von der Familie Caillaud, bei der ich Christophe und André abholte. Die Nachricht von meiner Rückkehr verbreitete sich in Windeseile. Monsieur Dupont, die Evens, die Laubignats, Madame Gendron und viele andere suchten mich auf, um mir ihre Sympathie zu bekunden. Man brachte Austern, Hummer, Garnelen und verschiedene Sorten Fisch. Ilmi, die ich darum gebeten hatte, meine kompromittierenden Papiere in ihre Obhut zu nehmen, kam zu mir und half, all diese Köstlichkeiten zuzubereiten. Ich bin leider kein Glanzlicht in der Küche. Aus Dank teilte ich alles mit ihr und ihren Eltern.
Am Donnerstag, den 20. März 1941, nahm ich meine Ar-

beit wieder auf. Den Anweisungen Dr. Schwerbels entsprechend, erklärte ich meinen Vorgesetzten, daß es sich um einen Irrtum gehandelt habe. Nach einer Überprüfung hätte man mir erlaubt, nach Noirmoutier zurückzukehren und meine Stelle als Dolmetscherin wieder einzunehmen. Meine Stellung wurde durch diesen Vorfall nur gestärkt, sowohl bei den Deutschen als auch bei den Inselbewohnern.
Fast ein Monat verging ohne besonderes Ereignis. Jeden Morgen war ich im Rathaus. Die Leute suchten um irgendeine Erlaubnis nach oder baten um eine Übersetzung eines Briefes an eine Behörde. Am Nachmittag kam dann jemand von der Kommandantur oder von der Hafenüberwachungsstelle, je nachdem, ob Ebbe oder ob Flut war. Bei Flut fuhren die Fischerboote hinaus oder kehrten in den Hafen zurück. Alle Papiere der Fischer mußten sorgfältig überprüft und in Register aufgeführt werden. Da ich meistens allein im Büro saß, war es mir möglich, die Behörden über die Anzahl der Fischer auf einem Boot oder die festgelegten Fischgründe zu täuschen. Auf diese Weise gelang es manchen Seeleuten immer wieder, zu ihren Freunden zu kommen, die sich auf der anderen Seite des Kanals befanden. Es waren ausnahmslos die Hummerfischer, denen diese Heldentaten auf hoher See gelangen.
Die Situation war also sehr günstig. Ich konnte dem einen oder anderen einen Gefallen tun oder an weitere Dokumente herankommen. Allerdings war es trotzdem weiterhin schwierig, nach Polen zu gelangen. Wie sollte ich das bewerkstelligen? Ich glaubte aber noch immer an mein Glück. Ich bin eben nicht zufällig an einem Sonntag geboren – Sonntagskind, sagen die Deutschen.
Am 13. April, am Ostersonntag, kam das Glück in Gestalt des Oberleutnants Krüger.

Ich war mit den Kindern kaum aus der Kirche, als ich Leutnant Krüger und seinen Mitarbeiter aus Angers auf mein Haus zugehen sah. Sie erzählten mir, daß sie einen freien Tag hätten und das ausnutzen wollten, um mit mir die Insel zu besichtigen. Wir aßen in dem kleinen Hafenrestaurant von L'Herbaudière, das auf Meeresfrüchte spezialisiert war. Während des Essens sprach ich von meinem Wunsch, mit meiner Familie einige Tage in Polen zu verbringen.
„Sie machen Urlaub in Ihrem Land", sagte ich. „Warum sollte ich es nicht genauso machen?"
„Sicherlich, in Friedenszeiten, ja, aber ich fürchte, daß Sie jetzt dazu keine Möglichkeit mehr haben, angesichts der Drohung eines bevorstehenden Krieges mit der Sowjetunion. In einigen Wochen werden wir nach Osten gehen, nach Ostpreußen. Dort gibt es bereits große Truppenkonzentrationen. Sie könnten trotzdem versuchen, vom Oberst des Zollgrenzschutzes eine Beurlaubung von zehn oder vierzehn Tagen zu bekommen. Dann würde ich Ihnen den Erhalt der notwendigen Reisepapiere erleichtern. Ich werde Sie auf jeden Fall vor unserer entgültigen Abreise aus Frankreich noch einmal aufsuchen."
Wie sollte ich da nicht an das Glück glauben? Den Rest des Tages verbrachten wir mit der Besichtigung der Insel. Wir gingen auf den öden Stränden spazieren. Die Kinder freuten sich über diesen unvorhergesehenen Ausflug.

*

Wenige Tage später, es war morgens um neun Uhr und ich war in meinem Rathausbüro, erhielt ich einen dringenden Anruf. Ich sollte nach Pé-Lavé in die Residenz des Oberbefehlshabers des Zollgrenzschutzes von Noirmoutier kommen. Ich fragte Altmann, einen älteren Zollbeamten, der ohne vernünftigen Grund keiner Fliege etwas zuleide getan hätte, worum es gehe, als wir nebeneinander auf der Straße mit den Fahrrädern herfuhren. Altmann war völlig aus der Fassung.

„Ein Offizier der Feldgendarmerie ist zu uns gekommen. Er ist über Le Gois gefahren, um die Tochter des Kohlenhändlers zu verhaften, Sie wissen schon, ich meine den, der bei der Bahn ist. Das arme Mädchen ist erst fünfzehn Jahre alt. Sie soll ‚Es lebe de Gaulle' auf die Strandkabinen der Damen geschrieben haben. Der Offizier und sein Stellvertreter können kein französisch und sie kann selbstverständlich kein Wort deutsch. Sie können sich einfach nicht verständigen, scheinen es aber sehr eilig zu haben."

„Nicht so schnell, Altmann, bitte, ich habe einen Krampf im linken Bein."

Er fuhr langsamer. Ich mußte Zeit gewinnen. Wenn sich das Verhör hinschleppte, würden Sie nicht mehr vor sieben Uhr abends zurückfahren können. Genug Zeit, um den blinden polizeilichen Eifer des Offiziers zu dämpfen.

Sie saßen im großen Wohnzimmer am Tisch. Der Offizier der Feldgendarmerie saß dem ‚armen Mädchen', wie Altmann es nannte, gegenüber. Es weinte.

„Es ist unmöglich, die Wahrheit aus ihr herauszubringen", ärgerte sich der Offizier. „Wir haben sie gestern abend am Strand gesehen. Fragen Sie sie bitte, was sie dort gemacht hat."

Ich nahm ihre Hand, um ihr Mut zu machen. Ich stellte ihr die Frage.

„Ich . . . ich war, Madame, gestern abend wirklich am Strand. Ich bin hingegangen, um nach meiner kleinen Tasche zu suchen, die ich am Nachmittag verloren hatte. Ich habe lange gesucht, sie aber nicht gefunden. Jemand wird sie mir gestohlen haben. Es macht mich traurig, denn es ist ein Andenken gewesen. Ich verstehe nicht, was die Leute vom Militär von mir wollen. Als ich wegging, sah ich einen Soldaten, der am Rande des Waldes auf einem Baumstamm saß. Ich lief Hals über Kopf davon. Heute morgen hat man mich von zu Hause abgeholt. Was habe ich denn getan?"

Ich übersetzte Stück für Stück. Der Soldat tippte den Text in eine Reiseschreibmaschine.

„Und de Gaulle, wer ist denn das deiner Meinung nach?" fragte ich sie.

„De Gaulle? Kenne ich nicht. Die Leute flüstern nur von ihm. Ich habe aber keine Ahnung, um wen es sich da handelt. Es muß ein französischer Offizier sein, denke ich."

„Hast du ‚Es lebe de Gaulle' auf eine Strandkabine geschrieben?"

„Ich? Warum hätte ich das tun sollen? Mir ist dieser de Gaulle völlig gleichgültig. Ob er lebt oder nicht, was geht es mich an? Ich kenne ihn nicht."

Ich übersetzte wieder. Ich schaute auf meine Uhr. Es war halb elf. Man konnte die Insel nicht mehr verlassen.

Der Offizier stand auf.

„Wir werden hier nicht mehr viel herauskriegen. Wir bringen sie ja sowieso nach La Roche. Dort wird sie es vielleicht zugeben und uns ihre Mittäter verraten."

„Das arme Mädchen", dachte ich, „eingesperrt, vielleicht gefoltert."

„Ich denke nicht, daß sie in La Roche etwas anderes aussagen wird. In jedem Fall werden Sie heute morgen nicht mehr über Le Gois fahren können. Ich schlage vor, Ihnen die Insel zu zeigen und in einem guten Restaurant essen zu gehen. Es gibt hier einige, die ausgezeichnet sind. Ich könnte zum Beispiel, wenn Sie wollen, im Hotel „Saint Paul“ einen Tisch bestellen. Es ist das beste Restaurant am Ort!“

Mit dem Besitzer des Hotels „Saint Paul“ hatte ich folgendes ausgemacht: wenn ich mit deutschen Gästen käme, würde er ihnen Cognac einschenken, mir aber aus einer ähnlichen Flasche nur kalten Tee. So konnte ich sie zum Trinken bewegen, selbst aber einen klaren Kopf behalten.

Genau so geschah es auch. Nach einem späten, sich mit Absicht hinziehenden Essen, blieben der Offizier und ich in den bequemen Sesseln der Eingangshalle bis fünf oder sechs Uhr nachmittags sitzen und tranken unser bevorzugtes Getränk: Cognac. Wir sprachen über Politik, den Krieg, Frankreich, Siegeshoffnungen und schließlich über die Familie. Seine Frau und seine elf- und dreizehnjährigen Töchter waren in Hamburg. Er fürchtete um sie, seitdem er von den Luftangriffen auf diese Stadt gehört hatte.

„Warum schicken Sie sie nicht in eine ruhigere Region?“

„Meine Frau will ihre Mutter, die im Krankenhaus ist, nicht im Stich lassen.“

„Und Ihre Töchter?“

„Ja, Sie haben recht. Das nächste Mal, wenn ich Urlaub habe, werde ich versuchen, es in die Wege zu leiten.“

„Da wir gerade von Ihren Töchtern reden, denken Sie nicht an das Leid der armen Eltern des Mädchens, das Sie gerade haben verhaften lassen? Und dem Sie ein trauriges Schicksal bestimmen, wenn Sie es in die Hände der Gestapo fallenlassen? Und das für eine Dummheit, die ein anderer begangen hat. Denn ich bin von ihrer Unschuld überzeugt. Ich kenne Kinder. Sie war wirklich ehrlich in all dem, was sie gesagt hat. Es wäre eine schöne Geste, wenn Sie diese

Verhaftung für null und nichtig erklärten. Würden Sie das tun? Es gibt doch keine Beweise gegen sie."
Er dachte einen Augenblick nach.
„Sie haben recht", gab er schließlich zu. „Ich werde die Anklage fallen lassen."
„Diese Tat wird ihr und Ihnen Glück bringen."
Er bedankte sich bei mir für meinen Ratschlag und fuhr um sechs Uhr ab.
Das Mädchen wurde freigelassen. Und ich bekam kostenlos Kohle bis zu meiner endgültigen Abreise von der Insel Noirmoutier.

*

Ich mußte nun an die nächsten Schritte für eine Reiseerlaubnis denken. Womit sollte ich anfangen? Zuerst sprach ich an Ort und Stelle mit dem Zollsekretär Heinrich, einem Vorgesetzten. Er riet mir, mich an die Befehlsstelle des Zollgrenzschutzes in Royan zu wenden, die für den Küstenstreifen von Saint-Nazaire bis Royan zuständig war.
„Allein der Zollrat Maier hat die Macht, Ihnen die Erlaubnis zu erteilen", erklärte er mir. „Sie kennen ihn schon, glaube ich. Er war vor kurzem wegen einer Inspektion bei uns."
„Ich erinnere mich dunkel an ihn. Ein dicker Kerl mit leichter Glatze, nicht wahr? Ich wußte nicht, daß er unser höchster Vorgesetzter ist."
„Sie werden sehen, er ist sehr nett und immer bereit, einem behilflich zu sein. Bezirkszollkommissar Schmitz aus Sables d'Olonne muß sich am 19. Mai, nächste Woche Montag, für ein oder zwei Tage nach Royan begeben. Er könnte Sie mitnehmen. Er muß sowieso über Noirmoutier fahren."

„Das wäre großartig! So eine Gelegenheit! Könnten Sie bei ihm nicht ein gutes Wort für mich einlegen? Es würde mir sehr helfen, denn ich kenne ihn ja nicht."
„Einverstanden. Das ist das wenigste, was ich für Sie tun kann."
„Vielen Dank im voraus. Ich werde ungeduldig auf den 19. warten."

*

An einem der folgenden Nachmittage befand ich mich außergewöhnlicherweise im Büro der Kommandantur des Rathauses. Es war am 15. Mai, glaube ich. Durch das Fenster sah ich einen großen Militärwagen kommen. Er war hochbeladen mit Gepäckstücken und zog einen Anhänger. Er hielt vor der Tür. Oberleutnant Krüger und sein unzertrennlicher Stellvertreter, Unterleutnant Werner, stiegen aus.
„Ist das der große Aufbruch?" fragte ich sie, als sie hereinkamen.
„Ja, leider, diesmal ist es der große Aufbruch", antwortete Krüger. „Richtung Osten, mit Waffen und Gepäck."
Sie sahen beide sehr niedergeschlagen aus.
„Lebe wohl, Frankreich, schönes Leben, lebt wohl, ihr Tanzlokale, Restaurants, Strände und schönen Mädchen", seufzte Werner. „Jetzt wird es Kasernen, Kanonen, Bomben, Verletzte und Tote für uns geben. Wer wird das alles überleben?"
„Seien Sie nicht so pessimistisch", erwiderte ich. „Sie werden hier vermutlich zuerst Quartierscheine brauchen. Alle Hotels sind überfüllt. Aber ich glaube, daß ich bei Madame Loué ein oder zwei Zimmer für Sie ergattern kann.

Es ist ein sehr gemütliches Hotel, auch wenn es von außen unscheinbar aussieht. Madame Loué ist eine brave Frau und ist auf die Zubereitung von Garnelen und Hummer spezialisiert. Ich gebe Ihnen die notwendigen Quartierscheine für das Hotel. Danach rufe ich Madame Loué an, um sie von Ihrer Ankunft zu unterrichten. Setzen Sie sich erst einmal und gehen Sie dann zum Strand. Ich werde gegen fünf Uhr nachmittags dort sein, wenn ich mit meiner Arbeit hier fertig bin. Vielleicht können wir zusammen essen gehen?“

„Aber selbstverständlich“, stimmte Krüger zu. „Wir sind eigens über Noirmoutier gefahren, um Sie noch zu sehen und uns von Ihnen zu verabschieden.“

Ich kannte Madame Loué gut. Ich wußte, daß sie alles machen würde, was ich von ihr verlangte. Ich bat sie, mich unauffällig zu benachrichtigen, wenn die Offiziere zum Strand gingen.

Eine halbe Stunde später klingelte das Telefon. Madame Loué kündigte mir die Anlieferung von ganz frischem Hummer an. Ich reservierte für acht Uhr abends einen Tisch für drei Personen. Das Büro schloß ich früher als gewöhnlich und begab mich unverzüglich zum Hotel. Ich wußte, daß meine Offiziere ihre Dokumententasche nicht mitgenommen hatten, als sie ans Meer gegangen waren. Ich fühlte mich meiner Sache sicher.

„Also, meine Liebe“, sagte ich der Wirtin, „einer der Offiziere besitzt wichtige Papiere, die ich unbedingt kopieren muß. Könnten Sie mir nicht die Schlüssel zu den beiden Zimmern überlassen? Gleichzeitig möchte ich Sie bitten, mit einem Ihrer schönen Kupferkessel in der Hand an der Tür Wache zu stehen. Sollten unsere Offiziere, während ich noch im Obergeschoß bin, zurückkommen, lassen Sie den Kessel einfach auf die Fliesen fallen. Das wird einen großen Krach geben und mir genug Zeit lassen, über die andere Treppe zu verschwinden. Für diesen Fall lasse ich mein Fahrrad vor der Küchentür stehen."

Gesagt, getan. In Krügers Zimmer fand ich ohne Mühe die Aktentasche mit den Dokumenten des OKW, und es gab eine Menge davon! Einen Stapel mit Marschbefehlen, einen anderen Stapel mit Fahrscheinen für Wehrmachtsangehörige und einen dritten mit Briefumschlägen und dem Briefkopf des deutschen Heeres, „Oberkommando der Wehrmacht". Die beiden ersten Stapel waren alle unterschrieben und mit dem Stempel des OKW versehen. Was wollte ich mehr? Ich durfte dennoch nicht zu gierig sein. Ich nahm von jedem Stapel fünf Exemplare, schloß die Aktentasche sorgfältig und räumte sie in den Schrank zurück. Ich winkte Madame Loué , die mit ihrem Topf immer noch an der Tür stand, als ich die Treppe, die zum Hinterhaus führte, hinunterging. Dann holte ich mein Fahrrad und fuhr zum Strand. Unterwegs ließ ich meinen Schatz bei Ilmi in Verwahrung. Es war Viertel nach fünf, als ich die Offiziere erreichte. Sie hatten ein Bad genommen, ließen sich in der Sonne trocknen und warteten auf mich.

„Wir sollten uns", schlug ich vor, „die Flut in Le Gois ansehen. Es ist ein einzigartiges Schauspiel, beispiellos auf der Welt. Man muß es gesehen haben, bevor man die Insel verläßt. In der Regel kann man bis zwei Stunden vor und nach der Ebbe hinüberfahren. Zur Stunde der Flut muß man sehr vorsichtig sein. Es kann sehr gefährlich werden. Viele Leute sind gerade noch von kleinen Fischerbooten gerettet worden, andere sind durch ihre Unvorsichtigkeit umgekommen. Einmal wäre es beinahe mir so ergangen,

im Winter, in einer Gewitternacht. Ich werde Ihnen die Geschichte vor Ort erzählen, Sie werden sie dann besser verstehen.“
Meine Begleiter zogen sich wieder an und wir machten uns auf den Weg. Ich ließ mein Fahrrad in einem Schuppen, von dem ich den Schlüssel hatte.
„Um wieviel Uhr, glauben Sie, ist es ratsam, morgen früh abzufahren? Wir müssen vor Mittag in Paris sein.“
„Um halb sieben oder spätestens sieben Uhr.“
In zwanzig Minuten waren wir am Tor von Le Gois. Wir kletterten auf die Felsen am Fuß des Kreuzes. Von dort aus konnte man den ganzen Ablauf dieses überwältigenden Schauspiels betrachten. Weiße Wellen kamen aus der Ferne auf die Passage zu. Vom Kontinent näherten sich Autos, aber man sah, daß das Wasser die Straße bereits überschwemmte. In wenigen Minuten würde es zu spät sein, um hinüberzufahren. Plötzlich sahen wir einen Wagen, der mit hoher Geschwindigkeit auf Le Gois zuraste. Die Leute am Ufer schwenkten die Arme und schrien:
„Zu spät, zu spät, man kommt nicht mehr durch!“
Der Fahrer des Wagens schien weder hören noch verstehen zu wollen. Er hielt sich wohl für einen Helden, wie er da in hohem Tempo fuhr. Man konnte erkennen, daß es sich nicht um einen Einheimischen handelte, und er somit wahrscheinlich nicht wußte, in welche Gefahr er sich begab. Das Wasser stieg. In Höhe der dritten Bake sah man die Straße jetzt nicht mehr. Nach der zweiten Bake blieb der Wagen plötzlich stehen. Die Feuchtigkeit hatte den Motor abgewürgt. Der Fahrer kletterte hastig aus seinem Wagen, der nun schon von plätschernden Wellen umgeben war. Halb lief, halb schwamm er. Es gelang ihm, die zweite Bake zu erreichen, auf die er sich rasch hinaufschwang. Er

war gerettet. Der Wagen aber verschwand in der immer aufgewühlteren, zunehmenden See.
„Sehen Sie", wandte ich mich zu Krüger und Werner, „die Leute sind zu unvorsichtig. Das Wasser steigt mit einer solchen Geschwindigkeit, daß es aussichtslos ist, diese fünf Kilometer noch schaffen zu wollen. Man findet den Wagen nie wieder."
Ich erzählte ihnen von der Erfahrung, die ich im Dezember gemacht hatte, bei der es ähnlich verlaufen war. So war ich sicher, daß sie am nächsten Morgen zum richtigen Zeitpunkt abfahren würden.
„Nun", sagte Krüger, nachdem seine Erregung angesichts der dramatischen Flut sich gelegt hatte, „sprechen wir über Ihre Pläne. Haben Sie die Erlaubnis, sich für einige Zeit von Noirmoutier zu entfernen? Ich habe in meiner Tasche die Papiere, die ich Ihnen versprochen habe. Ich gehe schweren Herzens von hier weg, und mein einziger Trost ist der Gedanke, daß Sie für einige Tage zu mir nach Berlin kommen werden. Am 15., 16. und auch am 17. Juni werde ich mich dort aufhalten."
„Ich hoffe, daß ich bald die Erlaubnis bekomme. Deswegen muß ich nach Royan fahren und den Zollrat Maier aufsuchen, der als einziger in der Lage ist, mir diese Erlaubnis zu erteilen. Er hat sie mir sogar schon am Telefon versprochen. Was den Zeitpunkt meiner Abreise betrifft, so wird er von der Feldkommandantur 605 in La Roche festgelegt. Ich hoffe, daß alles reibungslos verläuft und daß es keine weiteren Hindernisse geben wird."
Oberleutnant Krüger zog die Dokumente aus seiner Tasche und übergab sie mir. Er erklärte mir, wie unentbehrlich und wichtig sie seien. Ich bekam nicht nur einen „Marschbefehl" und Fahrscheine von der Wehrmacht, sondern auch

Quartierscheine für Berlin und Umschläge, die mir erlaubten, ihm zu schreiben, ohne daß es zensiert würde.
Als wir nach Noirmoutier zurückgekehrt waren, setzten sie mich am Strand ab, da ich noch mein Fahrrad abholen mußte, und ich fuhr nach Hause, um mich noch ein wenig erfrischen und frisch frisieren zu können.
Madame Loué hatte sich an diesem Abend mit der Zubereitung der Austern, des Hummers, der Seezunge und schließlich der karamelierten Apfeltorte besondere Mühe gegeben. Krüger war guter Laune, nicht nur wegen des guten Weines, sondern auch wegen der Aussicht, daß ich ihn in Berlin besuchen würde. Ich wußte, daß mein Versprechen unaufrichtig war, denn ich wollte frühestens am 18. Juni in Berlin ankommen. ,,Es ist Krieg", dachte ich, um mein Gewissen zu beruhigen. ,,Ich kann nichts dafür, wenn er verliebt ist. Ich habe ihn nicht ermutigt." Im Donner der Kanonen und der Bomben würde er mich schnell vergessen.

*

Am nächsten Tag, dem 19. Mai, fuhr ich wie geplant mit Bezirkszollkommissar Schmitz nach Royan. Er sollte alle Posten an der Küste zwischen Sables d'Olonne und La Rochelle inspizieren. Wir fuhren auf kleinen Straßen am Atlantischen Ozean entlang. Ich merkte mir alle Namen und die genaue Zahl der Personen in diesen Posten. ,,Diese Angaben könnten den Alliierten von Nutzen sein", dachte ich. Ansonsten genoß ich die Schönheit der Landschaft. Die blaue Fläche des Meeres vereinigte sich am Horizont mit der Unermeßlichkeit des Himmels. Hier und da sah ich ein paar kleine Fischerboote, und nimmermüde Seemöwen, die nach Nahrung suchten.

Zum Mittagessen hielten wir in La Rochelle, bevor wir nach Royan die große Straße über Rochefort nahmen. Zollrat Maier, der über unsere Ankunft unterrichtet war, wartete mit Erfrischungsgetränken auf uns. Er empfing uns mit großer Liebenswürdigkeit.

„Ich habe für Sie ein Zimmer in einem kleinen Hotel nebenan reserviert. Ich hoffe, daß Sie sich dort wohlfühlen werden. Das Hotel liegt direkt am Strand. Wenn Sie erlauben, werden wir Ihre Probleme morgen besprechen. Ich habe heute mit Kommissar Schmitz dienstliche Angelegenheiten zu erledigen. Mein Sekretär wird Sie nun zu Ihrem Hotel führen. Sie können sich dort ausruhen oder den Strand genießen."

Nachdem ich am nächsten Tag in meinem gemütlichen Hotel gefrühstückt hatte, stellte ich mich beim Zollrat ein.

„Kommissar Schmitz hat mich von Ihrem Gesuch unterrichtet", sagte er mir. „Ich denke, daß es keinen Grund gibt, Ihnen diese Erlaubnis zu verweigern, zumal wir mit Ihrer Arbeit sehr zufrieden sind. Was mich betrifft, so gebe ich sie Ihnen sehr gern. Ich muß dennoch den höheren Stellen Meldung machen. Sobald ich eine Antwort habe, werde ich sie Ihnen mitteilen. Mit der Dauer Ihrer Beurlaubung bin ich aber nicht einverstanden. Es ist der einzige Punkt, den ich beanstande. Kommissar Schmitz sprach von vier Wochen. Ich kann Ihnen leider nur zwei Wochen einräumen."

„Das wird reichen", beeilte ich mich zu versichern. „Ich bedanke mich bei Ihnen. Ich möchte so gern meine Schwestern in Warschau wiedersehen. Vor allem aber möchte ich Nachrichten von meinen Eltern zu bekommen versuchen, die unter sowjetischer Besatzung geblieben sind. Ich habe große Angst um sie. Ich werde voller Ungeduld auf Ihren

Bescheid warten. Nochmals vielen Dank. Und nun entschuldigen Sie mich bitte. Ich möchte meinen kleinen Koffer vorbereiten, da ich weiß, daß Kommissar Schmitz vor Mittag abfahren will.“

„Bis bald“, verabschiedete sich Zollrat Maier. „Ich beabsichtige, in ungefähr zehn Tagen in die Vendée zu kommen. Ich werde auch Saint-Nazaire und La Baule inspizieren müssen. Vielleicht werde ich Sie mitnehmen, damit Sie mir bei den Gesprächen mit den dortigen französischen Behörden behilflich sind. “

„Es würde eine große Freude für mich sein. Ich reise sehr gern am Ozean entlang. Es ist so schön!“

Wie geplant, kam er kurze Zeit darauf nach Noirmoutier. Wir suchten in Saint-Nazaire, in La Baule, in Le Croisic und in Pornichet die Posten des Zollgrenzschutzes und der Marine auf. In Saint-Nazaire mußte ich im Wagen warten, während er den unterseeischen Marinestützpunkt besichtigte.

*

Anfang Juni überstürzten sich die Ereignisse. Es kam ein Telefonanruf aus Royan. Zollrat Maier verkündete mir, daß es Einwände gegen meine Reise nach Polen gäbe.

„Ich werde morgen nach Noirmoutier kommen, um es Ihnen zu erklären.“

Er kam am Nachmittag und teilte mir mit:

„Ich gewähre Ihnen, wie versprochen, Ihre zwei Wochen Urlaub. Sie können Ihren Urlaub machen, wann Sie wollen und ihn verbringen, wo Sie wollen, aber nur innerhalb Frankreichs. Es ist nicht möglich, daß Sie nach Polen fahren.“

„Warum? Und wer will es mir verweigern?"
„Die Abwehr in Berlin. Ich habe gerade ihre Antwort erhalten."
„Die Abwehr? Aber was ist denn das?"
„Die Zentrale der Gegenspionage."
„Was habe ich mit Spionage oder Gegenspionage zu tun? Die können sagen, was sie wollen. Ich habe beschlossen, nach Polen zu reisen, und nichts wird mich daran hindern. ‚Was eine Frau will, das will auch Gott', wie die Franzosen sagen."
„Wir werden sehen", beruhigte Maier mich lächelnd. „Das einzige, was ich Ihnen raten kann, ist, daß Sie von der Gestapo eine Erlaubnis einholen. Und zwar bei Dr. Schwerbel, den Sie schon gut kennen und der Ihnen gewogen ist, glaube ich. Die Beschaffung der notwendigen Papiere für die Hin- und Rückfahrt über Nantes nach Paris und ein Empfehlungsschreiben für die Kommandantur in Paris wegen der Quartierscheine sind das, was ich meinerseits für Sie tun kann. Ich wünsche Ihnen vor allem sehr viel Glück."

*

Am 10. Juni 1941 fuhr ich nach Paris. Die Kommandantur am Place de l'Opéra wies mir ein Zimmer im Grandhotel zu. Ich erhielt außerdem noch für fünf Tage Lebensmittelkarten. Flugs war ich eingerichtet und begab mich in die Avenue de Wagram, wo mich die Marquise hocherfreut empfing. Ich erklärte ihr meine Schwierigkeiten. Ich bat sie, mit Dr. Schwerbel einen Termin auszumachen. Er kam noch am selben Abend.
Ich legte ihm die ganze Situation dar: meine familiären

Gründe für eine Reise nach Polen, die Haltung des Zollrats Maier und die Ablehnung der Abwehr. Dann schwieg ich. Ich wartete, wie er urteilen würde.
Nach langer Überlegung ergriff er das Wort.
„Ich versichere Ihnen, daß es von meiner Seite gegen Ihre Reise nach Warschau keine Einwände gibt. Ich muß aber immerhin meinen Vorgesetzten in Berlin darüber Bericht erstatten. Bei uns ist es mitunter gefährlich, zu eigenen Initiativen zu greifen, ohne vorher die Erlaubnis von oben eingeholt zu haben. Man setzt seine Karriere, sogar sein Leben aufs Spiel. Warten Sie zwei oder drei Tage in Paris. In der Zwischenzeit wird auf meine Anfrage eine Antwort eintreffen. Ich werde sie Ihnen umgehend mitteilen."
Ich wartete also. Ich schlenderte ziellos durch die Straßen der Hauptstadt, besichtigte einige Museen und bewunderte die Schaufenster der schönen Geschäfte im Faubourg Saint-Honoré. Ich verbrachte in der Avenue de Wagram mit der Marquise viel Zeit bei belanglosen Gesprächen. Sie war sich sehr wohl bewußt, daß sie sich der Kritik aussetzte wegen ihrer guten Beziehungen zur Gestapo. Aber sie dachte, dies sei der einzige Weg, den polnischen Gefangenen in den Pariser Gefängnissen zu helfen. Sie brachte ihnen Päckchen und Briefe, die an ihre Adresse gerichtet waren. Sie schritt ein, wenn ihr übermäßig harte Behandlungen zu Ohren kamen. Schwerbel unterstützte sie häufig in ihren unterschiedlichsten Schritten.
Am fünften Tag kam endlich die Antwort aus Berlin. Unglaublich, aber wahr! Grünes Licht für meine Reise! Ich drang bei Dr. Schwerbel darauf, mir eine von der Gestapo geschriebene, offizielle Erlaubnis auszustellen. Aber er sicherte mir zu, daß dies nicht notwendig sei. Wenn ich unterwegs auch nur die geringste Schwierigkeit hätte, sollte

ich mich auf Dr. Schwerbel berufen. Man solle sich dann an die Dienststelle des Beauftragten des Chefs der Sicherheitspolizei und des SD in Paris, in der Avenue Foch, Nummer 72, wenden.
Er bestand dagegen darauf, daß ich bei der Feldkommandantur 605 in La Roche nach einer Dienstbescheinigung mit Photo fragte. Er versprach mir, wenn ich nach Berlin reisen würde, am Tag meiner Durchreise in Paris am Bahnhof Montparnasse zu sein. Ich sollte ihm lediglich telefonisch aus Noirmoutier die Ankunftszeit meines Zuges mitteilen.
Ich hatte in der Früh die Antwort aus Berlin und den Segen von Dr. Schwerbel bekommen. Ich konnte also mittags mit dem Zug nach Nantes zurückfahren. Es gab nur wenige Leute auf dem Bahnsteig. Deshalb fiel mir sofort ein Offizier auf, der alle Abzeichen des Stabes trug. Er lief auf und ab, immer den Zug entlang. Ich stieg in einen Waggon erster Klasse, der nur für das deutsche Heer bestimmt war. Der Offizier folgte mir. Er setzte sich in dasselbe Abteil wie ich. „Das ist merkwürdig", dachte ich. „Wer ist er und was will er von mir? Ich darf mich nicht verrückt machen lassen. Wir werden schon sehen." Die Lokomotive pfiff und der Zug setzte sich langsam in Bewegung. In meinem Abteil saßen nur ein alter Oberst und eine ältere Krankenschwester vom Roten Kreuz. Ich setzte mich in die Ecke neben der Tür. Der Offizier setzte sich mir gegenüber.
Ich nahm ein Buch aus meiner Tasche. Es war ein französisches Buch, das Zollrat Maier mir geliehen hatte, mit dem Titel „Sie haben uns alle verraten". Es war pure antienglische Propaganda.
Dem Offizier schien sein Platz nicht zu gefallen, weil er in entgegengesetzter Fahrtrichtung saß. Er fragte mich sehr

höflich, ob ich ihm gestatten würde, sich neben mich setzen zu dürfen, und wechselte den Platz. Ich beobachtete ihn, ohne ein Wort zu sagen. Ich tat so, als wäre ich in mein Buch vertieft. Ich spürte, daß er zu einem Gespräch ansetzen wollte, aber nicht wußte, wie er es anfangen sollte. Er warf einen Blick auf mein Buch.

„Ist das Buch gut?“ fragte er schließlich. „Ich habe davon gehört, aber keine Gelegenheit gehabt, es zu lesen.“

„Nicht gut, nicht schlecht“, antwortete ich. „Man muß objektiv bleiben, wenn man Propaganda liest. Aber es ist interessant.“

Der Zugschaffner kam herein und unterbrach das Gespräch. Ich reichte ihm meine Papiere. Der Offizier konnte sie in den Händen des Schaffners ohne Schwierigkeiten einsehen. Sobald dieser weggegangen war, sprach mich der Offizier erneut an:

„Entschuldigen Sie, bitte, aber ich konnte Ihren Namen auf dem Marschbefehl lesen. Aus welcher Region Deutschlands kommen Sie?“

Ich weiß nicht, warum mich so ein irres Vergnügen überkam, ihn herauszufordern.

„Ich bin aus keiner Gegend Deutschlands, ich bin nicht einmal Deutsche, ich bin Polin.“

„Polin? Sie scherzen. Wie können Sie deutsche Militärpapiere haben?“

„Wenn ich sie habe, heißt es, daß ich das Recht habe, sie zu besitzen, nicht wahr?“

„Ja, bestimmt, aber . . .“

Er wußte nicht, was er sagen sollte. Der Oberst und die Krankenschwester sahen uns verblüfft an.

„Erklären Sie sich“, forderte er schließlich, „ich verstehe das nicht.“

Er verstand sehr wohl. Es war kein Zufall, daß er sich gerade hier befand. Er mußte von der besagten Abwehr sein. Wir näherten uns Angers.
„Muß ich mich erklären? Gut. Es ist ganz einfach. Ich bin Dolmetscherin bei der Kommandantur an der Küste. Ich bin die einzige, die an diesem Ort deutsch spricht. Man ist mit meinen Diensten zufrieden. Ich bin und bleibe dort. Reicht diese Erklärung Ihnen?"
Der Zug hielt an. Wir waren in Angers. Der Offizier stand auf und nahm seine Aktentasche. Er grüßte und verließ das Abteil. Bevor er endgültig ging, sah er mich noch einmal eindringlich an.
„Ich muß hier aussteigen, aber wir werden uns wiedersehen."
Ich fing an, mir Sorgen zu machen.Was wußte er über mich? Was hielt er von dem, was er gerade von mir erfahren hatte? In diesem Fall mußte man nicht Sherlock Holmes sein, um mich wiederzufinden. Es gab bestimmt nicht dutzendweise polnische Dolmetscherinnen an der Küste. Oder – was wahrscheinlicher war –, er wußte bereits alles. Wollte man mich daran hindern, nach Polen zu fahren?
Ich bemühte mich, trotz allem ruhig zu bleiben. Wichtig war, an die Planung dieser Reise zu denken. Wir hatten den 15. Juni. Da ich vor dem 18. nicht in Berlin sein wollte, blieb mir noch genug Zeit in Noirmoutier, um die Sache mit der Dienstbescheinigung bei der Feldkommandantur in La Rochelle zu regeln, den Zollrat Maier anzurufen, um ihm meine Abfahrtszeit mitzuteilen, Dr. Schwerbel wie versprochen zu benachrichtigen und das Leben der Kinder für die Zeit meiner zweiwöchigen Abwesenheit zu organisieren. Am 19. Juni würde ich abfahren.
Alles lief wie am Schnürchen. Nur Dr. Schwerbel konnte

ich nicht erreichen. Er war nicht da. Ich schickte ihm ein Telegramm in die Avenue Foch und gab den Tag und die Uhrzeit meiner Ankunft – abends um halb acht – in Paris an. Der Expreßzug von Paris nach Berlin würde um zehn Uhr abends fahren.

Dies erledigt, packte ich meine Koffer. Zwischen den persönlichen Sachen und den Geschenken für meine Schwestern versteckte ich, so gut es eben ging, meine Schätze, die ich bei Ilmi abgeholt hatte. Mit Reisedokumenten des Militärs ausgestattet – und nicht irgendwelchen, sondern mit allen Papieren des OKW –, war ich sicher, nicht durch die Zollkontrolle oder andere Kontrollen passieren zu müssen.

Als ich am Bahnhof Montparnasse in Paris schließlich eintraf, war Dr. Schwerbel nicht da. War das ein schlechtes Omen? Er hatte mir doch versprochen zu kommen und eventuell ein offizielles Schreiben der Gestapo mitzubringen. Ich versuchte ihn unter der Nummer, die er mir gegeben hatte, zu erreichen: keine Antwort. Vielleicht wußte die Marquise irgend etwas? Ich wählte die Nummer der Avenue de Wagram. Glücklicherweise nahm sie den Hörer ab. Ich erklärte ihr die Situation. Sie antwortete mir, am Telefon nichts sagen zu können, aber sie wolle zu mir zum Ostbahnhof kommen.

Gesagt, getan. Wir setzten uns in eine Ecke des Bahnhofsrestaurants. Sie, die immer lebensfroh und ausgelassen gewesen war, sah höchst mißgelaunt und niedergeschlagen aus.

„Was ist los?“ fragte ich sofort.

„Wenn ich es wüßte! Es ist mir ein Rätsel. Seit Ihrer Abreise von Paris vor drei Tagen ist er verschwunden. Mir wurde gesagt, er sei wegen einer dringenden Angelegenheit nach Berlin gerufen worden. Inzwischen sind alle möglichen Ge-

rüchte über ihn im Umlauf: Veruntreuung von Geldern, enttarnter britischer Agent, der in ein Komplott gegen Hitler verwickelt ist. In Wahrheit weiß keiner Genaues. Ich mache mir große Sorgen. Ein so netter Mann. Versuchen Sie auf keinen Fall, sich mit ihm in Verbindung zu setzen. Man hat mein Haus durchsucht. Man hat mir wegen meiner Beziehung zu ihm tausend Fragen gestellt."
Ich wußte nicht, was ich sagen sollte, um sie zu trösten.
„Leider kann ich nichts tun, um Ihnen zu helfen. Mein Zug wird bald abfahren. Ich werde mich mit Ihnen, sobald ich zurück bin, in Verbindung setzen, also in ungefähr zwei Wochen. Seien Sie vorsichtig. Lassen Sie sich nicht niederdrücken – keep smiling!"
Sie küßte mich.
Ich begab mich zum Einlaß zu den Bahnsteigen. Vor zwei Zugangstüren für den Zug nach Berlin standen die Leute Schlange. Ein Hinweisschild in deutscher Sprache wies den Offizieren den Weg nach rechts, den Soldaten nach links. Ich stellte mich in die rechte Reihe. Ein Hauptmann mit Stahlhelm, der sehr ernst aussah, kontrollierte die Dokumente der Reisenden. Als ich an der Reihe war, nahm er die Papiere, die ich ihm reichte, und sah sie aufmerksam durch. Dann sah er mir in die Augen und fragte auf deutsch:
„Welcher Gehaltsgruppe sind Sie?"
Das war eine Frage, die ich nicht verstand. Ich wußte nicht, was ich antworten sollte. Was könnte das denn sein, eine „Gehaltsgruppe"? Ich hatte dieses Wort nie gehört.
Der ungeduldige Hauptmann wiederholte die Frage in sehr strengem Ton. Glücklicherweise flüsterte mir jemand, der hinter mir stand, ins Ohr:
„Wieviel verdienen Sie monatlich?"

„Dreitausend Francs“, antwortete ich stolz.
„Dreitausend Francs? Dann haben Sie kein Recht auf die erste Klasse! Das reicht gerade für die dritte. Vorwärts! Ich hoffe, ich sehe Sie nirgendwo sonst als in der dritten Klasse.“
Ich war durch. Uff! Wenigstens etwas. Völlig verwirrt stieg ich in einen Waggon dritter Klasse. Die Luft war unerträglich. Es war schrecklich – Zigarettenrauch gemischt mit dem Schweiß all dieser Männer. Kein einziger freier Platz. Es war proppenvoll. Die Soldaten standen in den Abteilen und auf dem Gang. Es gelang mir, mich einem Fenster zu nähern. Ich machte es auf. Der Hauptmann mit dem Stahlhelm war wahrscheinlich mit seiner Kontrolle fertig. Er lief auf unseren Zug zu. Ich sah ihn einsteigen und sofort setzte sich der Zug in Bewegung.
Wie sollte ich unter solchen Umständen die ganze Nacht überstehen? Es war unmöglich. Ich mußte etwas unternehmen – aber was? Ich erwägte alle Möglichkeiten. Eine Viertelstunde verging, ohne daß ich eine Lösung gefunden hätte. Etwas mußte geschehen – und wenn es vom Himmel fiele. Wo war mein übliches Glück?
Mein Hauptmann mit dem Stahlhelm kam in unseren Waggon. Er machte eine Abteiltür nach der anderen auf und überprüfte die Reisepapiere. Als er damit fertig war, kontrollierte er die Reisenden auf dem Gang. Ohne zu zögern sprach ich ihn an:
„Sie sehen selbst, Herr Hauptmann, können Sie sich vorstellen, unter solchen Umständen die Nacht zu verbringen? Ich habe, bevor ich weiterreise, in Berlin einen Auftrag durchzuführen und schwierige Angelegenheiten zu erledigen. Sie können meinen Marschbefehl überprüfen. Ich muß nach Warschau. Können Sie mir nicht einen Sitzplatz besorgen?“

„Warten Sie", sagte er nach einer erneuten Überprüfung meiner Papiere. „Wenn ich meine Kontrolle beendet habe, komme ich zurück."
Zehn Minuten später stand er wieder vor mir.
„Kommen Sie mit."
Ich folgte ihm durch mehrere Waggons. Er hielt endlich vor einem Abteil, dessen Vorhänge geschlossen waren. An der Tür hing ein Schild: ‚Reserviert für Kuriere'. Er öffnete es mit einem Schlüssel und ließ mich eintreten.
„Setzen Sie sich und öffnen Sie niemandem die Tür. Eine halbe Stunde vor Berlin werden Sie geweckt."
„Gute Nacht", verabschiedete er sich und ging hinaus.
Es war ein Abteil erster Klasse, mit einer Decke und einem Kopfkissen. Ich verbrachte eine überaus ruhige und angenehme Nacht.

*

Berlin! Erholt, erfrischt und frisch frisiert begab ich mich unverzüglich – den Anweisungen Krügers gemäß – zur Wehrmachtsbetreuung, zum Büro 15 der Alexander Kaserne, um Quartierscheine zu bekommen. Man wies mir das „Central-Hotel" in der Friedrichstraße zu.
Sobald ich angekommen war, wählte ich die Telefonnummer, die Krüger mir gegeben hatte. Wie erwartet, antwortete man mir, daß Oberleutnant Krüger drei Tage lang auf mich gewartet hätte. Er sei jedesmal zum Bahnhof gegangen, wenn ein Zug aus Paris ankam. Er hatte Berlin am 17. Juni verlassen müssen und einen Brief für mich hinterlassen, den man mir an die Adresse schickte, die ich angeben würde. Ich erhielt ihn eine Stunde später. Er schrieb mir, daß er verzweifelt sei, nicht länger auf mich warten zu können. Er

gab mir seine Feldpostnummer, damit ich ihm schreiben konnte.
Ich tat es sofort, ohne es lange aufzuschieben. Ich schrieb einen langen Brief, in dem ich ihm alle meine Verdrießlichkeiten mit der Abwehr und sogar das rätselhafte Verschwinden von Dr. Schwerbel mitteilte. Das alles, erklärte ich ihm, habe mich gehindert, früher in Berlin zu sein. Zwei Wochen später, als ich schon wieder zurück in Noirmoutier war, sollte ich einen weiteren Brief von ihm erhalten. Dann hörte ich nie wieder etwas von ihm. Wahrscheinlich ist er in der Sowjetunion schon bald danach gefallen. Doch in Berlin ahnte ich noch nichts von Krügers Schicksal. Ich mußte meinen Aufenthalt in dieser größten deutschen Stadt in Angriff nehmen. Das Allerwichtigste war, mich mit den Eltern von Hauptmann von Hoepfner in Verbindung zu setzen. Sein Vater, ein Oberst, war im Oktober 1939 nach Winnogóra gekommen. Ich hatte ihn zu dieser Zeit kennengelernt. Ich wußte, daß er einen hohen Posten in der Wehrersatzinspektion in Tempelhof innehatte. Ich hoffte, bei ihm wichtige Auskünfte über deutsche Truppenbewegungen zu erhalten. Diese Auskünfte könnten für Stewit und die Alliierten, an die er sie weiterreichte, von großer Bedeutung sein. Ich hatte außerdem seinem Sohn bei unserem letzten Treffen in Warschau versprochen, mich an seine Eltern zu wenden, wenn ich Hilfe bräuchte. Ich rief also unter der Nummer 714994 bei ihnen an und hoffte, sie anzutreffen.
„Gräfin Mankowska? Woher kommen Sie? Was machen Sie in Berlin?"
„Ich komme gerade aus Frankreich und bin unterwegs nach Warschau. Ich wohne für ein oder zwei Tage im „Central-Hotel" in der Friedrichstraße."

„Es kommt nicht in Frage, daß Sie im Hotel bleiben, wenn es bei uns Platz gibt. Mein Mann und ich wären sehr glücklich, Sie bei uns zu empfangen. Verlassen Sie Ihr Hotel, wir werden Sie unverzüglich abholen. Mein Sohn und mein Mann haben in Winnogóra Ihre Gastfreundschaft sehr genossen. Erlauben Sie mir, mich dafür bei Ihnen auf diese Weise zu bedanken."

„Einverstanden", antwortete ich erfreut. „Ich bereite meinen Koffer vor und werde in der Hotelhalle auf Sie warten."

Der Oberst und seine Frau kamen nach ungefähr zwanzig Minuten. Es war, als ob ich gute alte, warmherzige, ja, sogar liebe Freunde wiederfinden würde. Ich konnte es nicht fassen. Sie war sehr schön, hatte große blaue Augen, die liebevoll blickten. Er war gastfreundlich und voller Herzlichkeit. Wollten sie ein wenig von dem Unrecht, das ihr Staat an uns beging, wieder gutmachen? Es ist durchaus möglich.

In ihrer Wohnung, in der Freiherr-vom-Stein-Straße 2 in Schöneberg, herrschten Glück und Frieden. Die Photos ihrer vier Kinder und Enkelkinder hingen in der ganzen Wohnung. Große Blumensträuße standen auf den runden Tischchen und bildeten fröhliche Farbtupfer. Alles war von erlesenem Geschmack.

Frau von Hoepfner führte mich in mein Zimmer. Ein Traum! Weiße Louis-seize-Möbel, Sessel mit Polstern in schönen Blautönen, ebenso blaue Vorhänge. Es war bestimmt das Zimmer ihrer Tochter Erika, die nun Krankenschwester in einem Landeskrankenhaus war.

„Sie haben Zeit, ein Bad zu nehmen und sich vor dem Essen ein wenig zu erholen. Das Essen wird in einer Stunde aufgetragen."

Der Tisch im Wohnzimmer war schön hergerichtet. In seiner Mitte stand eine Kanone aus Holz. Als der Oberst meine Überraschung bemerkte, erklärte er mir:
„Sie wissen vielleicht, daß Hitler uns unentwegt empfiehlt ‚Kanonen statt Butter'. Das Ding da ist dazu bestimmt, als Butter aufs Brot geschmiert zu werden."
Ich habe viel über die Witze gelacht, die der Oberst über Hitler erzählte. Nach einem einfachen, aber sehr guten Essen gingen wir in den Salon. Jetzt war ich an der Reihe. Ich sollte keine Witze erzählen, sondern ihnen schildern, wie sich unser Schicksal seit der Abreise des Stabes aus Winnogóra gewendet hatte. Ich berichtete vom Treuhänder Kotzenberg, von der Gestapo, der Deportation, dem Elend in Warschau, von Italien und natürlich von meiner Arbeit als Dolmetscherin in Noirmoutier.
„Nun", schloß ich meinen Bericht, „man hat mich für zwei Wochen beurlaubt. Ich möchte diese Zeit bei meinen Schwestern in Warschau verbringen. Wir möchten versuchen, Nachrichten von unseren Eltern zu bekommen, die unter sowjetischer Besatzung in ihrem Schloß geblieben sind."
„Ich bezweifle", sagte der Oberst, „daß es Ihnen jetzt möglich sein wird, Nachrichten von ihnen zu erhalten. Wenn ich Ihnen raten darf, so setzen Sie sich nicht der Gefahr aus, zur Zeit nach Polen zu fahren. Übermorgen werden wir die Sowjetunion angreifen und hoffen, vor dem Winter damit fertig zu sein, sonst könnten wir uns in der gleichen Situation wiederfinden wie Napoleon. Polen wird das Aufmarschgebiet aller unserer Armeen werden."
„Von welcher Seite werden Sie angreifen? Ich will hoffen, daß der Süden, wo sich das Gut meiner Eltern befindet, vorerst verschont bleibt."

„Das ist gut möglich, da sich der größte Teil unserer Streitkräfte in Ostpreußen befindet. Dort im Norden wird also der Krieg beginnen. Unser Sohn Harold, den man gerade zum Major ernannt hat, ist schon dort."
„Glauben Sie an einen raschen Sieg?"
„Nein, ich zweifle daran – ich erhoffe ihn nur. Wenn Hitler 1939 ein Abkommen mit Polen geschlossen und die Sowjetunion gemeinsam mit Polen angegriffen hätte, wäre es leichter gewesen. Jetzt befinden wir uns in einer ganz anderen Situation. Mit seinem Terrorregime und seiner Gestapo hat er die ganze Welt gegen sich aufgebracht. Wir auch, die Wehrmacht – die wirklichen Soldaten – sind gegen ihn eingestellt. Aber was können wir ausrichten? Wir unternehmen alles mögliche, zetteln Verschwörungen an, bereiten Attentate vor – aber jedesmal scheitern wir, und die Köpfe der unseren rollen. Es ist ein schlimmes Regime. Aber reden wir nicht davon, es ist zu traurig und zu furchtbar."
„Es stimmt, es ist traurig. Für uns ist es sowieso tragisch und hoffnungslos. Wir bleiben ewige Verbannte, zumindest unsere Generation. Man muß weiterleben, sich heraushelfen. Ich habe beschlossen, trotz Ihres Abratens, nach Polen zu reisen. Nichts wird mich daran hindern. Ich möchte in Berlin lediglich noch die Schelihas sehen. Es sind Freunde aus der Vorkriegszeit. Rudolf von Scheliha war lange Jahre erster Berater bei der deutschen Botschaft in Warschau. Er ist ein ausgezeichneter Jäger und war oft zur Jagd auf die großen polnischen Güter eingeladen. Wir haben ihn und seine Frau mehrmals bei uns zu Gast gehabt. Ich habe im Telefonbuch nach ihrer Telefonnummer gesucht, aber sie stehen nicht darin. Ich weiß nicht einmal, ob sie in Berlin sind."

„Ich werde es sofort nachprüfen. Kommen Sie in mein Arbeitszimmer. Während ich danach suche, werden Sie Ihre Gewehre bewundern können, die in einem besonderen Schrank untergebracht sind.“

Auf dem Weg hierher hatte ich nicht mehr an sie gedacht. Und nun hingen vor mir all die schönen Gewehre und Flinten von André. Wir glücklich wäre er gewesen, sie an einem noch sicheren Ort in guten Händen zu wissen!

Nach einigen Anrufen gab mir der Oberst alle gewünschten Auskünfte:

„Scheliha ist beim Ministerium des Auswärtigen, wo man ihn erreichen kann. Sein Privattelefon hat eine spezielle Verbindung. Niemand ist bevollmächtigt, seine Nummer herauszugeben. Man muß das Ministerium anrufen.“

Der Oberst erledigte das für mich.

Scheliha war selbstverständlich sehr überrascht, mich zu hören. Aber er stellte mir keine Fragen. Ich spürte, daß er nicht offen sprechen wollte oder konnte. Wir vereinbarten, daß er mich am nächsten Tag am „Central-Hotel“ abholen würde. Ich sollte am Eingang auf ihn warten.

„Warum diese Vorsicht? Warum diese Geheimniskrämerei?“ fragte ich den Oberst.

„So ist es eben zur Zeit bei uns. Man weiß nie, wen man gerade verdächtigt. Vielleicht Sie, vielleicht ihn – und man mißtraut seinem Bekanntenkreis.“

Am nächsten Tag fuhr mich der Oberst zu meiner Verabredung. Scheliha kam pünktlich um zwölf. Sobald wir im Wagen saßen, sprach er mich auf französisch an:

„Sie werden mich wegen des gestrigen Telefongesprächs entschuldigen, hoffe ich. Ich konnte nichts sagen, da ich nicht allein im Büro war. Wir müssen alle sehr vorsichtig sein, sogar zu Hause. Wir können nur über Nebensächliches sprechen, auf keinen Fall über Politik oder den Krieg. Meine Frau glaubt, daß es bei uns Mikrophone gibt, aber wir haben vergeblich danach gesucht. In dieser Beziehung ist der Geheimdienst überragend. Nach dem Essen werden wir im Tiergarten spazierengehen. Es ist einer der wenigen Orte, wo man uns nicht abhören kann. Meine Frau erwartet uns."

Wir fuhren durch die Stadt. Hier und da bildeten sich kleine Gruppen von Menschen; man sprach miteinander. Sobald aber irgendeine Uniform sichtbar wurde, lief man in aller Eile auseinander. Die Menschen wirkten ängstlich und gedrückt. Vor den Lebensmittelgeschäften bildeten sich lange Schlangen.

„Es herrscht keine große Begeisterung für diesen neuen Krieg", sagte ich.

„Tatsächlich, man ist weit davon entfernt. Übrigens", fuhr er fort, „für unsere Diener und das Kindermädchen, das mit uns am Tisch sitzt, sind Sie eine französische Freundin aus Paris."

Mit ihren niedlichen zehn- und zwölfjährigen Mädchen wartete Frau von Scheliha auf uns. Beide Mädchen hatten lange blonde Haare wie die Mutter und waren von engelhafter Schönheit.

Im Salon wurde uns ein köstlicher frischer Obstsaft serviert. Ein vorzügliches Essen erwartete uns. Wie vereinbart sprachen wir nur über Frankreich, über Paris, das Theater und über die Jagd auf den großen Gütern. Die Mädchen, die fließend französisch sprachen, nahmen am Gespräch teil. Die einzige, die stumm blieb, war das Kindermädchen. Sie erinnerte mich an Teta in Winnogóra, die uns beobachtet, sich jede Bewegung und jedes Wort gemerkt hatte. Ich war mir sicher, daß sie alles verstand und verriet, obwohl

sie mir gesagt hatte – zu vorschnell vielleicht –, daß sie kein französisch sprechen könne.
Gleich nach dem Essen und dem Kaffee, den wir im Salon zu uns nahmen, schlug Frau von Scheliha vor, mir mit ihrem Mann auf einem Spaziergang die Stadt zu zeigen. Begeistert nahm ich an, weil ich wußte, daß wir nun endlich offen würden sprechen können.

*

Der Tiergarten war zu dieser Jahreszeit wunderschön. Wir hatten den Wagen am Eingang zurückgelassen. Wir liefen auf den Wegen, die von Blumen eingefaßt waren, und vermieden die Stellen, wo es viele Leute gab.
„Sie haben, da bin ich mir sicher, unsere Aufpasserin bemerkt", sagte Frau von Scheliha. „In dem, was sie im Haus leistet, ist sie nicht zu übertreffen. Leider wurde sie uns vom Einsatzbüro der Gestapo vorgesetzt. Wir hatten keine Wahl. Die anderen Hausangestellten sind auch alle nur dazu da, uns auszuspionieren. Aus diesem Grund muß man aufpassen, was man sagt. Man kann nie vorsichtig genug sein."
„Das ist richtig", stimmte ihr Mann ihr zu. „Es ist nicht immer leicht, seine Meinung zu verbergen. Augenblicklich ist es besonders kritisch. Kein Tag vergeht, ohne daß nicht jemand verschwindet. Sie wissen sicherlich, wie viele Freunde ich in Polen hatte. Jüdische Familien werden nach und nach in Viehwagen zu den Konzentrations- und Vernichtungslagern wie Treblinka abtransportiert. Nachdem man diese armen Menschen ausgeladen hat, werden sie gezwungen, sich auszuziehen. Sie werden dann den langen Weg entlang des Stacheldrahts in Richtung des großen Be-

tongebäudes geführt, in dem sie eingesperrt und vergast werden. Dann öffnen sich die hinteren Türen des Gebäudes und die Leichen werden in ein riesiges Massengrab geworfen."

Das Grauen dieser Beschreibungen erschreckte mich zutiefst. Die ganze Welt schien zusammenzubrechen. Wie war das möglich? Ich hatte immer geglaubt, daß die Herzen der Menschen sich ähnelten, daß man eine Ideologie und ihre Folgetaten, ein Regime, sogar eine Uniform hassen könnte, aber den Menschen durfte man nie hassen. Ich hatte geglaubt, daß man selbst bei dem schlechtesten Menschen immer noch dieses Fünkchen eines allen gemeinsamen Gefühls finden könnte, auch wenn diese kleine Flamme tief verborgen war. Ich hatte geglaubt, daß man die Herzen rühren könnte, nur allein, daß man ihnen von ihren Müttern und Kindern erzählte. Nie war ich verzweifelt gewesen. Ich wiederholte mir oft den Satz Christi am Kreuz: „Vater, vergib Ihnen, denn sie wissen nicht, was sie tun." Die Überzeugung, daß ein Mensch, wer immer er auch sei, nicht abgrundtief schlecht sein könnte, wurzelte tief in mir. Aber alle meine Glaubenssätze gerieten plötzlich ins Wanken. Gab es den von Natur aus schlechte Menschen? Diejenigen, die solches planten und jene, die solche Befehle gaben, waren sie die Inkarnation des Bösen – des Teufels? Und die anderen, die gehorchten? Feiglinge, die nicht wagten, den Befehl zu verweigern, aus Angst um ihr eigenes Leben? Seit frühester Jugend zu Folterknechten erzogen, die in ihren Mitmenschen nichts anderes sahen als Schlachvieh? Waren diese Menschen noch zu retten? Und wenn ja, wie? Die Dinge mußten sich von Grund auf ändern. Würde dieser Krieg vielleicht eine Umwälzung mit sich bringen?

Gräfin Klementyna Mankowska

Der Großvater der Gräfin,
Thadé Czartkowski-Golejewski
mit seinen Söhnen Cyryl,
der Vater von Klementyna,
und Victor, der später in Katyn
ermordet wurde

Das Schloß von Wysuczka vor seiner Zerstörung (um 1908)

Winnogóra, von der Gartenseite aufgenommen

Die Schwestern Klementyna und Marie, links in alten Bauerntrachten für das Winzerfest (unten)

Eine Jagd bei den Stadnickis in Nawojówa, veranstaltet 1937 für Leopold Bernhard, Prinz der Niederlande

Der Vater von Klementyna mit einem von ihm erlegten Wildschwein

Die Hochzeit der Gräfin
mit André Mankowski am
1. Januar 1933 in Wysuczka

Winnogóra, von der Einfahrt aus aufgenommen

Blühende Magnolien

Eine Jagd

Mit dem Gesicht zum Photographen gewandt:
André Mankowski und rechts neben ihm Dr. Antek Jurasz

Auf der Fahrt von der Jagd zurück nach Winnogóra

Das Pferd und das Fahrzeug, welche Yanie Chaumont so sehr geängstigt hatten

Gräfin Mankowska mit ihrem Wagen

Die Kinder des Generals Dombrowski. Die Tochter erbte Winnogóra, da der Sohn keine Nachkommen hatte, und ehelichte einen Mankowski

Gräfin Mankowska mit dem Kleid der Großmutter ihres Gatten, der Frau des Generals Dombrowski. Diese hatte das Kleid einst zur Krönung Napoleons getragen

Luftaufnahme. Blick auf Winnogóra

Als Fee für ein Fest in Wysuczka
kostümiert

Am Ufer der Warthe

Gräfin Mankowska mit ihren
Kindern Christophe und André

Das deutsche Kindermädchen Teta mit den
Kindern

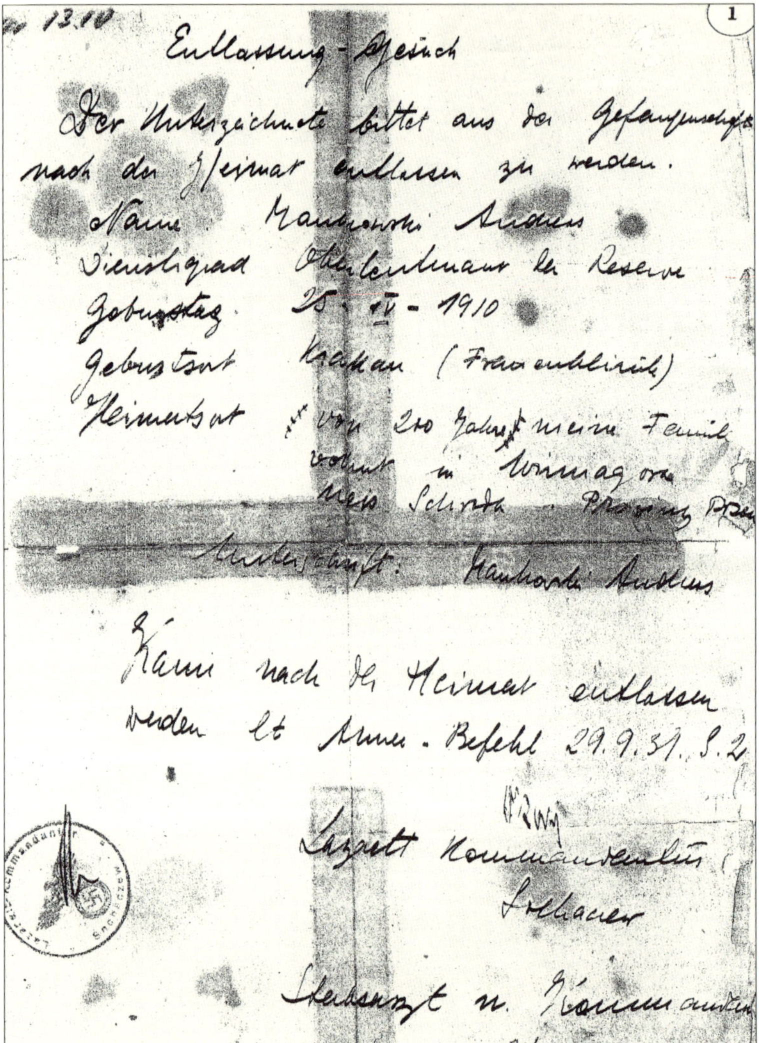

13.10

Entlassung-Gesuch

Der Unterzeichnete bittet aus der Gefangenschaft nach der Heimat entlassen zu werden.

Name Mankowski Andreas

Dienstgrad Oberleutnant der Reserve

Geburtstag 25 - IV - 1910

Geburtsort Krakau ([illegible])

Heimatsort Vor 20 Jahren meine Familie wohnt in [illegible] Kreis Schroda - Provinz Posen

Unterschrift: Mankowski Andreas

Kann nach der Heimat entlassen werden lt. Armee-Befehl 29.9.39. S.2

Lazarett Kommandantur Sochaczew

Stabsarzt u. Kommandant

Lazarett-Kommandantur Sochaczew

Entlassungsgesuch von André Mankowski, bewilligt von der Kommandantur in Sochaczew

Thérèse Lubienska und Stephan Witkowski

Auf der Insel Noirmoutier

Der Strand von Souzeaux

Gräfin Mankowska am Strand

Ilmi Gutzeit

Hauptmann Kohlenberger

Das Haus am Strand von Souzeaux, in dem die Gräfin mit ihren Kindern wohnte

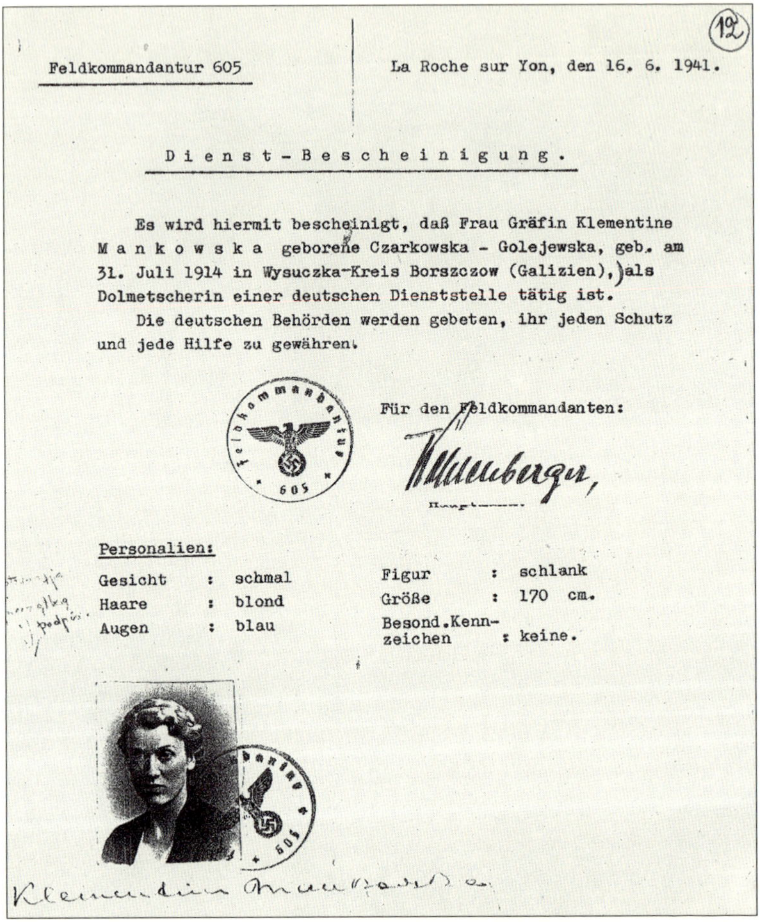

Feldkommandantur 605 | La Roche sur Yon, den 16. 6. 1941.

Dienst-Bescheinigung.

Es wird hiermit bescheinigt, daß Frau Gräfin Klementine Mankowska geborene Czarkowska - Golejewska, geb. am 31. Juli 1914 in Wysuczka-Kreis Borszczow (Galizien), als Dolmetscherin einer deutschen Dienststelle tätig ist.

Die deutschen Behörden werden gebeten, ihr jeden Schutz und jede Hilfe zu gewähren.

Für den Feldkommandanten:

Personalien:

Gesicht	:	schmal	Figur	:	schlank
Haare	:	blond	Größe	:	170 cm.
Augen	:	blau	Besond. Kennzeichen	:	keine.

Dienstbescheinigung der Feldkommandantur 605, die als Personalausweis benutzt wurde

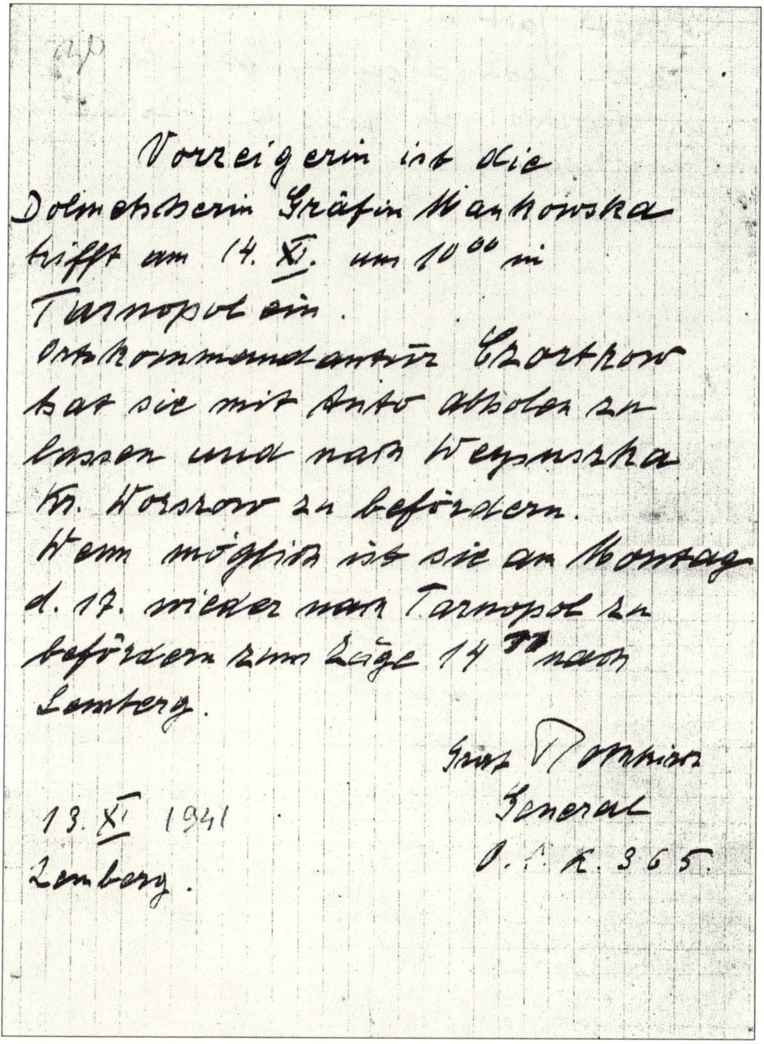

Vorzeigerin ist die
Dolmetscherin Gräfin Mankowska
trifft am 14. XI. um 10^{00} in
Tarnopol ein.
Ortskommandantur Czortkow
hat sie mit Auto abholen zu
lassen und nach Weynuszka
Kr. Worszow zu befördern.
Wenn möglich ist sie am Montag
d. 17. wieder nach Tarnopol zu
befördern zum Zuge 14^{30} nach
Lemberg.

Graf Rothkirch
General
O.F.K. 365

13. XI 1941
Lemberg.

Anordnung von General Graf von Rothkirch, Gräfin Mankowska von der Ortskommandantur Czortków abholen zu lassen

Auf Inspektionsfahrt an der Küste, auf dem Weg nach Royan mit . . .

. . . Bezirkszollkommissar Schmitz

Gräfin Mankowska in polnischer Tracht für ihren Geburtstag am 31. Juli 1940

Vor dem Gebäude des Zollgrenzschutzes mit Oberleutnant Krüger vom Oberkommando der Wehrmacht (OKW)

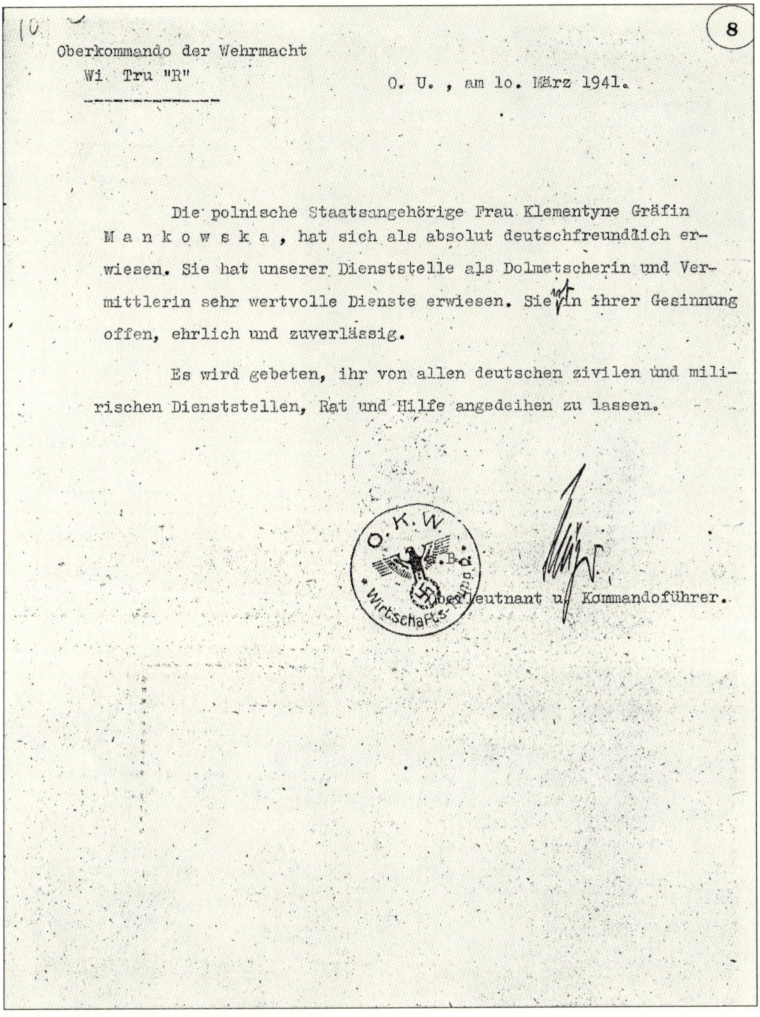

10

8

Oberkommando der Wehrmacht
Wi. Tru "R"

O. U. , am 10. März 1941.

Die polnische Staatsangehörige Frau Klementyne Gräfin M a n k o w s k a , hat sich als absolut deutschfreundlich erwiesen. Sie hat unserer Dienststelle als Dolmetscherin und Vermittlerin sehr wertvolle Dienste erwiesen. Sie ist in ihrer Gesinnung offen, ehrlich und zuverlässig.

Es wird gebeten, ihr von allen deutschen zivilen und milirischen Dienststellen, Rat und Hilfe angedeihen zu lassen.

O.K.W. · Wirtschafts-Truppe · B.d.

Oberleutnant u. Kommandoführer.

Der wertvolle Stempel des OKW

In Portugal: General Anders (rechts) mit Eugène Lubomirski

Das Paderewski Krankenhaus in Edinburgh, Schottland

Professor Jurasz, Direktor des
Paderewski Krankenhauses

Admiral Wilhelm Canaris, Leiter der Abwehr-Abteilung im Reichskriegsministerium. Das Bild stammt bereits aus dem Jahre 1935

Gräfin Mankowska mit Miss Fletcher und Professor Jurasz vor dem Krankenhaus

Das Büro von Klementyna Mankowska

Die Kinder Christophe, Maya und André in Edinburgh

Belgisch-Kongo
Maya mit Eingeborenen

Überquerung des Loange

Christophe und André

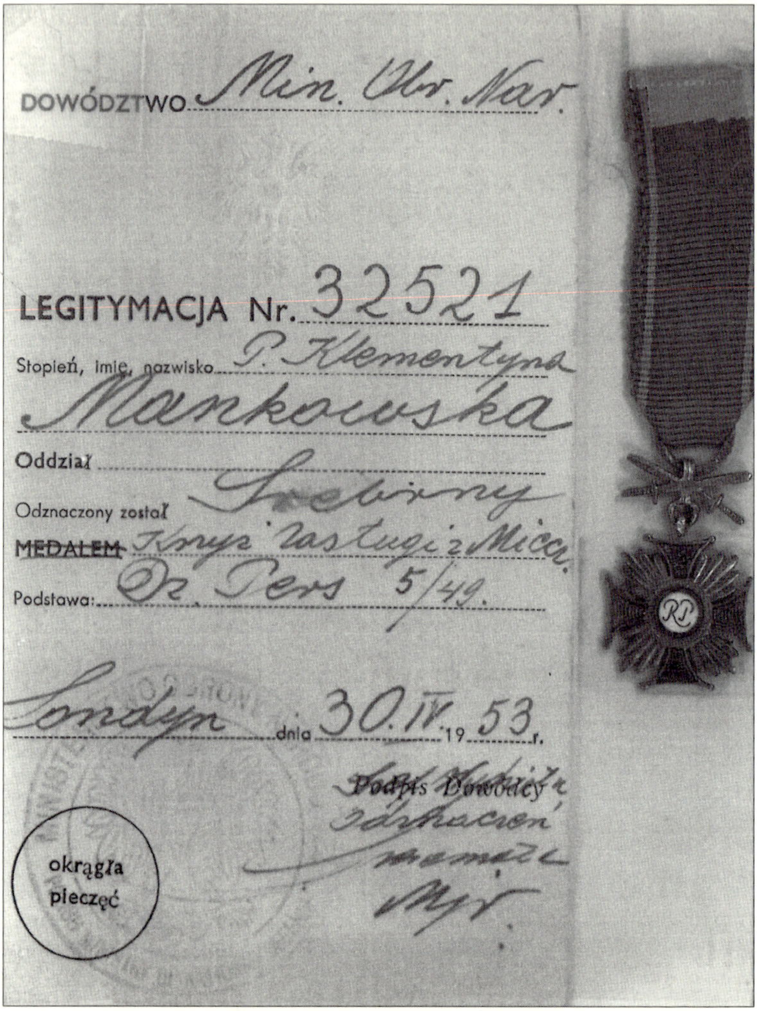
DOWÓDZTWO Min. Obr. Nar.

LEGITYMACJA Nr. 32521

Stopień, imię, nazwisko P. Klementyna Mankowska

Oddział

Odznaczony został Srebrny

~~MEDALEM~~ Krzyż Zasługi z Mieczami

Podstawa: Dz. Pers. 5/49.

Londyn dnia 30.IV. 19 53 r.

~~Podpis Dowódcy~~

okrągła pieczęć

Polnischer Verdienstorden, Gräfin Klementyna Mankowska am 30. April 1953 verliehen

„Ich möchte Ihnen helfen, Gräfin Mankowska, aber mir sind die Hände gebunden. Ich bin mir meiner Ohnmacht bewußt. Was ich Ihnen hier erzähle, wissen Ihre Landsleute und müssen es erleiden. Vielleicht kennen sie nicht alle Einzelheiten über Treblinka. Deshalb ist es dringend notwendig, daß Sie in London alles bekanntmachen. Wenn wir nur dieses Ungeheuer Hitler los wären, könnten wir mit England und seinen Verbündeten Frieden schließen. Aber dem ist nicht so. Wir werden es nicht leicht haben."
„Was denken Sie", fragte ich, „über den Angriff auf die Sowjetunion, der morgen erfolgen soll? Stalin ist ein ebensolches Ungeheuer."
„Jedes Ungeheuer zu seiner Zeit. Die Lage heute ist folgendermaßen: wir haben überhaupt keine Chance zu siegen. Nur gemeinsam mit den Engländern und möglicherweise mit den Amerikanern könnten wir mit Stalin und seiner Clique fertig werden. Ohne sie wird Deutschland ein Desaster erleben. Der Ehrgeiz dieses verrückten Hitler wird uns in den Ruin treiben. Unser Heer ist ausgezeichnet. Die meisten Generäle und Heerführer sind gegen die Nazis eingestellt. Aber die Gestapo und die SS haben zu großen Einfluß. Beim leisesten Verdacht wird man verhaftet, gefoltert, ermordet. Es gibt ein Lager, das eigens für unsere Offiziere eingerichtet ist. Ich kann Ihnen momentan nicht mehr darüber erzählen. Sie hatten mir gesagt, daß Sie auf dem Weg nach Polen sind. Ich rate Ihnen davon ab. Es ist zu gefährlich."
„Sie müssen wissen", entgegnete ich, „wenn ich mich zu etwas entschlossen habe, weiche ich keinen Schritt mehr zurück, nicht einmal, wenn ich in Gefahr bin. Auf der Rückfahrt werde ich mich nicht mehr bei Ihnen melden, denn falls man mir folgt, möchte ich Sie nicht gefährden."

„Das wäre auf jeden Fall ratsam, aber versprechen Sie mir, uns schon bei Ihrer Ankunft in Paris eine Postkarte mit dem Motiv des Eiffelturms zu schicken. Unterschreiben Sie bitte einfach mit einem schlichten Vornamen, zum Beispiel mit ‚Marie'. Wir werden dann wissen, daß Sie es sind."
Sie setzten mich an einem Taxistand ab.
„Viel Glück", verabschiedete sich Frau von Scheliha. „Wünschen wir, daß wir uns in besseren Zeiten wiedertreffen."
Ich fand mich wieder in der Wohnung der von Hoepfners ein. Sie erwarteten mich mit einem guten Abendbrot.
„Morgen", sagte der Oberst, „werde ich Sie leider nicht zum Bahnhof bringen können. Aber wir hoffen, daß Sie auf der Rückfahrt bei uns wieder einkehren."

*

Am darauffolgenden Tag, am Montag, dem 22. Juni 1941, griff Deutschland die Sowjetunion an. Was mich betraf, so nahm ich den Expreßzug von Berlin nach Warschau.
Ich hoffte, daß man mir die Frage nach meiner Gehaltsgruppe nicht wieder stellen würde. Ich setzte mich in ein Abteil erster Klasse. Ein Oberst, zwei Hauptmänner, ein Leutnant und eine Frau in Uniform waren meine Reisebegleiter. Der Oberst führte ein langes Gespräch mit einem der Hauptmänner. Die anderen schienen sich nicht zu kennen. Alle waren in die letzten Ausgaben der Zeitungen vertieft, auf denen man in großen Schlagzeilen vom Ausbruch des Krieges lesen konnte. In meiner Ecke neben dem Fenster tat ich so, als ob ich lesen würde. In Wahrheit faßte ich aber in meinem Gedächtnis alle Informationen zusammen, die ich in Berlin gesammelt hatte.

Ohne Schwierigkeiten für mich verlief eine Militärkontrolle. Nach Frankfurt an der Oder schlief ich ein und wachte erst in Posen wieder auf. Eine Stunde später wurde der Zug langsamer und hielt: Kutno! Was für eine Erinnerung! Der dicke und so nette Bahnhofsvorsteher, der mich im Januar 1940 vor der Schande bewahrt hatte, mit meiner ersten Mission für die „Musketiere“ zu scheitern – würde ich ihn wiedersehen? Ich zweifelte daran.
Die Feldgendarmerie kam herein. Sie kontrollierte die Militärpapiere. Alles lief gut. Kurze Zeit darauf kamen die Zollbeamten. Ich hatte eine Bescheinigung des Zollrats Maier, worin mir bestätigt wurde, daß ich Angestellte des Zollgrenzschutzes war und mein Gepäck keine unzulässigen Dinge enthielt. Auch diesmal gab es keine Schwierigkeiten. Uff! Ich hoffte, nun die letzte Kontrolle hinter mir zu haben. Der Zug müßte jetzt wieder abfahren. Aber nein, er bewegte sich nicht von der Stelle. Warum nur? Das Warten war qualvoll. Und da waren sie, die Totenköpfe, die Männer von der Gestapo. Was suchten sie? Sie schoben alle Abteiltüren auf, ohne nach irgendetwas zu fragen. Sie erklärten ohne Umschweife:
„Alle Fahrgäste, ausnahmslos, haben mit ihrem Gepäck auszusteigen und sich bei der Kontrollstelle im Bahnhofsbüro einzufinden.“
Sie gingen hinaus, ohne die Türen wieder zu schließen. Es herrschte augenblicklich ein allgemeines Durcheinander. Alle Leute waren nervös, sie nahmen ihre Koffer und Taschen von den Gepäcknetzen herunter und hasteten zum Ausgang. Großes Gedränge entstand. Ich war sicher, daß ich dieses Mal erwischt werden würde. In meinem Koffer lag eine ganze Sammlung von Dokumenten des Zollgrenzschutzes, von der Feldkommandantur 605 und vom OKW.

Sie würde bestimmt nicht unbemerkt bleiben. Auf diese Weise vor einer Menge von Soldaten entdeckt zu werden, das Brüllen der Gestapo zu erdulden, vielleicht sogar geschlagen zu werden – was für eine Demütigung! Nein, das wollte ich keinesfalls erleben. Wo blieb mein Glück? Würde es mich im Stich lassen?

*

Ich stand langsam auf und betrat den Bahnsteig, ohne meinen Koffer mitzunehmen. Mein Freund, der Bahnhofsvorsteher, war nicht da. An seiner Stelle trug ein junger Mann die mit einem roten Band verzierte Mütze. Von ihm konnte ich nichts erwarten. Alle Reisenden gingen gebeugt unter dem Gewicht ihrer Koffer. Sie drängten auf eine Tür zu, die von zwei Männern der Gestapo bewacht wurde. Ich suchte den jetzt beinahe leeren Bahnsteig ab. Mit einem Mal entdeckte ich einen Oberst des Zollgrenzschutzes – einen Zollrat! Es war ein Wunder! Wenn man mich schon verhaftete, dann ohne grobes Gebrüll, ohne so viele Zeugen.
„Entschuldigen Sie, Herr Zollrat. Ich fühle mich nach dieser langen Reise nicht sehr wohl. Mein Koffer ist sehr schwer, und ich bin nicht in der Lage, ihn bis zur Kontrolle zu tragen. Könnten Sie nicht . . .“
Er unterbrach mich:
„Woher wissen Sie, daß ich Zollrat bin? Nur wenige Leute kennen unsere Dienstgrade.“
„Oh, das ist nicht schwer für mich. Ich bin an der französischen Küste beim Zollgrenzschutz angestellt. Ich kann Ihnen meine Papiere zeigen.“
„An der französischen Küste? Wo befindet sich denn Ihre Befehlsstelle, und wer ist Ihr Vorgesetzter?“

„Unsere Befehlsstelle ist in Royan, und unser Vorgesetzter ist Zollrat Maier."
„Zollrat Maier? Unmöglich! Karl Maier aus Konstanz? Er ist mein bester Freund. Ich habe ihn, seitdem er nach Frankreich geschickt wurde, aus den Augen verloren. Erzählen Sie mal. Wie geht es ihm? Ist er mit seiner Stelle zufrieden?"
„Ja, mein Zollrat Maier ist aus Konstanz, Allergraben 6. So ein Zufall! Ich werde Ihnen alles erzählen, aber könnten Sie nicht in mein Abteil kommen und bei der Gelegenheit meinen Koffer kontrollieren? Danach könnten wir uns unterhalten."
„Einverstanden."
Wir stiegen in den Zug und gingen in mein Abteil. Ich machte Anstalten, meinen Koffer herunterzuholen, als er mir Einhalt gebot:
„Lassen Sie es sein. Wir haben wenig Zeit. Ich möchte, daß Sie mir ausführlich von meinem Freund erzählen."
Während wir sprachen, fuhr der Zug rückwärts, wurde auf ein anderes Gleis rangiert und schlug dann wieder die Richtung zum Bahnhof ein. Er fuhr anschließend auf der anderen Seite des Hauptgebäudes in den Bahnhof ein. Die Reisenden kamen nach der Kontrolle zurück und begannen wieder in den Zug einzusteigen. Der Zollrat, dem ich die Adresse seines Freundes gegeben hatte, bedankte sich lebhaft und wünschte mir eine gute Reise. Wenige Minuten später setzte sich der Zug in Bewegung.
Zum ersten Mal in meinem Leben zitterten mir die Knie und ich konnte mich nicht beherrschen. Ich war mit heiler Haut davongekommen! Mein Glück verließ mich nicht. Wiederum dachte ich: „Nicht umsonst bist du an einem Sonntag geboren!"

Zwei Stunden später waren wir in Warschau. Wie auch im letzten Jahr stand kein Taxi vor dem Bahnhof. Glücklicherweise kam gerade eine Kutsche. Mehrere Personen stürzten auf sie zu. Aber mit einer Handbewegung hielt der Kutscher alle Anwärter für eine Fahrt zurück. Er erklärte in bestimmtem Ton:
„Ich nehme denjenigen mit, der am weitesten fährt."
Es mußte jeder sein Fahrziel angeben.
„Narbuta 21", sagte ich in der Hoffnung, diesen seltsamen Wettbewerb zu gewinnen.
Und ich gewann. Die anderen mußten sich zu den Autobussen begeben. Die Narbutastraße lag wirklich sehr entlegen. Mehr als eine halbe Stunde Wegstrecke. Ich bezahlte in Reichsmark, da ich kein polnisches Geld hatte.
Die Freude über meine Ankunft war riesengroß! Meine ältere Schwester Marie, Ehefrau von Staszek Mycielski von Wrzesnia, meine jüngere Schwester Beba, die inzwischen Ludwik Plater-Zyberg geheiratet hatte, und die Kinder von Marie waren da.
„Wir haben dich erwartet", erzählte Marie. „Vorgestern ist Stewit zu uns gekommen, um sich zu erkundigen, ob du schon angekommen seist. Er wollte dazu nicht mehr sagen. Wir wußten also nicht, ob es ein Witz oder eine Tatsache war. Wir wußten ja nicht einmal, in welchem Land du dich befindest."
„Ich werde euch alles lang und breit erzählen, von meiner Abreise vor mehr als einem Jahr angefangen. Ich bleibe eine Woche bei euch. Wir werden Zeit genug zum Schwatzen finden. Aber zuerst muß ich Stewit sehen. Ludwik müßte sich möglichst schnell mit ihm in Verbindung setzen."
„Einverstanden", sagte Ludwik, „aber ich kann ihn nicht anrufen. Ich werde morgen früh zu ihm gehen."

„Ausgezeichnet. Bis dahin laßt uns meinen Koffer aufmachen. Ich habe für alle kleine Geschenke."
Unter Pullovern, Kopftüchern, Socken, Männerkrawatten und anderen Kleinigkeiten befand sich eine Menge Ölsardinendosen, die einzige Ware einer Fabrik in Noirmoutier. Meine sonstigen Kostbarkeiten, die für Stewit bestimmt waren, blieben derzeit noch im Koffer.
Am Morgen des 24. Juni ging Ludwik zu Stewit, um ihm meine Ankunft mitzuteilen. Um neun Uhr erschienen beide.
„Sie hier gesund und wohlbehalten!" begrüßte mich Stewit. „Ich erwarte Sie seit ungefähr einer Woche. Aber ab Berlin hatten wir Ihre Spur aus den Augen verloren. Ich befürchtete schon, daß es einen Zwischenfall gegeben hätte oder noch Schlimmeres passiert wäre."
„Wie und durch wen haben Sie erfahren, daß ich kommen würde?"
„Sie wissen doch, ich habe beinahe überall meine Agenten, unter anderem einen sehr anständigen Mann bei der örtlichen Abwehr, der in Kontakt mit der Abwehr in Paris steht. Sie haben Ihre Personenbeschreibung mit Photo, und zwar mit einer sehr amüsanten Einschätzung: ‚Entweder sehr klug und sehr gefährlich, oder sehr weiblich und naiv.'"
„Sie haben freie Wahl", lächelte ich, „aber vorher muß ich Ihnen zeigen, was ich für Sie mitgebracht habe."
Ich machte meinen Koffer auf und entnahm ihm nacheinander meine Schätze, die Dokumente. Ich breitete sie vor ihm auf dem Tisch aus. Er kam aus dem Staunen nicht heraus:
„Es ist unglaublich! Wie vom Himmel gefallen. Das wird mir erlauben, meine Agenten durch Deutschland und Frankreich zu schleusen. Wir müssen darüber in allen Ein-

zelheiten sprechen. Leider bin ich heute sehr beschäftigt. Ich habe einige wichtige Termine in Krakau. Morgen ab zwölf Uhr gehöre ich Ihnen. Ich hoffe, daß Sie wenigstens ein paar Tage bleiben können, damit wir unsere zukünftige Vorgehensweise festlegen können. Bis dahin rate ich Ihnen, das Haus nicht zu verlassen. Genießen Sie die Zeit bei Ihrer Familie und ruhen Sie sich aus. Ich werde Rena benachrichtigen, die glücklich sein wird, Sie wiederzusehen. Ludwik wird alle diese Papiere zu seinem Bruder bringen, um sie photographieren zu lassen."

Am 25. Juni kam, wie vereinbart, Stewit gegen Mittag. Wir machten uns sofort an die Arbeit.

„Zuerst muß ich Ihnen sagen, daß man Ihre Spur durch die Zugkontrolle wiedergefunden hat. Man weiß, daß Sie in Warschau sind, ohne jedoch Ihre Adresse zu kennen. Aus diesem Grund dürfen Sie nicht untertauchen. Ihr Aufenthalt hier muß absolut legal und offiziell bleiben. Ich rate Ihnen, sich mit General von Gienanth, der Sie bereits kennt, in Verbindung zu setzen. Er ist gegenwärtig der Kommandant aller Besatzungstruppen. Finden Sie einen Vorwand, was auch immer Sie wollen. Es spielt keine Rolle. Lassen Sie sie zum Beispiel glauben, daß Sie Schritte unternehmen, Winnogóra zurückzugewinnen. Abgesehen davon können Sie sich frei bewegen und alle Leute sehen, die Sie wollen. Sie werden durch meine Agenten überwacht. Selbstverständlich müssen wir die meiste Zeit hier verbringen. Ich werde darauf achten müssen, daß man mir hierher nicht folgt und ich nicht gesehen werde.

Jetzt wollen wir aber einmal offen miteinander reden. Anhand dieser Dokumente, die Sie mitgebracht haben, wird mir klar, daß Sie außergewöhnliche Fähigkeiten besitzen. Erzählen Sie mir alles ausführlich."

„Sie wollen eine Beichte, nicht wahr? Nun denn . . .“
Ich erzählte von meinem Einsatz als Dolmetscherin, vom Zollgrenzschutz, von der Kommandantur 605, von der Verhaftung, vom Gefängnis, von der Gestapo, vom Cherche-Midi, vom Verschwinden Dr. Schwerbels, von der Marquise, vom OKW und von Krüger, und schließlich von dem rätselhaften Leutnant im Zug von Paris nach Nantes.
„Ich habe den Verdacht“, überlegte ich laut, „daß er von der besagten Abwehr ist, denn Sie sagen, daß Sie von dort Auskünfte über meine Ankunft in Warschau erhalten haben.“
„Es ist mehr als wahrscheinlich, vor allem da er sagte, daß Sie sich wiedersehen werden. Machen Sie sich darauf gefaßt, in Noirmoutier von ihm Besuch zu bekommen. Wenn er wirklich der Abwehr angehört, wird er versuchen, Sie als Agentin anzuwerben. Das wäre eine hervorragende Sache für uns. Man müßte in Erfahrung bringen, auf welchen Wegen sie ihre Agenten nach England schleusen, wer diese Agenten sind, welche Kontakte sie in Großbritannien haben. Jede Einzelheit ist wichtig.
Davon einmal abgesehen: Sehen Sie eine Möglichkeit, in Noirmoutier eine Verbindung zwischen Polen, Frankreich und England herzustellen? Ich habe in Paris einen Agenten, mit dem ich mich ziemlich regelmäßig austausche. Er gibt uns Auskünfte, die London interessieren. Aber er hat keinen Zugang zu Informationen über das Militär, wie Sie. Im Einverständnis mit ihm sollten Sie über gefahrlose Mittel und Wege der Kommunikation nachdenken, damit er uns Ihre Informationen weiterleiten kann und umgekehrt.“
„Wer ist dieser Agent?“
„Er ist ein sehr anständiger Mann. Er heißt Chojecki und ist Direktor einer Handelsfirma in der Avenue Victor

Hugo, Nummer 15. Seine private Adresse ist Rue de Montevidéo, Nummer 14. Unser Erkennungszeichen ist eine Bronzemünze, die ähnlich wie eine Golddollarmünze aussieht. Wenn Sie sich mit dieser Münze bei ihm vorstellen, wird er sofort Vertrauen fassen. Ich werde Ihnen zwei oder drei dieser Münzen für eventuelle weitere Kontakte mitgeben. Ich denke, das reicht für heute. Ich muß nun gehen. Vergessen Sie General von Gienanth oder die anderen Persönlichkeiten des Militärs nicht. Bis morgen, um die gleiche Zeit. Ludwik und Beba können Ihnen bei allem behilflich sein."

„Kommen Sie nicht um die gleiche Uhrzeit", bat ich ihn. „Kommen Sie lieber am Abend, so gegen sechs Uhr. Wir werden dann mehr Zeit haben. Es kann sein, daß ich während der Dienstzeit wegen eines Termins in der Kommandantur zurückgehalten werde."

„Einverstanden, dann also um sechs."

Er ging hinaus.

*

Eine Stunde später kamen Beba und Ludwik mit Rena Lubienska*. Rena, die Seele und das Herz der „Musketiere", war immer gepflegt, von schlichter Eleganz und immer voller Hoffnung und grenzenlosem Vertrauen in den großen Sieg Polens und der Alliierten.

„Sie werden sehen", prophezeite sie, „dieser Krieg Deutschlands gegen die Sowjetunion wird unsere Chance sein.

* Rena Lubinska wurde später, nach ihrer Befreiung aus Ravensbrück, in London ermordet.

Sind einmal die Sowjets niedergeworfen, wird es nicht schwierig sein, mit den Deutschen fertig zu werden. Polen wird groß und stark wiedererstehen, von der Ostsee bis zum schwarzen Meer, so, wie es in einer berühmten Prophezeiung gesagt wird. Wir alle werden in unsere schönen Schlösser, auf unsere Herrengüter, in unsere Städte und Dörfer zurückkehren."

Alle schwiegen. Ein Engel schien durch den Raum zu gehen. Teilten wir ihren Optimismus, ihr Vertrauen in die Zukunft? Marie, die realistischer war, unterbrach die Stille:

„Du betrachtest alles vom Standpunkt unserer Hoffnungen aus, aber denkst du nicht, daß die Deutschen, einmal in der Sowjetunion siegreich, nicht noch grausamer sein werden, nicht versuchen werden, uns auszurotten, bevor wir überhaupt Zeit gehabt haben, mit ihnen fertig zu werden? England allein hat keine Möglichkeit, Deutschland niederzuwerfen – es sei denn, Amerika mischt sich ein. Ganz Europa steht schon unter Hitlers Joch."

„Und wir", fügte Ludwik hinzu, „wir stehen unter Hitlers und Stalins Joch. Ich weiß nicht, was schlimmer ist. Im September 1939 sind zwei Millionen Polen in die Sowjetunion deportiert worden. Wir haben nichts mehr von ihnen gehört. Wo sind sie? Werden sie je zurückkommen?"

„Es hilft nichts", unterbrach Beba, die energisch wie immer war, „über unser Unglück Tränen zu vergießen. Das wird uns nicht weiterhelfen. Man muß stark und einig im Handeln sein bis zum entscheidenden Augenblick. Rena hat recht. Man muß an die Zukunft glauben. Aber bis dahin ist es noch weit, jetzt haben alle Hunger, da bin ich sicher. Wir wollen mal in der Küche sehen, ob es noch etwas anderes gibt als Ölsardinen."

Mit Hilfe von Monia, dem treuen Zimmermädchen von

Marie, wurde aus dem Stegreif ein gutes Essen hergerichtet. Anschließend tranken wir Tee und verbrachten einen wunderbaren Abend im Kreis der Familie. Wir erinnerten uns an Winnogóra, an Wrzesnia und vor allem an Wysuczka, das Gut unserer Eltern.
Unsere lieben Eltern, was war aus ihnen geworden? Konnten sie den massenhaften Deportationen entgehen? Und Mama, mit ihrem Liebreiz, ihrem Charme und ihrer engelhaften Stimme? Sie hatte 1918 mehrmals ganze Horden von Aufständischen in Schach gehalten, die über die Grenze gekommen waren, um das Schloß zu plündern. Ist es ihr auch diesmal gelungen, Leib und Leben und ihre Güter zu schützen? Marie und Beba hatten vergeblich versucht, Informationen zu bekommen. Kein Wort, nicht das geringste Lebenszeichen von ihnen drang zu uns.
Ein bleibendes Bild aus meiner Kindheit wurde in meiner Erinnerung wach: unsere Mutter in ihrem grünen Samtkleid ging die große Treppe hinunter zu einigen wilden Kosaken. Den Säbel in der Hand, den Dolch zwischen den Zähnen, hatten sie das Haus, wie sie es dem verwirrten Personal sofort ankündigten, mit der Absicht betreten, den Gutsherren zu erwürgen. Mama ging langsam und würdevoll mit der einjährigen Beba in den Armen geradewegs zur Hinrichtung. Die Angreifer waren bei diesem Anblick wie vom Donner gerührt. Sie wendete sich an den Küchenchef, der bleich und zitternd dastand:
„Lassen Sie doch Erfrischungen bringen“, bat sie mit klarer und warmer Stimme.
Sie näherte sich dem Anführer der Bande und legte ihm die Kleine in seine Arme.
„Halten Sie sie einen Augenblick. Ich muß doch sehen, daß man Ihnen auch Wodka und Speisen bringt. Kommen

Sie in den Salon und machen Sie es sich bequem. Sie müssen sehr müde sein."
Als sie mit dem Küchenchef, der auf einem Tablett die Flaschen trug, wieder den Salon betrat, lag Beba auf dem Teppich. Sie lachte. Die Wilden, auf allen Vieren, spielten mit ihr und reihten ihre Patronen, die sie aus ihren Gürteln gezogen hatten, um sie herum auf.
Der Empfang endete dann damit, daß Mama am Klavier heimatliche Weisen spielte, die alle im Chor mitsangen. Und niemals während dieser unruhigen und blutigen Zeit wurde jemand aus unserer Familie erwürgt oder vertrieben. Diese Art von Mut und Kaltblütigkeit war Tradition in der Familie.
Aber nun?
Am Donnerstag, dem 26. Juni, wurde ich von meinem Schwager Ludwik, der fließend deutsch sprach, begleitet. Wir gingen zur Hauptkommandantur am Saski Platz. Ich fragte nach einem Gesprächstermin bei General von Gienanth. Ich wurde von seinem Adjutanten, Hauptmann Beelitz, sehr liebenswürdig empfangen, und ich stellte ihm meinen Schwager Graf Plater-Zyberg vor, dessen Familie in Deutschland sehr bekannt war. Ich erklärte ihm die Gründe meines Besuches und unterstrich den Umstand, daß ich den General kannte. Er war mehrmals bei mir zu Hause in Winnogóra gewesen.
„Es tut mir leid", sagte der Hauptmann. „Der General ist für ein paar Tage abwesend. Er befindet sich in Spala. Von dort aus wird er morgen nach Berlin fahren. Wenn Sie möchten, kann ich ihn anrufen, um ihm Ihren Besuch mitzuteilen."
„Im voraus danke ich Ihnen. Richten Sie dem General meine freundlichen Grüße aus und mein Bedauern, ihn nicht

angetroffen zu haben. Fragen Sie ihn, an wen ich mich wenden soll.“ Er nahm den Hörer ab, wählte eine Nummer und wartete. Man hörte das Klingeln am anderen Ende der Leitung, doch es kam keine Antwort.

„Der General muß ausgegangen sein. Ich werde ihn also wahrscheinlich erst um elf Uhr erreichen können. Ist es Ihnen möglich, um halb zwölf zurückzukommen? Ich werde dann bestimmt seine Antwort haben.“

Wir hatten demnach eine Stunde vor uns, Zeit genug, um im Café „Frégate“ einen Kaffee zu trinken, an dem feinsten Ort Warschaus, dem Ort allen Klatsches, aller schlechten Nachrichten – gute gab es nie –, aller Hoffnungen und aller heimlichen Begegnungen.

Auf den Glockenschlag um halb zwölf standen wir vor Hauptmann Beelitz.

„Ich habe gute Nachrichten für Sie“, rief uns dieser zu, als wir hereinkamen. „Der General hat mich beauftragt, Ihnen zu sagen, wie sehr er es bedauert, Sie nicht sehen zu können. Er hofft, daß es Ihnen gelingen wird, Ihr Gut zurückzuerhalten. Er hat persönlich für Sie eine Verabredung mit General von Unruh arrangiert, dem Chefkommandanten der Stadt Warschau. Er wird Sie um sechzehn Uhr erwarten. Hier ist ein Passierschein für den Wachoffizier, der Sie hinführen wird.“

*

Nachdem wir unterwegs noch ein paar Einkäufe gemacht hatten, kamen wir gerade zur rechten Zeit zum Essen zu Marie. Stewit erwartete uns und war neugierig auf das Ergebnis meiner morgentlichen Verabredung.

„Das war eine ausgezeichnete Sache für uns“, freute er

sich, ,,daß Ludwik mitgegangen ist. So hat er die Möglichkeit, General von Unruh kennenzulernen. Das kann uns von Nutzen sein. Man erzählt viel Gutes über ihn. Selbstverständlich hat er keinen Einfluß auf die Gestapo und auf die SS. Aber was auch immer er für uns tut, es kann uns nur weiterhelfen. Sie werden mir dann später erzählen, was Sie für einen Eindruck von ihm haben. Ich werde, wie abgemacht, um sechs Uhr kommen.“

Gerade in dem Augenblick, als er hinausgehen wollte, trat Beba ein.

,,Gehen Sie noch nicht“, bat sie Stewit, ,,ich muß Ihnen von dem lustigen Zwischenfall erzählen, den ich heute morgen erlebt habe: Ich sollte, wie schon oft, einen ziemlich schweren Koffer voll Munition zu unserem Posten nach Bielany tragen. Normalerweise gehe ich zu Fuß. Diesmal beschloß ich, um Zeit zu gewinnen, mit der Straßenbahn zu fahren. Es gab viele Leute, und alle Sitzplätze waren belegt. Ich stand also im hinteren Wagen und hatte den Koffer zu meinen Füßen auf den Boden gestellt. An der zweiten Haltestelle entstand auf einmal Panik. Zwei Männer der Gestapo kamen herein und brüllten ‚Alle raus!‘ Die erschrockenen Menschen rafften ihre Taschen und Pakete zusammen und drängten hinaus. Die Männer der Gestapo brüllten weiter ‚Alle raus!‘ Auf dem gegenüberliegenden Gehweg begannen andere mit der Durchsuchung. Die Straßenbahn war leer. Auch die beiden Männer stiegen aus. Ich rührte mich nicht von der Stelle. Einer der beiden kam zurück. Er schaute unter den Sitzen nach. Gerade als er aussteigen wollte, sah er mich und herrschte mich an:

,,Haben Sie den Befehl auszusteigen, nicht gehört?“

,,Selbstverständlich habe ich ihn gehört.“

„Und?"
„Und? Sie sagten ‚alle raus'. Sehen sie nicht, daß ich nicht ‚alle' bin? Er sah mich scharf an, machte auf dem Absatz kehrt und ging hinaus. Die Leute stiegen wieder ein und die Straßenbahn setzte ihre Fahrt fort."
„Sie müssen aber Angst gehabt haben", meinte Stewit.
„Angst? Wissen Sie nicht, daß es, seitdem wir uns kennen, dieses Wort in unserer Familie nicht gibt?"
„Stimmt, ich hatte es vergessen, verzeihen Sie. Aber Sie sind noch einmal mit heiler Haut davongekommen."

*

General von Unruh empfing uns sehr zuvorkommend, als wären wir langjährige Freunde. Bei unserer Ankunft gab er mir einen kleinen Zettel. Darauf stand: ‚Achtung, Mikrophone!' Ich gab ihm den Zettel sofort zurück. Er zündete sich eine Zigarette an und mit der Flamme des Feuerzeugs ließ er das Papier über dem Aschenbecher verbrennen. Wir waren also gewarnt.
„Ich bin sehr glücklich", sprach der General, „Sie kennenzulernen. Mein Freund, General von Gienanth, hat sehr viel von Ihnen erzählt. Er hat mich heute morgen angerufen und mich gebeten, mich Ihrer Probleme anzunehmen. Leider muß ich gestehen, daß ich in der Sache, die Sie betrifft, ohnmächtig bin. Posen gehört jetzt zum Reich und wir, das Heer, haben keine Befugnis, uns in die Angelegenheiten der Gebietskommandantur einzumischen, was immer es auch sei. Die Zivilverwaltung mit dem Gauleiter Greiser an der Spitze beschließt alles. Das einzige, was ich für Sie tun kann, ist, Ihnen ein Empfehlungsschreiben für Polizeioberst Bethke, den ich kenne, mitzugeben. Darin

kann ich ihn bitten, Ihnen einen Termin mit Greiser zu erleichtern. Ich werde zuvor versuchen, ihn telefonisch zu benachrichtigen. Wie lange bleiben Sie in Warschau?"
„Ich muß spätestens am 29. dieses Monats Warschau verlassen."
„Kommen Sie vorher noch hierher. Wenn ich nicht da bin, was oft der Fall ist, wird meine Ordonnanz Ihnen den besagten Brief aushändigen. Ich wünsche Ihnen für die Zukunft viel Glück."
Er wandte sich, als er sich verabschiedete, noch an Ludwik:
„Wenn Sie je Hilfe brauchen sollten, zögern Sie nicht, kommen Sie zu mir. Sie müssen wissen, daß ich polnischer Herkunft bin. Ich verstehe Sie."

*

Stewit kam um sechs Uhr abends. Er war mit dem Bericht unseres Besuchs bei dem General und mit seinem Verhalten uns gegenüber zufrieden.
„Es wäre gut, denke ich, wenn Ludwik das nächste Mal allein hinginge, um den versprochenen Brief abzuholen. Es wäre sehr nützlich, wenn er dort bekannt würde. Ich weiß, daß es dem General mehrmals gelungen ist, Personen, die er kannte, aus den Fängen der Gestapo zu befreien. Jetzt erzählen Sie mir, mit wem Sie in Berlin in Beziehung standen, worüber Sie gesprochen haben und was für eine Stimmung beim Bekanntwerden des Angriffs auf die Sowjetunion herrschte. Nur nicht so eilig, ich möchte mir alles notieren."
Ich berichtete ihm ausführlich von meinen Gesprächen mit

den von Hoepfners, den Beschreibungen von Rudolf von Scheliha, von der allgemeinen Stimmung in den Straßen Berlins und von einem Volk, das sich seines Sieges nicht sicher war.
„Wir werden sie kriegen", äußerte Stewit überzeugt. „Es wird Zeit brauchen, und viele von uns werden es mit ihrem Leben bezahlen*, aber wir werden schließlich doch mit ihnen fertig werden. Sprechen wir jetzt vom Nächstliegenden, von unseren gegenseitigen Verbindungen und von Ihrer Möglichkeit, mit der Abwehr zu kollaborieren. Das wäre für uns sehr wichtig."
„Ich denke, daß es kein Problem geben wird, wenn sich der Offizier, den ich im Zug getroffen habe, als Mitarbeiter der Abwehr herausstellen würde. Im Augenblick ist es nur eine Vermutung, die sich aber bestätigen wird, wenn er nach Noirmoutier kommen sollte. In diesem Fall müßten Sie mir dann genaue Anweisungen geben, wie ich mich verhalten soll. Meinen Sie wirklich, daß es weder für Sie noch für mich ungefährlich ist, über Herrn Chojecki miteinander zu kommunizieren? Ich mißtraue den Leuten, die ich nicht kenne."
„Es ist gefahrlos, ich versichere es Ihnen. Ich vertraue ihm hundertprozentig. In dringenden Fällen benutzt er ein Sendegerät. Wir verwenden es allerdings nicht oft. Normalerweise korrespondieren wir durch verschlüsselte Nachrichten.
Sollte die Abwehr Sie nach London schicken, müssen Sie alles tun, um vorher noch einmal herzukommen. Ich hätte Ihnen für diesen Fall eine Menge Maßregeln und Mikrofilme mit auf den Weg zu geben. Es wäre unbedingt erfor-

* Stewit ist im Oktober 1942 ums Leben gekommen.

derlich, daß ich Sie vor Ihrer Abfahrt noch persönlich sehe. Unsere Situation wird zur Zeit immer schwieriger. In London ist man sich dessen nicht bewußt. Diese offizielle Militärorganisation ZWZ* verlangt, daß wir uns ihr völlig unterwerfen. Ich kann das nicht akzeptieren. Wir müssen unabhängig bleiben. Wir sind London und den Engländern keine Rechenschaft schuldig. Unsere Unabhängigkeit ist eine absolute Notwendigkeit, um weiter gute Arbeit leisten zu können. Alle Informationen über die ZWZ weiterzuleiten, wäre ein großer Fehler. Es wäre Zeitverschwendung und würde die Wirksamkeit dieser Informationen sehr mindern. Das Sicherheitsrisiko wäre auch viel zu groß für uns. Die ZWZ hat unsere Kredite gesperrt, und unser Sendegerät pfeift aus dem letzten Loch. Ich vermute, daß dahinter irgendein persönlicher Ehrgeiz steckt. Was mich angeht, so habe ich keinen Ehrgeiz, bis vielleicht auf diesen: meiner Heimat möglichst gute Dienste zu leisten, und mein Leben in einem freien Polen zu beenden."

Bis spät in die Nacht setzte mir Stewit die Situation in Polen auseinander: den Ehrgeiz der einen, die Intrigen der anderen, die Kämpfe um die Macht, die Rivalitäten und die Konflikte innerhalb der verschiedenen politischen Richtungen.

„Ich sehe nicht ein", erzählte er mir niedergeschlagen, „warum wir uns trotz unserer Differenzen nicht einig bleiben sollten, um uns gegenseitig zu unterstützen. Warum diese vielen Eifersüchteleien? Ich glaube gern, daß sie alle vom gleichen Patriotismus bewegt werden, daß sie gute Arbeit leisten, oft sogar Helden sind – aber letztlich alle mit dem gleichen Ziel, und zwar die Situation zu ihren eigenen Gunsten zu wenden."

* Abk. für die polnische Organisation „Związek Walki Zbrojnej"

,,In den meisten Ländern", warf ich ein, ,,ist es vielleicht noch schlimmer als bei uns. Sehen Sie sich doch nur Spanien, Italien und die vielen anderen Staaten an. Seit die Welt besteht, ist das so und wird so bleiben. Man darf nicht zu viel darüber nachdenken. Wir haben jetzt wichtige Entscheidungen zu treffen. Was soll ich mit dem Brief, den mir General von Unruh geben wird, machen? Soll ich nach Posen gehen und so tun, als wollte ich Winnogóra wiedergewinnen? Ich muß gestehen, daß ich dazu keine große Lust habe. Ich habe es eilig, nach Frankreich zurückzukehren und meine Arbeit wiederaufzunehmen. Außerdem möchte ich den möglichen Besuch des rätselhaften Offiziers aus dem Zug nicht versäumen."

,,Ich stimme Ihnen zu, daß das wichtig ist. Sie können aber auch nicht die Bemühungen des Generals in den Wind schlagen. Sie müssen also, wenn auch in aller Eile, über Posen fahren. Morgen vormittag könnte Ludwik den Brief abholen. Anschließend würden Sie um halb drei den Zug nach Posen nehmen."

,,Wenn der Brief erst einmal vorliegt, wird alles gut laufen. Es ist jetzt nach Mitternacht und nach den vielen Aufregungen Zeit, sich auszuruhen. Kommen Sie morgen gegen Mittag mit Ihren letzten Anweisungen. Schlafen Sie nun gut."

Er ging vorsichtig durch die Gartentür hinaus.

Am nächsten Tag, dem 28. Juni, brachte mir Ludwik den Brief. Nach einem ergreifenden Abschied von Stewit und der ganzen Familie nahm ich um halb drei, wie besprochen, meinen Zug.

*

Posen! Die Stadt, die ich so gut kannte, diese Stadt, wo in einer Klinik unsere beiden Söhne Christophe und André

geboren wurden, wo im großen Goldsaal des Hotels „Bazar“ zweimal im Jahr die schönsten Bälle der ganzen Provinz stattfanden, und wo die Geschäfte denen von Paris glichen. Diese Stadt war mir jetzt fremd geworden, wirkte auf mich unbekannt, beinahe feindlich. Je schneller ich sie wieder verlassen konnte, desto besser.
Am 29. Juni, nach einer Nacht im Hotel „Bazar“, begab ich mich zum Polizeipräsidium und fragte nach Polizeioberst Bethke, an den der Brief des Generals gerichtet war. Er empfing mich kühl, aber freundlich, und sagte mir, daß er von General von Unruh bereits über meinen Besuch unterrichtet worden sei.
„Leider“, teilte er mir mit, „kann ich für Sie kein Treffen mit Gauleiter Greiser organisieren. Er betreut lediglich die Polen, die aus der Provinz vertrieben wurden. Für Ihre Angelegenheit gibt es ein besonderes Büro in Berlin Halensee. Die zuständige Person am Ort ist der SS-Offizier Döhring, Kaiserring 13. Er ist aber im Augenblick dort nicht anwesend.“
Ich war informiert. Mein Vorhaben und mein Aufenthalt in Posen waren beendet. Den von Hoepfners schickte ich ein Telegramm und nahm mittags den Zug um zehn vor zwei nach Berlin.

*

Frau von Hoepfner erwartete mich am Bahnhof. Wir fuhren direkt zu ihnen nach Hause. Die Eheleute sahen sehr bekümmert aus, weil sie weder von ihrem Sohn Harold noch von ihrer Tochter Erika, die sich beide irgendwo an der Ostfront befanden, etwas gehört hatten.
Am nächsten Tag, dem 30. Juni, wollte ich, gemäß Stewits

Anweisungen, die allgemeine Stimmung in der Bevölkerung erkunden. Ich nahm also mit Freude den Vorschlag von Frau von Hoepfner an, am Nachmittag mit ihr einkaufen zu gehen. Überall war dieselbe Gedrücktheit zu spüren, das Erschrecken, wenn braune oder schwarze Uniformen zu sehen waren. Dagegen war das Verhalten der Bevölkerung gegenüber Soldaten und Offizieren der Wehrmacht deutlich zwangloser.
Nachdem wir zurückgekehrt waren, kam auch bald Oberst von Hoepfner. Wir diskutierten den ganzen Abend über die Probleme dieser Welt.
„Ich habe", erzählte der Oberst, „persönlich Nachforschungen über Ihren Freund Scheliha angestellt. Er zeigt sich zu offensichtlich gegen das Regime eingestellt und verbirgt seine Ansichten nicht. Ich fürchte, das wird übel enden. Man kann es vielleicht Mut nennen, aber Mut wofür? Das führt nur ins Verderben. Die einsamen Kämpfer haben hier gegen die Gestapo und die SS, die alles kontrollieren und zur Zeit die stärkeren sind, keine Chance. Man bräuchte einen allgemeinen Aufruhr, vom Ausland unterstützt. Die Engländer müßten aber deutlich machen, daß sie gegen Hitler und das Naziregime kämpfen, und nicht gegen das gesamte deutsche Volk."
„Ich bin da ganz Ihrer Meinung. Aber die Engländer sehen heute nur ein unterwürfiges Volk, das Hakenkreuze schwingt und bei jeder Veranstaltung, die vom Regime organisiert wird, ‚Heil Hitler' schreit. Vielleicht tun sie es aus Angst, aber ihr Verhalten wirkt eindeutig zustimmend. Wie soll man den Engländern verständlich machen, daß sich in diesem Volk eine große Zahl von Menschen gegen das Regime stemmt? Die Lage in der Sowjetunion ist in diesem Punkt sicherlich vergleichbar. Wer würde es wa-

gen, gegen Stalin aufzustehen? Derjenige, der so etwas unternehmen würde, riskierte, ausgelöscht zu werden, bevor er überhaupt Zeit hätte, irgend etwas auszurichten."

„Es ist vergeblich, zu dritt die Welt retten zu wollen", unterbrach uns Frau von Hoepfner. „Es wird uns nicht gelingen. Ich schlage also vor, daß wir ins Bett gehen. Vor allem für Sie ist es Zeit, da Sie morgen früh den Zug nach Paris nehmen wollen. Mein Mann wird Sie auf seinem Weg ins Büro am Bahnhof absetzen können."

„Sie haben recht. Ich werde morgen einen anstrengenden Tag haben. Ich danke Ihnen von ganzem Herzen für Ihre Gastfreundschaft. Wer weiß, ob wir uns jemals wiedersehen? Ich werde Sie über meine Vorhaben auf dem laufenden halten. Es kann gut sein, daß ich meinem Mann nach Brasilien folge, wenn es sich bestätigt, daß er sich dort aufhält. Ich würde mich freuen, von Ihnen und den Ihren zu hören."

„Aber ja, wir versprechen, Ihnen zu schreiben – und bleiben Sie guten Mutes", erwiderte der Oberst freundlich. „Wie heißt es so schön?:

‚Hab Sonne im Herzen, ob's stürmt oder schneit,
Ob der Himmel voll Wolken, die Erde voll Streit.'"

*

Am Nachmittag des 1. Juli 1941 kam ich im Pariser Ostbahnhof an und telefonierte sogleich mit der Marquise. Wir verabredeten uns, wie zwei Wochen zuvor bei meiner Abreise nach Berlin, in dem bereits bekannten Café. Es gab nur wenige Gäste, und ich sah sie sofort am hinteren Ende des Lokals.

„Guten Tag, Marquise. Ich hatte versprochen, auf meiner

Rückreise mich mit Ihnen in Verbindung zu setzen. Haben Sie etwas von Dr. Schwerbel gehört?"
„Nein, und ich weiß immer noch nichts. Sein Privatanschluß bleibt stumm. Sein Vertreter gibt keine Erklärungen ab. Er sagt, daß Dr. Schwerbel eine Vorladung nach Berlin habe. Die Zusammenarbeit mit diesem Stellvertreter ist nicht leicht. Er hat überhaupt kein Verständnis. Meine Arbeit wird immer schwerer. Ich kümmere mich nach wie vor um die Empfangsstelle, aber ich habe kein Recht mehr, den Gefangenen Post oder Pakete zu bringen. Selbst das winzigste Päckchen wird untersucht, und die Wärter bringen es selbst den Gefangenen. Ich kenne nicht einmal mehr die Namen der neuen Inhaftierten und ich bin mir nicht sicher, ob es überhaupt noch welche gibt."
Sie war völlig entmutigt. Ich versuchte vergeblich, sie wieder aufzurichten, obwohl ich mich sehr bemühte.
„Machen Sie sich nicht so viele Sorgen. Er ist jetzt gerade zwei Wochen weg. Es kann sein, daß er in ein anderes Land versetzt wurde, vielleicht nach Polen, da er die Sprache spricht. Oder er ist befördert worden und mußte in Berlin bleiben. Das ist gut möglich, denken Sie nicht?"
„Bei all diesen Gerüchten weiß ich nicht mehr, was ich glauben soll. Aber im Grunde ist mir nicht recht wohl bei der ganzen Sache. Es könnte sein, daß er ein britischer Agent ist. Sein Verhalten uns gegenüber war manchmal sehr merkwürdig."
„Geben Sie mir Bescheid, wenn Sie etwas erfahren", bat ich sie, „eine kleine Karte wird genügen. Jetzt muß ich mich von Ihnen verabschieden. Ich muß zur Kommandantur, um Quartierscheine zu bekommen. Morgen fahre ich nach Noirmoutier zurück und nehme meine Arbeit wieder auf."

Am nächsten Tag fuhr ich jedoch noch nicht nach Hause. Ich mußte vorher Herrn Chojecki treffen. In der Früh gegen elf Uhr klingelte ich an der Tür der Nummer 14 in der Rue de Montevideo, so, wie es Stewit angeordnet hatte. Eine große, elegante, dunkelhaarige Frau öffnete. Ich sprach sie an:
„Ich möchte Herrn Chojecki sehen. Ich komme aus Warschau auf Empfehlung meines Freundes Stefan Witkowski."
Die Frau fuhr zusammen, sie zögerte.
„Ich bin Frau Chojecki. Mein Mann ist heute morgen außer Haus. Er wird erst gegen drei Uhr nachmittags Zeit haben. Es wäre besser, wenn Sie ihn in der Stadt treffen würden. In welchem Stadtviertel wäre es Ihnen recht?"
„Ich kenne Paris nicht besonders gut, aber wenn es Ihnen nichts ausmacht – mir wäre das Opernviertel lieb."
„Das trifft sich gut. Es gibt an dem Platz der Oper ein Café, wo wir Stammgäste sind, das Café ‚Wetzel'. Setzen Sie sich draußen an einen kleinen Tisch. Nachmittags sind nur wenige Leute dort. Legen Sie dieses Buch auf den Tisch."
Sie machte die Schublade einer Kommode auf und zog ein Buch heraus, das in dunkelgrünes Papier eingeschlagen war. Es war ein Kriminalroman von Georges Simenon.
„Ach", fügte sie noch hinzu, „ich hätte es fast vergessen – haben Sie das Erkennungszeichen von Witkowski?"
Ich zog die Münze, die Stewit mir gegeben hatte, aus der Tasche.
„Alles in Ordnung. Ich werde meinen Mann unterrichten. Wenn er vor Ihnen ankommt, werden Sie ihn daran erkennen, daß er das gleiche Buch hat wie Sie. Heute abend sind wir leider schon verabredet. Könnten Sie vielleicht morgen nachmittag zu uns kommen? Es würde mich freuen, Neuigkeiten aus der Heimat zu hören."

„Das tut mir leid, aber ich muß morgen früh um neun Uhr mit dem Zug nach Nantes fahren. Ein anderes Mal vielleicht, wenn ich wieder in Paris bin.“
Um drei Uhr nachmittags betrat ich das Café „Wetzel“. Nur drei Tische waren auf der Terrasse besetzt. Niemand hatte ein grünes Buch bei sich. Ich setzte mich möglichst weit weg von den anderen Tischen, bestellte einen Kaffee und legte das Buch auffällig vor mich hin. Wenige Minuten später sah ich einen sehr vornehm gekleideten Herren kommen. Nachdem er sich im Lokal umgesehen hatte, kam er auf mich zu und plazierte ein Buch, das in grünes Papier eingeschlagen war, neben meines.
„Willkommen in Paris“, begrüßte er mich ernst. „Was bringen Sie mir für Nachrichten?“
Er setzte sich und bestellte einen Kaffee.
„Wie Sie bereits wissen, hat Stewit mich hierhergeschickt. Es geht darum, über Sie, Herr Chojecki, eine Verbindung zwischen ihm und mir herzustellen. Das ist sein Anliegen, natürlich nur, wenn Sie einverstanden sind. Ich habe die Möglichkeit, an Auskünfte über das Militär heranzukommen, die für ihn ziemlich wichtig sind. Doch das Problem ist: Wie soll ich meine Informationen an ihn weiterleiten? Aus diesem Grund schickt er mich zu Ihnen. Was würden Sie vorschlagen?“
„Ich will nicht zudringlich sein. Sie wissen, daß es in unserem Metier am besten ist,wenn man nur wenig voneinander weiß. Aber ich muß mir eine Vorstellung von Ihnen machen können. Ihre Adresse ist notwendig, sowie die Uhrzeiten und Orte, wo ich Sie leicht erreichen kann.“
In wenigen Worten entwarf ich ihm ein Bild von meiner Tätigkeit in Noirmoutier und von meiner privilegierten Stellung auf der Insel.

„Jetzt hören sie zu“, forderte er leise. „An dem Tag, an dem Sie dringende und wichtige Mitteilungen zu machen haben, werden Sie mir postlagernd eine Postkarte schicken, auf der das Meer abgebildet ist, und zwar adressiert an Mademoiselle Simone Coquelin, Postzentrale, Rue du Louvre. Wenn die Information nicht sehr dringlich ist, sollte auf der Postkarte irgend etwas, aber nicht das Meer abgebildet sein. In beiden Fällen werden einige freundliche Worte reichen. Unterschreiben Sie nur mit einem Vornamen, wie zum Beispiel ‚Marie‘. Sobald ich Ihre Nachricht erhalte, werde ich jemanden zu Ihnen schicken, dem Sie mündlich Ihre Informationen für Stewit mitteilen werden. Sie dürfen unter keinen Umständen etwas schreiben! Diese Person wird wie ein Fischer gekleidet sein. Sie wird Ihnen die Erkennungsmünze zeigen, und Sie ihr die Ihre. Im Falle, daß ich von Stewit Instruktionen oder Nachrichten für Sie habe, werde ich es Sie im voraus wissen lassen, indem ich Ihnen eine Postkarte mit dem Motiv des Eiffelturms schicke. Dieses Mal wird dann der Kurier ein deutscher Offizier sein, dem Sie schriftliche Informationen geben können. Was das Kennzeichen betrifft, so gilt dasselbe wie bei dem Fischer. Ich glaube, daß alles klar und einfach ist, nicht wahr?“

„Ja. Klarer und einfacher, als ich je gedacht hätte. Man merkt sofort, daß Sie daran gewöhnt sind, solche Dinge zu organisieren. Ich muß noch etwas Wichtiges hinzufügen: Erstens, der Fischer-Kurier wird mich zwischen neun und zwölf Uhr an der Hafenüberwachungsstelle treffen. Er wird nur aufpassen müssen, daß er auf keine anderen Fischer trifft. Zweitens, der deutsche Offizier muß dagegen nachmittags zur Kommandantur kommen, die sich im Rathaus befindet. Er wird nach Quartierscheinen fragen. Ich werde versuchen, mit ihm hinauszugehen.“

„Es wird bestimmt gutgehen", erwiderte mir Herr Chojecki. „Es sei denn, daß . . ."
„Es sei denn, daß was?"
„Daß wir, Sie oder ich, inzwischen verhaftet worden sind. Das kommt auch mal vor. Ich denke daher, daß es besser ist, wenn Sie nicht zu uns kommen würden, wie meine Frau es sich gewünscht hat. Man kann nie vorsichtig genug sein. Wir dürfen keine zusätzlichen Risiken eingehen. Ich sage Ihnen daher nicht ‚auf Wiedersehen', sondern nur ‚viel Glück'."
Er stand auf, nahm beide Bücher an sich und verließ die Terrasse. Ich verbrachte den Rest des Tages bei den Chaumonts.

*

Am Freitag, dem 4. Juli, nahm ich meine gewöhnliche Tätigkeit im Hafen und im Rathaus wieder auf. Die Arbeit war recht eintönig geworden. Ich hatte den Eindruck, mich im Kreis zu bewegen, wie das alte Pferd in Winnogóra, das das Brunnenwasser hochpumpte. Es hatte mich immer traurig gestimmt, daß es sich wieder und wieder drehen mußte, ohne den Kreis verlassen zu dürfen.
Ich hatte es eilig, etwas Nützliches für Stewit, die „Musketiere" und die Alliierten zu tun. Die Tage und Wochen verstrichen ohne das geringste Ereignis, kurz – ohne irgendeine Hoffnung. Ich führte mit den von Hoepfners aus Berlin einen lebhaften Briefwechsel. Ich hoffte, in ihren Briefen einige Hinweise über den Verlauf des Krieges zu finden. Immer wieder wurde ich enttäuscht.
Trotz allem kam ich nicht in Gefahr, mich zu langweilen. Ich hatte die Kinder, die Freunde aus Paris, die dieses Jahr

immer zahlreicher wurden, und meine vielen Freunde in Noirmoutier. Und es gab glücklicherweise Ilmi. Ihre Jugend, ihre Schönheit und ihre Fröhlichkeit waren wie Sonnenstrahlen, die durch den grauen Himmel hindurchschimmerten. Es ist zwar wahr, daß der Himmel in Noirmoutier nie grau wird, aber die Stimmung wurde immer trübseliger. Die Leute begannen langsam mutlos zu werden. Man hatte den Eindruck, in einem Tunnel zu stecken und das Licht am anderen Ende nicht mehr zu sehen.
Da kam ein Tag, Anfang September, an dem der Bezirkskommissar Schmitz aus Les Sables d'Olonne erschien. Er brachte mir einen rätselhaften Brief, der von einem Dr. Alexander unterzeichnet war und mit „Heil Hitler" endete, was sicherlich für die Zensur bestimmt war. Als ich ihn las, begriff ich sofort, daß es sich bei dem Absender um meinen Offizier aus dem Zug Paris–Angers handeln mußte. Aber warum unterschrieb er mit „Dr. Alexander"? Ich wollte mehr darüber wissen. Ich wußte, daß er Leutnant und sogar Stabsoffizier war. Ich hatte im Zug alle Abzeichen dieses Ranges an ihm gesehen. Seine Unterschrift nun konnte nur unseren Eindruck bestätigen, daß er einem Geheimdienst angehörte, wahrscheinlich der Abwehr. Umso besser!
In seinem Brief schrieb er:
„Sie erinnern sich vielleicht noch an unsere Begegnung im Juni im Zug auf der Strecke Paris-Angers. Sie hatten mir gesagt, daß Sie Dolmetscherin in einem Büro an der Küste sind, ohne genauer den Ort oder das Departement zu nennen. Seit diesem Tag habe ich alles unternommen, um Ihre Spur wiederzufinden. Wenn Sie nichts dagegen haben, möchte ich Sie in Noirmoutier besuchen."
Es folgte seine Adresse, seine Unterschrift und das „Heil Hitler".

Ich mochte dieses ,,Heil Hitler" überhaupt nicht, aber ich mußte trotzdem antworten. Ich schrieb ihm also, daß ich mich an unsere kurze Begegnung erinnerte, und schilderte ihm in wenigen Worten die Schönheit und die Besonderheit der Insel. Zum Schluß versicherte ich ihm, daß ich glücklich wäre, ihn zu sehen.
Zwei Tage später – es war ein Sonntag –, als ich mit den Kindern aus der Messe kam, ging ich am Büro der Kommandantur vorbei, um einen Brief zu holen, den ich für den darauffolgenden Tag zu übersetzen versprochen hatte. An diesem Tag stand Altmann Wache. Er erzählte mir, daß über Le Gois um drei Uhr in der Früh ein Offizier angekommen wäre. Er hätte bei den Posten am Zugang zur Insel nach mir und meiner Adresse gefragt. Ich wußte sofort Bescheid. Er war da!
Ich holte die Kinder, die vor dem Rathaus auf mich warteten, und alle drei fuhren wir mit den Fahrrädern nach Hause. Auf halber Strecke traf ich ihn. Er war in Zivil und ging zu Fuß. Ich erkannte ihn trotz dieser Kleidung, die ihn älter und häßlicher aussehen ließ. In Uniform und mit den Rangabzeichen hatte er Schneid. So aber wirkte er äußerst unscheinbar.
,,Da sind Sie ja schon", begrüßte ich ihn atemlos, während ich vom Fahrrad stieg. ,,Die Post geht schnell. Ich habe erst vorgestern meinen Brief eingeworfen."
,,Ich habe Ihren Brief noch nicht bekommen, aber ich hatte es eilig, Sie wiederzusehen. Sie sind immer noch so schön. Ich hoffe, ich störe nicht. Ich habe an diesem Sonntag dienstfrei, da habe ich es ausgenutzt und diese kleine Reise von Angers nach Noirmoutier gemacht."
,,In welchem Hotel sind Sie abgestiegen?"
,,Im Hotel ‚Saint Paul'. Die Posten heute nacht haben es mir empfohlen."

„Es ist bei weitem das beste auf der Insel. Man ißt dort sehr gut. Die Kinder und ich, wir essen dort zu Mittag."
„Wenn das so ist, würden Sie mir die Freude machen, heute mein Gast zu sein, selbstverständlich mit den Kindern?"
„Ich nehme mit Vergnügen an, aber ich möchte doch die Kinder lieber bei einer Freundin absetzen, die sie dann später auch zum Strand bringen wird. Ich verlasse Sie jetzt. Ich werde Sie gegen ein Uhr im Hotel ‚Saint Paul' treffen."
Ich vertraute die Kinder Madame Caillaud und ihrer Tochter Marie-Thérèse an, die sich den ganzen Tag um sie kümmern würden. Ich war nun frei, um meiner neuen Herausforderung zu trotzen – der Abwehr. Dieser Mensch war mir unsympathisch, aber das war im Grunde unwichtig.
Um ein Uhr kam ich mit dem Fahrrad im Hotel an. Er wartete auf mich in der Hotelhalle. Wir gingen sogleich ins Restaurant, wo ich einen Tisch bestellte hatte. Wir saßen kaum, als er mich schon bestürmte: Es sei im Zug Liebe auf den ersten Blick gewesen . . . er könne mich nicht vergessen . . . er habe sich alle Mühe gegeben herauszufinden, wo ich wäre . . . wo ich arbeiten würde . . . meine Adresse . . . Und so weiter. Ich hörte zu und schwieg. Was hätte ich sagen können? Im Hotel war es unmöglich, ernste Dinge anzusprechen. Ich versuchte, das Gespräch – eher seinen Monolog – auf etwas anderes zu lenken. Vergebliche Mühe!
Schließlich, als das Essen zu Ende war, schlug ich ihm vor, an den Strand zu gehen, wo wir uns in aller Ruhe ohne Zeugen unterhalten könnten. Das war ihm recht. Der kleine Strand von Anse Rouge schien der geeignete Ort zu sein. Wir setzten uns dort an einen Felsen in den Sand. Um keine Zeit zu verlieren und ihm die Aufgabe zu erleichtern, startete ich einen Frontalangriff:
„Ich glaube nicht an all diese schönen Erklärungen. Was

ist der wahre Grund Ihres Besuchs? Sind Sie von der Gestapo oder von der Abwehr? Ich rate Ihnen, mit offenen Karten zu spielen. Das wird unsere Beziehung erleichtern. Glauben Sie nicht?"

Eine solche Frage hatte er nicht erwartet. Er geriet in Verlegenheit, wußte nicht, was er antworten sollte, und fing an zu stottern. „Sie irren sich. Was ich sagte, ist die Wahrheit, denn . . ."

Ich unterbrach ihn.

„Nein, ich irre mich nicht. Ich weiß Bescheid. Kommen Sie schon. Sagen Sie mir die Wahrheit."

„Nun gut, es ist wahr. Seit kurzem bin ich bei der Abwehr. Ich war Lagergehilfe bei einem Divisionskommandanten in Angers. Bei dem, was ich jetzt tue, handelt es sich um eine ganze andere Arbeit."

„So ist das also. Ich habe es gewußt. Versuchen Sie nicht, ein doppeltes Spiel zu spielen. Sagen Sie mir geradeheraus: Was erwarten Sie von mir?"

Er sah sehr verwirrt aus, wie ein Kind, das man bei einer Lüge ertappt hatte.

„Wie ich Ihnen schon gesagt habe", fuhr er zögernd fort, „ich habe Nachforschungen über Sie angestellt. Ihnen wurde ungerechterweise Ihr Gut beschlagnahmt. Ich habe mir überlegt, daß wir es Ihnen zurückgeben könnten, wenn Sie uns einige Dienste leisten würden."

„Welche Dienste?"

„Man müßte das vereinbaren und mit meinem Vorgesetzten klären. Man bräuchte auch die Zustimmung aus Berlin. Wir benötigen jedenfalls dringend Agenten für England."

„England? Aber Sie glauben doch wohl nicht, daß ich mit meinen Kindern unter Ihren Bomben herumlaufen werde? Das kommt nicht in Frage!"

„Warum mit den Kindern? Sie könnten sie in Noirmoutier lassen. Wir übernehmen alles. Wir werden ein gutes Kindermädchen besorgen und zusehen, daß es Ihnen an nichts fehlt."
„Nein, ich bin damit nicht einverstanden, sie bei Fremden zu lassen. Ich habe einen anderen Vorschlag. Ich könnte meine Mutter aufsuchen und ihr vorschlagen, hierherzukommen, oder, als andere Möglichkeit, die Kinder zu sich zu nehmen. Laut letzter Nachrichten ist sie noch immer auf ihrem Gut in Wysuczka. Das Schloß ist von disziplinlosen Soldaten aus der Sowjetunion völlig verwüstet worden. Mein Vater wurde deportiert, keiner weiß, wohin er kam oder was aus ihm geworden ist. Glücklicherweise hat meine Mutter all diese Katastrophen überlebt. Ich vermute, daß sie zustimmen würde, nach Noirmoutier zu kommen. Könnten Sie mir nicht diese Reise ermöglichen?"
„Ich werde das mit meinem Chef in Angers besprechen. Ich werde möglichst rasch zurückkommen, um Ihnen eine Antwort zu geben. Wir werden dann alles weitere entscheiden."
„Ich werde meiner Mutter auf jeden Fall schreiben, auch wenn es kaum eine Chance gibt, daß sie meinen Brief erhält. Die Postverbindung in dieser Region, die vor kurzem von Ihrem Heer erobert wurde, ist noch nicht wiederhergestellt. Könnten wir jetzt eine Rundfahrt auf der Insel machen? Ich möchte Ihnen alle schönen Landstriche zeigen. Sie haben einen Wagen, nicht wahr? Wir könnten in L'Herbaudière eine Rast einlegen, im Hauptfischereihafen, um seine Spezialität zu kosten: frische, gegrillte Sardinen – sie sind köstlich. Sie werden sehen. Danach muß ich nach Hause, um mich um die Kinder zu kümmern.
Wir verabschiedeten uns gegen sieben Uhr abends als gute Kameraden.

Ich schrieb nicht meiner Mutter, sondern schickte Fräulein Simone Coquelin eine Postkarte mit einer Ansicht vom Meer. Ich mußte nun auf Herrn Chojeckis Kurier warten.
Er kam ein paar Tage später. Ich war in der Hafenüberwachungsstelle mit dem Zollbeamten Sommer, als ich einen Fischer in Regenmantel bemerkte, der am Kai auf und ab ging. Ich beobachtete ihn durch die Glastür. Er hatte wahrscheinlich gesehen, daß ich nicht allein war und wagte nicht, hereinzukommen.
Wie sollte ich Sommer loswerden? Ich sah keine Möglichkeit. So ein Pech! Normalerweise war ich zur Zeit der Ebbe allein, da die Fischerboote weder hinausfuhren noch zurückkehrten. Gerade dieses Mal war Sommer da, in eine Morgenzeitung vertieft. Ich wußte nicht, was ich tun sollte. Das Telephon klingelte. Ich nahm den Hörer ab.
„Hier Heinrich. Ist Sommer da? Gut. Sagen Sie ihm, er soll sofort nach L'Herbaudière kommen. Es gibt einen Streit im Hafen zwischen den Fischern von der Insel Yeu und denen von hier."
„Möchten Sie mit ihm sprechen?"
„Nein, es ist nicht nötig. Sagen Sie ihm, er soll sich beeilen."
Er legte auf. Ich war so glücklich, diesen Befehl seines Vorgesetzten zu wiederholen. Sommer stand auf, faltete seine Zeitung zusammen, steckte sie in seine Tasche, zog seinen Regenmantel an und ging hinaus. Ich sah ihn, wie er sich auf seinem Fahrrad entfernte.
Ich öffnete die Tür und winkte dem unbekannten Seemann. Er kam sofort herein und legte eine falsche Zehndollarmünze vor mich auf den kleinen Tisch. Ich zeigte ihm die meine und sagte: „Gemäß den Anordnungen darf ich Ihnen nichts Schriftliches aushändigen, sondern kann nur münd-

liche Mitteilungen machen. Ich hoffe, daß Sie ein gutes Gedächtnis haben. Ich werde mich möglichst kurz fassen. Also: ,Verbindung hergestellt. Vorschlag, mich nach England zu schicken. Vorher Möglichkeit, nach Warschau zu kommen. Warte auf Bestätigung aus Berlin. Bitte um detaillierte Anweisungen.'"

Er wiederholte die Nachricht mehrere Male, dann sprach er mich auf polnisch an: „Ich muß jetzt gehen. Ich bin über Fromentine gekommen. In einer Stunde fährt das kleine Boot wieder zurück. Viel Glück!"

„Ihnen auch", wünschte ich ihm.

Er ging hinaus.

Wer war er? Woher kam er? Ich hatte ihn nicht fragen wollen. ‚Je weniger man voneinander weiß, desto besser', hatte man uns in Warschau eingeschärft. Er sah wie ein polnischer Offizier aus. Warum hätte er es nicht sein sollen? Es gab unter ihnen viele, die fließend deutsch und französisch sprachen, besonders bei der Kavallerie.

Hoffentlich würde meine Nachricht Stewit erreichen. Nun mußte ich auf die Anweisungen warten, die – von Chojecki angekündigt – der zweite Kurier mir bringen sollte, dieser „deutsche Offizier".

Inzwischen wollte ich mit der Vorbereitung des Berichts beginnen, den Stewit auf Mikrofilm aufnehmen würde, damit ich ihn mit nach London nehmen konnte. Diesen von Noirmoutier nach Warschau zu befördern, würde die eigentliche Aufgabe sein! Zwar würde der zweite Kurier den schriftlichen Bericht erst mitnehmen, aber später wäre ich mit dem Film auf mich alleine angewiesen. Ich hatte keine Angst davor, weil ich sicher war, die dazu notwendigen, offiziellen deutschen Papiere bekommen zu können.

Am darauffolgenden Tag machte ich mich mit Ilmis Hilfe

an die Arbeit. Bei ihr konnte ich alle meine Notizen und Dokumente lassen. Ich wußte schon einiges über die allgemeine Lage und die Verteidigung der Küste. Darüber hinaus würde ich mich der Unterlagen des Zollgrenzschutzes bedienen. Ich beschloß, meinen Bericht gleich auf englisch zu verfassen. Das würde Stewit die Arbeit erleichtern.

Mitte Oktober tauchte unerwartet Dr. Alexander auf.

„Ich habe eine gute Nachricht für Sie", kündigte er mir an, als er mein Büro in der Kommandantur betrat. „Meine Vorgesetzten in Angers und in Berlin stimmen Ihrer Reise nach Polen zu, aus den Gründen, die wir schon besprochen haben. Hoffen wir, daß alles nach Plan verläuft. Was meinen Sie?"

„Ich bin von Natur aus optimistisch. Es ist nicht leicht, die Schwierigkeiten vorauszusehen. Aber es lohnt sich, es auszuprobieren. Ich nehme an, daß viele Behördengänge zu erledigen sind, für den Paß, die Ausreiseerlaubnis aus Polen, das Transitvisum für Deutschland und ein anderes für Frankreich. Darüber hinaus muß ich noch die Reisekosten organisieren. Ich werde mir zu helfen wissen, und meine Schwestern in Warschau werden mich unterstützen. Überhaupt wird es für meine Mutter, für mich und die Kinder wunderbar sein. Wenn sie da ist, werde ich wirklich frei sein."

„Ja, darauf setzen wir. Was Ihre Reise betrifft, so muß ich Ihnen sagen, daß Sie persönlich bei der Kommandantur 605 in La Roche-sur-Yon nach den notwendigen Papieren fragen müssen. Für den Fall, daß man Ihnen Schwierigkeiten macht, sagen Sie nur, daß man in der Feldkommandantur 588 in Tours anrufen und nach Dr. Alexander fragen soll."

„Und wenn sie sich weigern?"

„Sie können sich nicht weigern. Sobald Sie die Papiere haben und der Zeitpunkt Ihrer Abfahrt feststeht, müssen Sie ihn mir mitteilen. Ich muß wissen, zu welcher Uhrzeit Sie in Paris ankommen. Ich werde Sie am Bahnhof erwarten."
Einige Tage später sollte sich der Zollsekretär, ein Offizier, der für die vier Grenzübergänge der Insel zuständig war, dienstlich nach La Roche-sur-Yon begeben. Ich nutzte diese Gelegenheit aus und begleitete ihn.
Ich kannte die Örtlichkeiten gut und begab mich sofort ins Büro von Hauptmann Kohlenberger. Er empfing mich liebenswürdig wie immer.
„Ich freue mich, Sie zu sehen. Was kann ich für Sie tun?"
In knappen Worten schilderte ich ihm die tragische Situation meiner Mutter auf ihrem von den Sowjets verwüsteten Gut in Wysuczka. Ich erklärte ihm, daß es notwendig sei, sie bei mir zu haben, damit sie sich während meiner Arbeitszeit und meiner Abwesenheit um die Kinder kümmern konnte.
„Ich verstehe Sie", versicherte mir der Hauptmann. „Leider überschreitet Ihr Wunsch meine Kompetenz. Ich kann Ihrem Antrag nicht stattgeben."
„Für diesen Fall hat man mir aufgetragen, Ihnen zu sagen, daß Sie die Feldkommandantur 588 in Tours anzurufen und nach Dr. Alexander zu fragen hätten."
Er zögerte einen Augenblick, nahm dann den Hörer ab und wählte die Nummer der Feldkommandantur. Er fragte nach Dr. Alexander.
„Hier ist die Sekretärin von Dr. Alexander, Fräulein Stein. Dr. Alexander ist heute den ganzen Tag außer Haus. Worum geht es?"
Kohlenberger erklärte es ihr.

„Wir sind schon unterrichtet“, antwortete sie ihm. „Sie können die Reisedokumente ausstellen.“
„Jedoch nicht, bevor ich eine schriftliche Erlaubnis von Ihrer Dienststelle bekommen habe.“
„In Ordnung. Wir werden sie Ihnen unverzüglich, wahrscheinlich morgen, schicken.“
Der Hauptmann legte auf. Nachdenklich und sorgenvoll schaute er mich an.
„In was für ein Abenteuer stürzen Sie sich da? Ich möchte nichts wissen, aber ich warne Sie: Es ist sehr gefährlich. Sie wissen, wie sehr ich Sie schätze. Ich möchte nicht, daß Ihnen irgend etwas Unerfreuliches passiert. Ich werde Ihnen die Papiere, sobald ich die Anweisungen aus Tours bekommen habe, schicken. Ich wiederhole es noch einmal, seien Sie vorsichtig!“
Drei Tage später traf ein großer Umschlag aus La Roche-sur-Yon ein. Er beinhaltete einen Dienstausweis, einen Sonderausweis, der die Reise als Dienstreise bestätigte, zwei Marschbefehle für den Zug Nantes–Lemberg am 5. November und zurück und zwei Wehrmachtsfahrscheine für die Hin- und Rückfahrt mit dem Zug Nantes–Paris–Berlin–Warschau–Lemberg.
Alles war vorhanden. Ich konnte ohne Risiko am 5. November abreisen. Der Zug sollte abends um halb sechs in Paris ankommen. Ich teilte es Dr. Alexander in Tours mit.
Herr Chojecki hatte sich nicht bei mir gemeldet, und somit hatte ich auch keinen Kurier, dem ich meinen Bericht anvertrauen konnte. Ich beschloß also, alle Dokumente und Notizen, die ich für Stewit vorbereitet hatte, selber mitzunehmen. Diesmal war kein Risiko damit verbunden.
Dr. Alexander erwartete mich am Ostbahnhof. Wir hatten

noch Zeit, in einem Restaurant eine Kleinigkeit zu essen, dann verabschiedete sich mein Begleiter von mir.
„Ich gebe Ihnen keine Anweisungen. Ich bin sicher, daß Sie allein sehr gut mit allem zurechtkommen werden. Seien Sie am Morgen des 3. Dezember mit dem Zug, der über Leipzig fährt, zurück. Ich werde Sie am Bahnhof oder im Hotel ‚Commodore' erwarten. Gute Reise!"

*

Wenig später saß ich im Zug. Die Reise versprach reibungslos zu verlaufen: ohne Kontrollen, ohne irgendwelche Vorfälle, ohne Spannung oder Aufregung – beinahe langweilig! Mein Sitzplatz befand sich in einem Abteil für Frauen. Wahrscheinlich hatte es Dr. Alexander so eingerichtet. Wir waren zu viert. Zwei von ihnen waren junge Krankenschwestern, die man von Paris in ein Landeskrankenhaus in den Osten versetzt hatte, und die anderen beiden waren ältere Frauen in Zivil, von denen eine Trauer trug. Seit unserer Abfahrt hatten sich die Krankenschwestern für die Nacht eingerichtet. Die anderen unterhielten sich noch eine ganze Weile. Ich tat so, als ob ich schliefe, um besser lauschen zu können. Die beiden verbargen ihren Schmerz und ihre Entmutigung nicht.
„Wohin führt das alles?" fragte die Trauernde. „Für den überzogenen Ehrgeiz dieses einzigen Mannes werden wir alle bezahlen müssen. Wir hatten drei Söhne. Nun bleibt uns nur noch einer. Und obwohl wir alles unternommen haben, besteht keine Aussicht, daß er zurückkommt. Dort, wo er sich jetzt befindet, ist die Hölle los. Unsere Familie ist in Gefahr. Mein Mann bekleidet zwar ein hohes Amt in Paris, aber es ist jedem bekannt, daß er kein Nazi ist."

„Den meisten geht es ähnlich“, sagte die andere. „Wir sind machtlos. Ich fürchte aber, daß wir augenblicklich unsere Reisebegleiterinnen am Schlafen hindern. Außerdem weiß man ja nie . . .“
Sie machten die Nachtbeleuchtung aus und folgten dem Beispiel der Krankenschwestern.

*

Am Morgen des 7. November, an einem Freitag, kamen wir gegen halb zehn in Warschau an. Ich begab mich unverzüglich in die Poznanska Straße 7, in der Beba und Ludwik nun wohnten. Ludwik öffnete mir die Tür. Nach der ersten Begrüßung erkundigte ich mich sofort nach meiner Schwester:
„Und Beba, wo ist sie?“
„Aber ja, du kannst es nicht wissen. Sie ist noch in der Klinik. Wir haben gerade einen Sohn bekommen. Was für eine Freude!“
„Herzlichen Glückwunsch! Wie geht es Mutter und Kind? Wann werde ich sie sehen können?“
„Beba und dem Kleinen geht es glänzend. Wir werden nach dem Essen in die Klinik gehen. Am Vormittag sind Besuche verboten.“
„Gut, einverstanden. Aber ich muß jetzt dringend Stewit sehen. Kannst du ihn möglichst schnell benachrichtigen?“
„Selbstverständlich. Er wohnt nicht weit von hier. Ich beeile mich. Währenddessen kannst du in der Küche etwas essen. Tante Mura hat mir gerade für morgen, wenn Beba zurückkommt, Eier und Butter gebracht.“
Er zog seinen Pelz an und ging hinaus. Draußen war es kalt. Der Himmel war grau, Schneeregen trübte die Sicht.

Glücklicherweise mußte ich den ganzen Vormittag das Haus nicht verlassen.
Kaum hatte ich Zeit gehabt, mich ein wenig zu erfrischen, als Ludwik mit Stewit kam.
„Das ist ja eine Überraschung!“ rief dieser aus. „Sie machen es aber geheimnisvoll. Diesmal wußte ich nichts von Ihrer Ankunft. Hat die Abwehr Sie fallengelassen? Und wie geht es Chojecki?“
„Nein, die Abwehr hat mich nicht fallengelassen, im Gegenteil. Ich werde Ihnen alles ausführlich erklären. Was Chojecki betrifft, so weiß ich nichts. Ich mache mir Sorgen. Ich habe vergeblich auf eine Nachricht von ihm und auf seinen Kurier gewartet, dem ich den Bericht für Sie geben sollte. Er ist nie in Noirmoutier angekommen. Der erste Kurier war wie vereinbart erschienen, nachdem ich die Karte an die angegebene Adresse geschickt hatte. Ich hatte ihm folgende Nachricht gegeben: ‚Verbindung hergestellt. Vorschlag, mich nach England zu schicken. Vorher Möglichkeit, nach Warschau zu kommen. Warte auf Bestätigung aus Berlin. Bitte um detaillierte Anweisungen.‘ Haben Sie die Nachricht nicht erhalten? Wurde der Kurier abgefangen? Oder sollte sogar Chojecki verhaftet worden sein? Aber das glaube ich nicht. Er machte mir den Eindruck eines vorsichtigen Menschen.“
„Kommen wir auf die Abwehr zurück“, lenkte Stewit vom Thema ab. „Das ist das Wichtigere. Wie sieht es damit aus?“
„Mit der Abwehr könnte es klappen, sehr gut sogar, denke ich.“
Ich erzählte ihm alles ausführlich von der unerwarteten Ankunft des Dr. Alexander, die Liebeserklärung, meine ironische Reaktion darauf, wie ich von ihm verlangte, mit

offenen Karten zu spielen, und schließlich seine Vorschläge für eine Zusammenarbeit und eine eventuelle Reise nach England.
,,Haben Sie sein Angebot angenommen?" fragte Stewit.
,,Ich habe im Prinzip akzeptiert, aber ich habe Bedingungen gestellt. Ich wollte um jeden Preis nach Warschau fahren können, um Sie vor dieser Unternehmung noch zu sehen und Ihre Anweisungen entgegennehmen zu können. Da kam mir der Gedanke, einen Vorwand zu benutzen. Ich gab vor, meine Mutter persönlich bitten zu wollen, nach Noirmoutier zu kommen, damit sie sich um meine Kinder kümmern kann. Er biß an, und da bin ich nun. Ich habe alle notwendigen Reisepapiere für Lemberg. Um nach Wysuczka über Tarnopol, Czortków und Borszczów zu gelangen, werde ich schon Wege finden. Jetzt gilt es, herauszufinden, mit welcher Taktik wir hier vorgehen könnten. Vielleicht sollte ich nach Lemberg fahren, ohne irgend jemandem etwas davon zu sagen, oder wäre es vernünftiger, sich mit der Feldkommandantur am Ort in Verbindung zu setzen, um die Unterstützung von General von Unruh zu bekommen? Die Absicht, meine Mutter in Wysuczka wiederzusehen, ist ziemlich menschlich, logisch und begründet, denken Sie nicht?"
,,Ja, ich stimme darin mit Ihnen überein. Ihr Plan ist ausgezeichnet. Sie sollten hier den General von Unruh sehen. Während Sie nach Wysuczka reisen, werde ich mich mit London besprechen, um alles weitere zu entscheiden. Mein Sendegerät funktioniert nicht mehr so recht, aber noch kann ich Verbindung aufnehmen."
Ich verbrachte drei wunderbare Tage zwischen Familienglück und den Problemen von Stewit und seiner ,,Musketiere".

Beba war mit dem kleinen Ludwik II. aus der Klinik zurückgekehrt. Bis auf Stewit wußten weder Marie und ihre Kinder noch Rena und die anderen von meiner Mission. Ich war einfach da, um nach unserer Mutter zu sehen. Das war alles.
Stewit nahm meinen Bericht über die allgemeine Lage in Frankreich und insbesondere meine Angaben über die Verteidigungsanlagen an der Küste auf Mikrofilm auf. Er bereitete andere Berichte über Deutschland, Polen und Rußland vor. Er hatte überall Agenten. Ich bewunderte seine Energie, seine Kühnheit und seine Pläne. Er machte sogar Anspielungen auf Vorbereitungen eines Attentats auf Hitler. Mein Gott, wenn das gelingen könnte! Alle Generäle, die Stäbe und Offiziere würden uns unterstützen, davon war ich überzeugt. Derjenige, dem es gelingen würde, wäre ein wahrer Held! Aber ich durfte nicht träumen. Ich mußte zuerst meine Reise vorbereiten. Ich stellte mich also in der Feldkommandantur bei Hauptmann Beelitz vor, der mich unverzüglich zu General von Unruh führte. Er schien über mein Vorhaben nicht erstaunt zu sein. Er sagte mir, daß ihn zwei Wochen zuvor die Prinzessin Sapieha besucht habe. Sie hatte ihn darum gebeten, ihr die Reise nach Bilcze zu erleichtern. Sie wollte dort die von der russischen Besatzungsmacht verursachten Schäden feststellen und einige Andenken zurückgewinnen.
Prinzessin Maja Sapieha aus Bilcze, dem unmittelbaren Nachbarort! All unsere glücklichen Kindheitserinnerungen waren mit Bilcze verbunden. Als junge zweiundzwanzigjährige Braut war Maja dort angekommen. Ich war damals erst zehn Jahre alt. Wir, meine Schwestern und ich, bewunderten sie sehr. Sie war so schön. Sie war unser Idol geworden. Mutter Sapieha, die alte Prinzessin, übergab ihrem

Sohn das Schloß und das gesamte Gut und lebte fortan in Krakau. Trotz unseres Altersunterschieds sah Maja es gern, wenn wir uns oft bei ihr aufhielten. Wir ritten gemeinsam und suchten die Bauernhöfe auf. Sie brachte mir das Stricken und das Sticken bei. Seit den Tagen meiner Hochzeit hatte ich sie aus den Augen verloren.
„Ist sie zu Ihnen nach ihrer Reise nach Bilcze zurückgekehrt?“
„Ja“, antwortete mir der General, „wenige Tage darauf, traurig und entmutigt. Nichts war von dem schönen Schloß geblieben, sagte sie mir. Es war völlig verwüstet worden. Der Park war geplündert, die schönen Pferdeställe waren nur noch Ruinen. Ich hoffe, daß Sie auf dem Gut Ihrer Eltern nicht das gleiche Bild erleben werden.“
„Ich mache mir kaum Illusionen, aber meine Mutter ist immer noch dort. Wir hoffen, daß sie etwas mehr als ihr Leben gerettet hat.“
„Sie müssen mir versprechen“, bat der General, als er aufstand, „mir zu berichten, was Sie gesehen haben. Hauptmann Beelitz wird Sie zu Oberst von Tziezwitz, Stabsoberst der Kommandantur, bringen, damit Sie alle notwendigen Reisepapiere für Borszczów bekommen. In Lemberg werden Sie in meinem Auftrag den Oberst Masera bei der Oberfeldkommandantur 365 aufsuchen. Ich werde ihn von Ihrem Besuch telefonisch unterrichten.“

*

Am Montag, dem 10. November, war es soweit. Ich nahm den Abendzug nach Krakau. Die Verbindungen in den Osten waren ausgesprochen schlecht, viele Brücken gesprengt. Bis zur Weiterfahrt nach Lemberg, wo ich am 12.

November morgens ankam, mußte ich den ganzen Tag über in Krakau warten. Nach dem Frühstück im Bahnhof begab ich mich wegen des Quartierscheins in die Kommandantur. Man war von der Feldkommandantur in Warschau über meine Ankunft unterrichtet worden und wies mir im Hotel „Georges", welches das beste am Platz war, ein Zimmer mit Bad zu. Ein großer Strauß weißer Rosen thronte auf dem Tisch, als ich mein Zimmer betrat. Keine Karte, kein Absender. Ich habe nie erfahren, wer ihn mir schickte.
Gegen zehn Uhr begab ich mich in die Batory Straße, in der sich im ehemaligen Gerichtspalast die Oberfeldkommandantur 365 befand. Ich sollte dort Oberst Masera treffen. Man wies mir den Weg über die Haupttreppe. Im ersten Stock sollte ich den Flur nach rechts nehmen, in dem sich das Büro des Obersts befand.
Ich stieg die gewaltige Treppe hinauf und war gerade im Begriff, den mir zugewiesenen Flur zu betreten, als mein Blick auf ein Schild fiel, das an einer großen Tür angebracht war:

„General Graf von Rothkirch
Oberfeldkommandant der Region Lemberg"

Mir blieb das Herz stehen. Es gab 1939 im Stab von General von Gienanth einen Oberst von Rothkirch, der mich oft besuchte. Dr. Rupp hatte mir in Winnogóra eines Tages anvertraut, daß der Oberst in mich verliebt wäre, aber nicht wagte, sich mir zu nähern, da er in meinem Land zur Besatzungsmacht gehörte. Dieses unverhoffte Glück, diesen so lieben Menschen hier zu treffen!
Ich klopfte an die Tür nebenan, auf der „Adjutant" stand. Unaufgefordert trat ich an. Ein Offizier erhob sich und trat auf mich zu. Er fragte, was ich wolle.

„Nur eine Frage“, entgegnete ich ihm. „Der General von Rothkirch, ist das derselbe, der 1939 Oberst im Stab des Generals von Gienanth gewesen ist?“
„Ja, das ist er. Warum fragen Sie?“
„Nun gut, ich bitte Sie, ihm zu sagen, daß die Gräfin Mankowska aus Winnogóra ihn sehen möchte. Das ist alles.“
Ich wartete kaum länger als eine Minute, und der General trat herein. Er war wie ich sichtlich gerührt, streckte mir seine Arme entgegen und rief:
„Träume ich! Sie hier! Seit zwei Jahren denke ich unaufhörlich an Sie, wie Sie auf Ihrem wunderschönen weißen Hengst dahingaloppieren. Dieses Bild werde ich nie vergessen. Kommen Sie in mein Büro. Sie müssen mir alles erzählen. Ich werde alle Termine, die ich heute habe, absagen.“
Wir gingen in sein Büro. Sobald die Tür ins Schloß gefallen war, sprach er mit mir wie in Winnogóra französisch.
„Sagen Sie mir zuerst, aus welchen Gründen Sie sich hier befinden?“
„Es ist ganz einfach. Ich möchte zu unserer Mutter. Wir nehmen an, daß sie sich immer noch in Wysuczka auf dem Gut unserer Eltern, südlich der kleinen Stadt Borszczów befindet. Unser Vater wurde von den Sowjets, als sie im September 1939 in Polen einmarschierten, verhaftet. Seitdem habe ich nichts mehr von ihm gehört. Der General von Unruh von der Feldkommandantur in Warschau hat mir geraten, mich an Oberst Masera zu wenden. Der sollte mir die Reise von Lemberg nach Borszczów erleichtern. Ich bin also heute morgen gekommen, um den Oberst aufzusuchen. Den Anweisungen des Wachpostens zufolge sollte ich in den ersten Stock und dann in den rechten Flur gehen, in dem sich das Büro von Oberst Masera befindet. Aber als

ich im ersten Stock stand, ist mir Ihr Name an der großen Tür gegenüber der Treppe aufgefallen. Es kam für mich nicht mehr in Frage, nach dem Büro des Oberst zu suchen. Den Rest kennen Sie."
„Vergessen Sie Masera", sagte der General. „Ich werde ihn benachrichtigen. Ich werde Ihre Reise organisieren. Sie sollten mir auf der Karte zeigen, wo genau sich das Gut Ihrer Eltern befindet."
Er stand auf und wies auf eine ausgebreitete Karte an der Wand gegenüber von seinem Schreibtisch. Auf ihr war alles eingezeichnet, jede Einzelheit der Gegend, die ich so gut kannte – Straßen, Flüsse und Bäche, Dörfer, Bauernhöfe, Herrensitze und Schlösser, die großen Weizenfelder und die Wälder. Podolien – unser liebes Podolien.
Mit Tränen in den Augen erklärte ich den Weg. Er hörte zu und machte sich Notizen. Dann schwieg er eine Weile. Schließlich wandte er sich zu mir und sagte:
„Ich sehe jetzt. Es ist kompliziert, weil die Züge nicht weiter als bis nach Tarnopol fahren, das heißt, nur die halbe Strecke. Aber nichts ist unmöglich. Bis morgen mittag werde ich alles angeordnet haben. Glücklicherweise liegt diese Region nicht im Einflußbereich der Gestapo. Im Moment gibt es noch eine Militärregierung. Die polnische und ukrainische Bevölkerung betrachten uns als ihre Befreier vom sowjetischen Joch. Nur allzubald aber werden sie ihre Hoffnungen betrogen sehen, wenn nämlich erst die Zivilverwaltung, das heißt die Gestapo, die Macht übernommen hat. Dann werden wir zu den schwarzen Schafen, zum allseits verhaßten Feind. Das ist eine Wendung zum Bösen."
Er schwieg. Ich wußte nicht, was ich darauf sagen sollte. Ich dachte an diesen ungeheuren Irrtum, ein ganzes Volk über einen Kamm zu scheren. Es gab Deutsche, und es gab

Nazis. Das war nicht das gleiche. Auch Stewit war meiner Meinung.
„Lassen wir diese traurigen Gedanken beiseite", forderte der General von Rotkirch. „Also abgemacht: ich kümmere mich um alles. Ruhen Sie sich erst einmal aus. Ich werde Sie gegen ein Uhr im Hotel zum Mittagessen abholen. Wir werden uns in Ruhe unterhalten können."
„Einverstanden. Ich freue mich, daß wir uns wiederbegegnet sind. Vielleicht können wir auch zusammen zu Abend essen?"
„Ich hatte gehofft, daß Sie diesen Vorschlag machen. Ich hätte nicht gewagt, diesen Wunsch zu äußern. Ich bin ja der verhaßte Feind, nicht wahr?"
„Nein, Sie sind ein Freund. Wir stammen aus dem gleichen Milieu, wir haben den gleichen Sinn für die Ehre. Uns trennen die Grenzen, die Kriege leider auch. Aber unsere Herzen bleiben die gleichen. Unsere Mutter hat uns oft gesagt: ‚Denkt daran, daß es in eurem Leben keine Feinde geben darf, weder Haß noch Rache. Man muß verzeihen können.' Das war ihr Wahlspruch, und das ist unser Wahlspruch geblieben, sowohl von meinen Schwestern als auch von mir. Möge der Tag kommen, an dem alles Trennende auf immer verschwindet."
Ich erhob mich. Der General wollte mich mit dem Wagen ins Hotel fahren, aber ich lehnte ab.
„Nein, danke. Ich muß laufen, um Ordnung in meinen Kopf zu bringen. Ich werde um ein Uhr in der Hotelhalle auf Sie warten."

*

Es schneite. Die Stadt war von dem ersten frischen Schnee ganz weiß geworden. Auf meinem Gesicht mischten sich

die Flocken mit meinen Tränen. Ich weinte. War es Müdigkeit oder etwa die Aufregung, dieses mir so liebe Land auf der Karte betrachtet zu haben? Oder hatte ich wahrgenommen, daß die zwei vergangenen Jahre die Erinnerung an Graf von Rothkirch nicht ausgelöscht hatten? Bei seinen vielen Besuchen damals in Winnogóra hatte ich immer versucht, anwesend zu sein. Bei seinem Anblick hatte mich immer eine leichte Verlegenheit und Aufregung befallen, aber ich hatte mir über meine Gefühle keine Gedanken gemacht. Ich war verheiratet, ich hatte nicht das Recht, einen anderen zu lieben. Rothkirch war für mich ein Freund, mehr nicht. Ich sah in ihm weder den Feind noch den Besatzungsoffizier. Ich vertraute ihm. Wir hatten beide dieselbe Leidenschaft für die Natur und für die Pferde.
Doch jetzt wurde mir bewußt, daß ich in den letzten zwei Jahren mehr an ihn gedacht hatte, als ich mir eingestehen wollte. Es war, als hätte man trockenes Stroh auf eine heiße Glut geworfen. Was sollte ich jetzt tun? Ich durfte der Versuchung unter keinen Umständen erliegen. Wir hatten keine gemeinsame Zukunft.
Ich mußte offen mit ihm sprechen. Er würde es verstehen.

*

Erholt, frisiert und erfrischt von einem Bad ging ich zur verabredeten Zeit in die Hotelhalle. Er war schon da. Mein Herz schlug bis zum Zerspringen.
„Möchten Sie", fragte er sofort, „hier essen oder in einem kleinen Restaurant in der Nähe des großen Theaters?"
„Mir wäre es lieber, das Hotel zu verlassen. Hier gibt es zu viele Leute, zu viel Lärm."

„Es ist nicht weit von hier. Wenn Sie nicht müde sind, können wir zu Fuß gehen.“ Ich lächelte ihm dankbar zu:
„Das ist eine sehr gute Idee. Ich liebe diese Stadt. Hier habe ich mein Studium abgeschlossen, mein Abitur bestanden, als junge Frau meine ersten Schritte gemacht und meine ersten Bälle erlebt. Es gab damals viele Kinderbälle. Und das Theater! Wie oft haben wir in der königlichen Loge gesessen, als ein Onkel von mir noch Provinzgouverneur war. Alle unsere Freunde hatten hier schöne Häuser, manche sogar Paläste. Ich möchte Ihnen das alles zeigen, wenn Sie Zeit und Lust haben.“
„Da wären wir schon“, stellte er fest und öffnete die Tür zum Restaurant.
Es war reizend. Ich hatte den Eindruck, dort schon vor dem Krieg mit Freunden gewesen zu sein. Es gab nicht mehr als zehn oder zwölf Tische. Ein Pianist spielte leise polnische, wehmütige Melodien. Die Stimmung war sehr angenehm. Wir setzten uns an einen kleinen Tisch nicht weit vom Pianisten entfernt. Er legte meine Hand in die seine.
„Ich möchte Ihnen so viel sagen, aber ich wage es nicht. In den zwei Jahren sind meine Gefühle zu Ihnen unverändert geblieben. Unsere Wege kreuzen sich zum zweiten Mal. Für mich ist heute der schönste Tag. Könnten Sie mich als Ihren Freund betrachten?“
„Freund? Natürlich, aber Sie wissen es sicherlich so gut wie ich, daß Sie für mich nie mehr sein werden als ein Freund. Es würde nicht gut ausgehen. Wir dürfen der Versuchung nicht erliegen. Ein kleines, vorübergehendes Abenteuer würde unseren tiefen und echten Gefühlen widersprechen. Sie verstehen mich, nicht wahr?“
„Ja, ich verstehe Sie, leider. Eines Tages, nach dem Krieg vielleicht, wenn unsere Wege sich erneut kreuzen sollten,

werden wir unseren Gefühlen einen neuen und anderen Sinn geben können."
„Ich fürchte, es wird ein Traum bleiben."
„Werden Sie trotzdem heute abend zum Abendessen zu mir kommen? Sie werden mir aus Ihrem Leben und ich Ihnen aus meinem erzählen."
„Selbstverständlich werde ich kommen. Versprechen Sie mir nur einc einzige Sache: keinen Champagner!"
Er lachte.
„Haben Sie solche Angst vor sich selbst?"
„Große Angst? – Nein, aber ich kann Banalitäten nicht ausstehen: Ein Mann lädt eine Frau zu sich ein . . . Champagner . . . und dann . . . und so weiter. Ein Groschenroman, ein geschmackloser Film. Den wahren Gefühlen muß man mit klarem Kopf und nüchternem Herzen begegnen."
„Genau", lächelte er. „Also, keinen Champagner, aber erlauben Sie mir trotzdem, eine Flasche Wein zu öffnen? Rheinwein oder lieber Rotwein?"
Fröhlich beendeten wir das Essen. Er machte sich über meine Ernsthaftigkeit lustig, und ich mich über die Situation, in der wir uns beide befanden.

*

In einem schönen Viertel, ein wenig außerhalb der Stadt, an einer großen Straße mit schönen Häusern, von Gärten umgeben – dort wohnte mein General.
„Was für ein Glück, Sie bei mir zu Hause zu wissen", freute er sich, als er die Salontür öffnete. „Ich hatte Angst, daß Sie Ihre Meinung ändern würden."
„Warum? Es gibt keinen Grund dazu. Ich bin wirklich glücklich, diesen Abend mit Ihnen zu verbringen."

Nach einem kleinen Glas Portwein gingen wir ins Eßzimmer, wo uns von seiner, in allem formvollendeten Ordonnanz ein leckeres Essen serviert wurde. Wie versprochen, gab es keinen Champagner, sondern nur Rheinwein.
An diesem Abend erlebten wir unvergeßliche Augenblicke. Schüchterne Liebeserklärungen wechselten mit Jugenderinnerungen und großen Freundschaftsbekundungen. Bis spät in die Nacht schmiedeten wir unerfüllbare Zukunftspläne.
„Warum sollen wir nicht träumen?" hatte er gefragt.
Er hatte verstanden, daß er nicht mehr erwarten konnte. Ich war ihm dafür dankbar. Denn ich träumte ebenfalls. Es ist nur ein Traum geblieben . . .
Kurz nach Mitternacht fuhr er mich zum Hotel zurück und empfahl mir, am folgenden Tag gegen halb zwölf in sein Büro zu kommen. Ich verbrachte eine unruhige Nacht. Ich sah mich mit ihm in einem Traumland, mit Blumen, Vögeln, an einem blauen, leuchtendem Meer. Und plötzlich war Krieg. Häuser lagen in Schutt und Asche, Bomben fielen überall. Ich suchte nach ihm und konnte ihn nicht finden. Erst am Morgen schlief ich ruhig ein: ich hatte den Eindruck, als hielte er meine Hand. Wir gingen auf eine große Wiese zu, auf der Schimmel weideten. Ich wachte ruhig und glücklich auf.
Am nächsten Vormittag klopfte ich pünktlich an die Tür seines Büros und trat ein. Er kam auf mich zu und verkündete mir:
„Für Ihre Expedition ist alles bereit. Aber Sie können Lemberg heute abend nicht vor Mitternacht verlassen. Züge, die ausschließlich militärischen Zwecken dienen, können wegen der Bombenangriffe der Sowjets nur nachts fahren. Dafür habe ich aber auch eine gute Nachricht: Der

Zug, den Sie heute nacht nehmen werden, wird Sie bis Czortków fahren. Dort wird ein Wagen der Feldgendarmerie auf Sie warten, um Sie über Borszczów nach Wysuczka zu bringen.
Am 17. November müssen Sie wieder in Tarnopol sein, um den Zug um Viertel nach zwei nach Lemberg zu erreichen. Jemand von der Ortskommandantur in Borszczów wird Sie nach Czortków fahren. Von dort wird Sie die Feldgendarmerie nach Tarnopol bringen. Ich werde schließlich am Bahnhof auf Sie warten, wenn mich nichts Schlimmes daran hindert. Ansonsten wird mein Chauffeur, den Sie ja bereits kennen, Sie zum Hotel zurückfahren. Ich habe angeordnet, daß Sie dasselbe Zimmer erhalten. Ich hoffe, daß alles gutgeht. Alle erforderlichen Bescheinigungen und alle zusätzlichen Papiere liegen für Sie bereit. Sie werden zwei Tage bei Ihrer Mutter verbringen können. Mehr kann ich Ihnen nicht einräumen, da wir die genauen Abfahrtszeiten nur für wenige Tage im voraus festsetzen können.
Wir essen doch noch gemeinsam zu Mittag? Zu Abend hoffe ich auch. Ich möchte Sie persönlich zum Bahnhof bringen und Sie wohlversorgt im Zug sitzen sehen. Wir werden den ganzen Nachmittag für uns haben. Sie können mir erzählen, was immer Sie möchten, aber ich will nicht aufdringlich sein.“ Ich hörte seiner Rede lächelnd zu.
„Ich verstehe. Bis jetzt habe ich nichts zu verbergen. Wir sollten vielleicht, um uns besser kennenzulernen, mehr von uns erzählen.“

*

Es war ein ruhiger und friedlicher Tag. Seine Fragen ließen mich in meine Erinnerungen hinabtauchen. Er fragte nach meinen Eltern, nach unserem Leben in Winnogóra, diesem so entlegenen Teil Polens zwischen der russischen Grenze, von der es fünfzehn Kilometer entfernt war, und der rumänischen, die kaum zwanzig Kilometer weiter lag. Er verglich sein Leben als Schloßherr in Deutschland – er kam aus der Nähe von Kassel – mit unserem. Es gab gewisse Ähnlichkeiten, wie bestimmte Prinzipien, Herausforderungen und Pflichten, aber es war alles in allem ein ganz anderes Leben.

Ich begann zu erzählen:

„Bei uns konnte man in der Natur endlose Freiheit spüren – der weite dunkle Himmel, den man so sonst nirgends findet, Weizenfelder, so weit das Auge reicht. Keine Schranken, keine Zäune, keine Bäume an den Straßen, keine beschnittenen Hecken. Diese weite Landschaft vermittelte ein unbeschreibliches Gefühl von Unendlichkeit und Ewigkeit.

Nur der gewaltige Schattenriß des Schlosses beherrscht das flache Land. Dieses Gut, das weder die tartarischen noch die ottomanischen Horden hatten zerstören können, beherbergte einst die Verteidiger des Königreiches und des Christentums. Stanislas-Auguste Poniatowski, der letzte König des freien Polens, gab die Festung und die sie umgebenden Ländereien um 1770 der Familie seines Kammerherrn Thadé Czarkowski. Das Herrenhaus diente als Wohnhaus und war eingerichtet wie ein Schloß. Es wurde im darauffolgenden Jahrhundert, das illusorisch friedlich verlief, kunstvoll verschönert. Allein die Nacht gab dem Haus seine ursprüngliche Gestalt zurück. Seine massive Festung gegen die Steppe stemmend, umgab sich das alte Gemäuer mit Geheimnissen und Legenden. Es wurde erzählt, daß sich in seinen Mauern Gespenster aufhielten, daß im In-

nern sieben türkische Fässer mit Gold verborgen waren, deren Versteck wir Kinder vergeblich suchten. Wir gruben mit so viel Kraft und Hartnäckigkeit in den Untergeschossen, daß ein wunderschöner Kamin des Salons aus rosafarbenem Marmor in den Keller hinabstürzte. Da war es mit unseren Nachforschungen vorbei. Türen, Schlüssel und Schlösser verwehrten uns, jemals wieder diesen Ort zu betreten. Und das Gold, da keiner sein Versteck kannte, war für alle Zeiten verschollen.
Von Menschen und Dienstboten umgeben, entfaltete sich das Familienleben von Generation zu Generation reicher, tapferer und phantasievoller. Helden und Asketen stießen zum alten Stamm der Familie hinzu. In die Freiheit verliebt, durch die Rauheit des Klimas abgehärtet und von den unzerstörbar scheinenden Mauern geprägt, war für meine Ahnen die Existenz ohne Kraft und Tugend nicht vorstellbar. Sie nahmen lebendigen Anteil am Leben der Bauern und boten Hindernissen und Zwängen die Stirn.
Bei uns, bei den Jüngeren der letzten Generation, lebte dieses Erbe weiter. Angst zu haben, seine Schwächen zuzugeben – und seien es nur Halsschmerzen – galt als Schande. Wie vielen außergewöhnlichen Situationen haben wir herausfordernd getrotzt? Die Gefahr immer miteinzubeziehen, war Grundlage all unserer Spiele. Dieses Verhalten entsprach unserer Erziehung und der Persönlichkeit unserer Eltern.
Ich selbst war mit vierzehn Jahren in den vierten Stock des ‚Gespenster'-Turmes gezogen. Das Gespenst hatte sich leider nur einmal die Ehre gegeben, mich im Traum zu besuchen. Danach ging es mir nicht schlechter. Ich brauchte immer etwas anderes, womit ich meine Tapferkeit beweisen konnte. Fräulein Rose, unsere französische Gouvernante,

war bestürzt und völlig aufgelöst, als ich einmal oben auf dem Turm übte, von einer Mauerzinne auf die andere zu springen – fünf Stockwerke lagen unter mir! Die Arme rannte zu meiner Mutter und rief um Hilfe.
‚Beruhigen Sie sich, Fräulein', hatte ihr meine Mutter entgegnet. ‚Wenn sie fällt, werden nicht Sie sterben, sondern sie. Versuchen Sie vor allem nicht einzugreifen.'
Meine Mutter erteilte mir dennoch einen Verweis, und zwar, weil ich Fräulein Rose kopflos gemacht hatte.
‚Aber, Mama', rief ich empört, ‚Sie wissen doch, daß mir nichts Schlimmes passieren kann. Ich bin an einem Sonntag geboren!'
Beba, die jüngere Schwester, hatte mit zwölf Jahren monatelang einen flüchtigen Verbannten versorgt, der sich in unseren Wäldern verborgen hielt. Er war eine Art Robin Hood, der die Schlechten unter den Reichen und die Leute, die vom Markt kamen, ausplünderte, um alles wieder an die Ärmsten zu verteilen. Die Bauern verehrten ihn. Wegen der Bitte einiger Dorfmädchen hatte Beba den Mann bei uns versteckt. Hinter diesem war die gesamte Polizei der Region her. Die Straßen wurden überwacht. Aber wer konnte ahnen, daß das kleine Mädchen vom Schloß, das auf seinem Pferd in den Wald galoppierte, dafür verantwortlich war, daß man seiner nicht habhaft werden konnte? Die Polizisten, die auf der Lauer lagen, grüßten sie und sahen sie bewundernd an. Und sie ritt wie eine Prinzessin aus einem Feenmärchen an ihnen vorüber.
Stundenlang könnte ich Ihnen von unseren kindlichen Heldentaten und Phantastereien erzählen. Aber es gab auch die Schule. Unsere Professoren, Lehrer und Erzieherinnen vergaben uns nichts, keinen Fehler, keine Nachlässigkeit, Unfolgsamkeit oder Verspätung. Einmal im Jahr gingen wir

nach Lemberg, um vor einer Kommission unsere Prüfungen abzulegen. Ich war in der Schule erfolgreich und bestand das Abitur mit der Note ‚sehr gut'. Aus diesem Grund nannte mich mein Vater den ‚Stolz der Familie'. Ich war seine Liebste. Warum ich es war und nicht die anderen, wußte ich nicht und ich stellte mir auch keine Fragen. Es war einfach so.
In den Ferien weckte mich mein Vater um fünf Uhr in der Früh. Ich mußte mich fertig machen. Ich sattelte selber mein Pferd und wir, er und ich, ritten um sechs Uhr los, um auf den Bauernhöfen die Arbeit auf den Feldern und das Fällen der Bäume in den Wäldern zu beaufsichtigen. Diese Zeit meines Lebens erscheint mir heute wie ein versunkener Traum. ‚Long ago and far away', sagen die Engländer. Aber jetzt sind Sie an der Reihe", unterbrach ich meine Erinnerungen, „erzählen Sie aus Ihrem Leben. Ich habe genug geredet. Meine Kehle ist ausgetrocknet." Er lächelte mir zu.
„Verzeihen Sie, ich habe Ihnen zugehört und dabei meine Pflichten als Gastgeber vergessen. Was möchten Sie trinken? Vielleicht doch Champagner?" fragte er neckend.
„Auf keinen Fall. Ich möchte eine Tasse Tee. Kann ich Ihnen beim Zubereiten des Tees helfen?"
„Einverstanden. Meine Ordonnanz hat ihren freien Tag, wir werden also heute abend in unserem kleinen Restaurant essen, wäre es Ihnen recht? Anschließend werden wir Ihren Koffer im Hotel abholen und ich bringe Sie zum Bahnhof, um nachzusehen, ob für Ihre Reise alles in Ordnung ist."
Nun fing er an, mir von seinem Leben zu berichten. Er erzählte mir von seiner Kindheit, seiner Jugend, seinen Träumen. Sein Vater, General beim kaiserlichen Heer, wollte unbedingt, daß sein Sohn eine militärische Karriere ein-

schlug. Seit Generationen waren alle Männer der Familie Soldaten gewesen. Es war Tradition. Doch der junge Graf von Rothkirch hatte den heimlichen Wunsch, sich dem Gut und der Züchtung von Pferden zu widmen. Schon im frühen Alter hatte er in zahlreichen internationalen Reitturnieren Preise gewonnen. Aber er mußte sich dem Willen seines Vaters beugen, so wie es die Disziplin des Hauses vorschrieb. Wenn man nur Hitler und den Nationalsozialismus vorausgesehen hätte . . .
„Wir sind jetzt in einen unnötigen Krieg verwickelt, und wenn ich je heil herauskommen sollte, werde ich dann zu meinen Pferden zurückkehren können, oder zu meinem Liebestraum?“
Eine unverhüllte Melancholie schwebte über dem Lokal. Der Pianist spielte traurige Melodien.
Wir sprachen den ganzen Abend vom sinnlosen Krieg, von den Fehlern der Politiker aller Länder, von unseren Chancen, heil herauszukommen und von der unbestimmten Zukunft.
Um halb zwölf kamen wir am Bahnhof an. Der Zug, schon voller Soldaten, war abfahrbereit. Von Zeit zu Zeit ließ die Lokomotive überflüssigen Dampf ab. Ich hatte einen ausgezeichneten Sitzplatz in einem Waggon erster Klasse. Mein General hatte mir alle notwendigen Reisepapiere ausgehändigt. In Anwesenheit der anderen Offiziere im Abteil verabschiedete er sich von mir auf formvollendete Weise. Als er hinausging, steckte er mir noch einen kleinen Zettel zu, den er in aller Eile für die Ortskommandantur in Czortków geschrieben hatte.
Ich setzte mich mit einem französischen Buch, das ich zu lesen vorgab, in meine Ecke. Meine Kehle war wie zugeschnürt, meine Augen wurden feucht, und ich hatte große

Lust zu weinen. Ich hatte das Bedürfnis nachzudenken, um mir über meine Gefühle Klarheit zu verschaffen. Diese unerwartete Begegnung hatte mich verwirrt. Aber ich mußte all meine Kraft und meine Gedanken auf meine Aufgabe konzentrieren, auf meine Mission, mußte mich beherrschen und alles andere vergessen. Das war leicht zu sagen, wenn die Umstände es erlaubten, Herr des Willens und des Tuns zu bleiben. Aber wenn sich im Kopf und im Herzen die Gefühle überstürzen, ist man diesem Sturm hilflos ausgeliefert. Man verliert die Macht über sich selbst.
Das regelmäßige, einförmige Geräusch der Räder auf den Gleisen ließ mich schließlich einschlafen. Ich sank in einen tiefen Schlaf, und erst in der Nähe der Bahnstation von Tarnopol wachte ich auf. Noch zwei Stunden und wir würden in Czortków sein.
Auf dem Bahnsteig erwartete mich ein Offizier der Feldgendarmerie. Er hatte keine Mühe, mich zu erkennen. Ich war die einzige Frau, die weiß gekleidet war und in Pelzmantel und Stiefeln aus dem Zug stieg. Er grüßte, stellte sich vor und führte mich zum Wagen, der vor dem Haupteingang stand.
„Ich habe vom General den Befehl, Sie nach Wysuczka zu fahren und Sie in drei Tagen, am Montag, dem 17. November, wieder abzuholen. Ich werde Sie dann wieder nach Tarnopol zu Ihrem Zug nach Lemberg bringen. Er verläßt den Bahnhof mittags um Viertel nach zwei. Ist das richtig?"
„Ja, genau. Wir werden Wysuczka gegen acht Uhr morgens verlassen, um sicher zu gehen, diesen Zug nicht zu verpassen."
„Sie brauchen keine Angst zu haben", versicherte mir der Offizier. „Ich werde rechtzeitig da sein. Fahren wir?"
Die Straßen dieser Gegend konnten normalerweise ab

Mitte November nicht mehr befahren werden. Der tiefe Schnee behinderte den ganzen Verkehr. Die Wagen, die man mit doppelten Decken aus Schafpelzen ausgekleidet hatte, waren verdammt, in den Garagen zu überwintern. Tiefe Stille herrschte zu diesen Zeiten. Unterbrochen wurde sie nur vom Klingeln der Glöckchen und Schellen, die an den Hälsen der Pferde hingen, die vor die Schlitten gespannt waren.

Aber der Winter hatte diesmal glücklicherweise noch nicht seine weiße Last ausgeschüttet. Wir gelangten unbehindert nach Wysuczka. Von weitem sah man schon die Türme des Schlosses, das auf der Kuppe eines Hügels lag.

Ich wußte nicht, wo ich meine Mutter finden sollte, und wir hielten neben einer Wassermühle, vor der sich eine Gruppe von Bauern unterhielt. Ich sprach sie auf ukrainisch an. Sie starrten mich entgeistert an:

„Sind Sie nicht das Mädchen des Schlosses? Die Herrin kann schon seit langem dort oben nicht mehr wohnen. Es ist alles verwüstet worden. Sie lebt im Haus des ehemaligen Schloßverwalters, auf dem Hof von Piszczatynce."

Das war kaum einen Kilometer entfernt. Der Hof befand sich an dem Bach, der am Fuß des Hügels vorbeifloß. Der Offizier setzte mich vor der kleinen Freitreppe ab. Er verabschiedete sich und verließ mich auf der Stelle.

Ich stieg drei Stufen hinauf und lief in die Arme von Pilecia. Unsere liebe und ergebene Pilecia! Solange ich zurückdenken konnte, hatte es diese Frau gegeben. Es ist schwierig zu sagen, was sie in unserem Leben für eine Rolle gespielt hat. Vor sehr langer Zeit zu uns gekommen, war sie das persönliche Dienstmädchen meiner Mutter geworden. Sie machte sich allen schnell unentbehrlich. Meine Eltern konnten auf ihr Urteil nicht mehr verzichten;

für uns, die Kinder, war sie die Vertraute und unsere Ratgeberin, wenn wir mit unseren zahlreichen Erzieherinnen und Lehrern Verdruß hatten. Sie war die Krankenschwester, wenn wir krank waren; sie bürstete unsere Haare, nähte unsere Kleider, strickte unsere Pullover, Wollmützen und Handschuhe für den Winter. Sie war auch diejenige, die in zahlreichen Schwierigkeiten mit dem Hauspersonal vermittelte. Man konnte sich das Leben in Wysuczka ohne Pilecia nicht vorstellen.
„Liebe Pilecia, was für eine Freude, Sie wiederzusehen!" jubelte ich und küßte sie. „Ist Mama da?"
„Ja, komm schnell. Sie ist in ihrem Zimmer. Was wird das für eine Überraschung für sie sein!"
Mama hatte sich nicht sehr verändert. Allein ihr schönes Haar, das früher wie Gold im Licht glänzte, war weiß geworden. Ganz weiß, wie die Federn einer Taube. Als sie mich sah, glaubte sie ihren Augen nicht zu trauen.
„Bist du vom Himmel gefallen? Träume oder wache ich? Nein, es ist kein Traum!"
Sie nahm mich in die Arme wie damals, als ich ihr kleines Mädchen gewesen war.
„Liebe Mama, Ihre Haare sind ganz weiß. Was haben Sie ertragen müssen? Zu viele Sorgen? Zu viel Leid?"
„Sehr viel Schmerz, besonders als sie unseren Vater mitgenommen haben. Es war im September 1939, vor mehr als zwei Jahren, und seither fehlt von ihm jede Spur. Ich befürchte das Schlimmste. Es werden schreckliche Geschichten von russischen Gefängnissen und Massenhinrichtungen erzählt. Bis jetzt kennt man die ganze Wahrheit nicht. Du weißt ja, wir sind hier von der Welt abgeschnitten. Die Nachrichten gehen nur von Mund zu Mund."

„Und Dada, was ist aus ihm geworden während dieser Umwälzungen?"
„Dada? Zuallererst mußt du wissen, daß er nicht mehr so genannt werden will. Er sagt, er sei kein Kleinkind mehr, sondern immerhin schon fünfzehn Jahre alt. Er heißt jetzt Thadé. Pilecia ist die einzige, die ihn noch Dada nennt. Er lebt bei uns und arbeitet als Freiwilliger auf dem Bauernhof. Er wird jeden Augenblick nach Hause kommen. Unsere Geschichte ist eine lange Geschichte, seit die Rote Armee gekommen ist. Ukrainische Priester und Bauern haben uns, mir und Thadé, das Leben gerettet. Ich werde dir alles erzählen, aber zuerst du! Erzähl, wo kommst du her? Wohin gehst du, was machst du? Und die Kinder und André?"
In diesem Augenblick kam Thadé mit Jaga, einer dieser treuen Frauen aus Wysuczka, herein. Sie ließ uns wissen, daß das Essen fertig sei. Eine ausgezeichnete Bouillon, Kartoffeln, Sauerkraut mit luftgetrockneter Wurst und Apfelkompott wurden uns serviert. Was wollte man mehr?
„Aber Mama, wie machen Sie das mit den Lebensmitteln? Sie haben mit Sicherheit kein Geld!"
„Was das betrifft, gibt es keine Probleme. Es stimmt, daß ich kein Geld habe. Dafür habe ich aber die Freundschaft eines ganzen Volkes. Uns fehlt es an nichts. Im Gegenteil, wir haben oft mehr, als wir brauchen. Die Bauern aus Wysuczka, Piszczatynce, Strazalkowce und sogar aus Wolkowce – was zehn Kilometer von hier entfernt liegt, wie du weißt – versorgen uns. Sie bringen uns Brot, Butter und Käse, Milch, Gemüse, Kasza*, Mamaliga**, Hühner und, zu besonderen Anlässen, Enten. Also alles, was das Herz begehrt."

* Buchweizengrieß
** Maismehl

Nach dem Essen saßen wir alle zusammen gemütlich in Mamas Zimmer, und ich begann meine Geschichte zu erzählen. Sie wollte alles wissen, vom Beginn des Krieges bis zum heutigen Tag. Ich erzählte sehr detailliert, bis auf die Geschichte mit der Abwehr selbstverständlich und natürlich bis auf meinen General. Ich hätte Mama davon erzählen können, aber nur ihr allein. Ich hätte ihr meine Gefühle anvertrauen, sie um Rat fragen können. Sie hätte mich verstanden. Ich habe dazu leider keine Gelegenheit gehabt.

Gegen zwei Uhr in der Nacht war Pilecia der Meinung, daß es nun spät genug sei. Sie zwang uns alle, ins Bett zu gehen.

„Morgen müssen Sie mir alles erzählen, Mama. Wir haben zwei Tage Zeit. Ich brauche erst am Montag wieder abzureisen."

„Und morgen", sagte Thadé, „werden wir zum Schloß hinaufgehen. Du wirst dir die Katastrophe ansehen können!"

Am nächsten Tag, am 15. November, die Sonne war kaum aufgegangen, da schickten wir uns an, den steilsten und direktesten Weg zum Schloß zu nehmen. Nachdem wir in aller Eile unsere warme Milch mit Honig, die Pilecia vorbereitet hatte, hinuntergeschluckt, und in unsere Taschen gutes Schwarzbrot mit Käse gesteckt hatten, begannen wir hinaufzuklettern. Früher nannten wir diese Strecke „Straße der Ziegen". Es hatte in Wysuczka nie Ziegen gegeben, und keiner konnte die Herkunft dieser Bezeichnung erklären.

Von weitem sah das Schloß unverändert aus, aber als wir näher kamen – was für ein Unglück! Keine Türen, keine Fenster, das Parkett war herausgerissen. Es gab nicht die geringste Spur von irgendwelchen Möbeln, und auch die

großen Schränke der Bibliothek waren verschwunden. Wir gingen durch die Zimmer, von einem zum anderen, in der Hoffnung, irgendetwas wiederzufinden. Aber es gab nichts als die gähnende Leere. Die Treppe der Halle stand noch und auch die Treppe, die zu meinem „Gespenster-Turm" führte. Da setzten wir uns hin.
„Na, mein Lieber, das ist ja eine schöne Bescherung. Jetzt erzähle mal, wie das passieren konnte."
„Ja, ich werde dir alles von Anfang an erzählen. Es ist besser, wenn ich das tue, und nicht Mama. Es ist zu traurig für sie."
Und er begann zu berichten:
„Einige Tage vor dem ersten September 1939 wurde uns klar, daß ein Krieg unmittelbar bevorstand. Natürlich waren wir der Überzeugung, daß er nicht lange dauern würde, und daß er mit der Niederlage der Deutschen enden würde. Verbündete Mächte wie Frankreich, England und Polen konnten nicht von einem einzigen Gegner besiegt werden, von dem man dazu noch behauptete, daß bei ihm alles nur vorgetäuscht sei, und daß seine Panzer nur aus lauter Pappmaché und Furnierholz bestünden.
Die Wirklichkeit aber erwies sich leider als eine ganz andere. Wir waren von dem massiven und raschen Rückzug des polnischen Heeres überrascht. Man hoffte auf einen Angriff der Franzosen im Westen, der den Verlauf der Kriegshandlungen hätte verändern können.
Um den 14. September herum rief uns der Staroste* von Borszczów an. Er fragte nach Unterbringungsmöglichkeiten für einen General und seinen Stab. Papa willigte selbstverständlich ein. Zwei Stunden später erschien der General

* Ein Staroste war früher ein polnischer Landrat, Kreishauptmann.

mit seinem ‚Stab'. Dieser Stab bestand aus der Frau des Generals, seiner Tochter, dem Dienstmädchen und drei Jagdhunden. Im anderen Wagen saßen ein Oberst und seine Frau, ein Major, ebenfalls mir seiner Frau, ein Hauptmann, ein Flügeladjutant des Generals und seine Familie. Am Ende des Zuges fuhr ein Lastwagen voll mit Kisten und Koffern.
Das also war der Stab! Wir waren zutiefst erschüttert und schockiert. In dem Augenblick, da Polen um sein Überleben kämpfte, da die tapfere Kavallerie heldenmütig die Panzer des Feindes angriff, wagte diese Flüchtlingsbande sich als Stab vorzustellen!
Am Sonntag, dem 17. September, um sechs Uhr morgens traf ein Unbekannter völlig außer Atem im Schloß ein. Er berichtete, daß die Bolschewisten über die Grenze geschritten seien, bereits Borszczów besetzt hätten und jetzt Richtung Czortków führen, wobei sie vorgaben, Polen zu Hilfe eilen zu wollen. Der Staroste von Borszczów wäre schon verhaftet worden. Die gepanzerten Einheiten rückten weiter vor, angeblich, um gegen die Deutschen zu kämpfen. Unterdessen hörten wir Kanonenschüsse und Schießereien, die aber nicht gegen die Deutschen gerichtet sein konnten, da die noch weit entfernt von unserer Region waren. Auf wen also schossen die Bolschewisten?
Der General, der sich bei uns aufhielt, gab dem Hauptmann den Befehl, in Borszczów die Situation zu klären. Die Hauptstraße war durch Panzer und bolschewistische Truppen versperrt, so daß der Hauptmann auf seinem Weg nach Borszczów auf Feldwege ausweichen sollte. Die Frau des Hauptmanns und ihre Schwester baten darum, ihn begleiten zu dürfen. Sie waren neugierig und wollten mit eigenen Augen die Bolschewisten sehen. Der Hauptmann gestattete

es und bat mich, die Führung zu übernehmen. Ungefähr einen Kilometer hinter dem Dorf standen wir vor einer kleinen Panzerkolonne, die nach Wysuczka fuhr. Unser Hauptmann stieg aus dem Wagen und versuchte den Konvoi auf sich aufmerksam zu machen. Schließlich, nachdem mehrere Panzer an uns vorbeigefahren waren, ohne auf das Signal des polnischen Hauptmanns reagiert zu haben, hielt einer der letzten Panzer. Der Soldat, der ihm entstieg, kam auf uns zu, drohte mit der Waffe und brüllte: ‚Ruki wierch!'* Er riß dem Hauptmann den Revolver aus den Händen und hieß uns alle aussteigen. Er zwang uns zu laufen, und drohte mit der Kanone eines Panzers, die auf unsere Rücken gerichtet war. Der Hauptmann entschloß sich zu handeln. Er erklärte, von seinem General geschickt worden zu sein, um sich mit dem sowjetischen Kommando in Verbindung zu setzen. Man zwang ihn trotzdem, in einen Kastenwagen zu steigen, der voller Soldaten war. Dann fuhren sie mit ihm in Richtung Czortków davon, während die beiden Frauen und ich zu Fuß nach Hause zurückgehen mußten.

Gegen drei Uhr nachmittags war das Schloß umzingelt. Der General und alle Soldaten wurden gefangengenommen. Sie waren tatsächlich nicht als Freunde über die Grenze gekommen. Nun wußten wir, woran wir waren und in welcher Gefahr wir schwebten.

Was sollten wir tun? Zuallererst mußte man die Waffen verstecken. In der Nacht vergruben Papa, Wladek, unser treuer Diener, und ich alle Jagdgewehre, Büchsen und Munitionen im Park. Und dann warteten wir in der Hoffnung, daß man uns Zivilisten vielleicht verschonte.

* Hände hoch!

Alle Tage kam ein Kommando und durchsuchte das Schloß. Man muß zugeben, daß sie sich noch ziemlich anständig verhielten. Das Unglück kam am 21. September. Eine sehr eindrucksvolle Anzahl von Soldaten, mit einem Oberst an ihrer Spitze, kam vor das Schloß gefahren. Nach erneuter Durchsuchung befahlen sie Papa, das Notwendigste einzupacken und in den Wagen, der auf ihn wartete, zu steigen. Kurz vor der Abfahrt teilte der Offizier Mama mit, daß es nur für ein paar Tage sei und er würde bald wieder freikommen. Armer Papa, er sagte kein Wort. Sie fuhren ab, und wir sahen ihn nie wieder.
Am nächsten Tag kam ein Volkskommissar mit seiner ganzen Begleitung. Er rief die Männer des Dorfes zusammen und forderte sie auf, sich alles zu nehmen, was sie vom Gutshof wollten. Jetzt gehöre alles ihnen. Du kannst dir vorstellen, was dann folgte. Die Bauern fielen über den Stall her. Sie trieben alle Kühe hinaus und gerieten sich darüber in die Haare. Sie gingen mit Fäusten, Mistgabeln, Schaufeln und allem, was ihnen in die Hände fiel, aufeinander los. Nach ungefähr einer Stunde war der Streit um die Kühe gelöst. Dann waren Schafe, Pferde, Schweine und schließlich das Federvieh an der Reihe. Zu guter Letzt leerten sie die Getreidespeicher. Innerhalb weniger Stunden war nichts mehr da. Man muß dazu sagen, daß sie Mama eine Kuh und ein Pferd ließen. ‚Es ist für unsere liebe Herrin', meinte Dmytro, der älteste der Bauern.
Ich saß bei dem ganzen Theater auf der kleinen Mauer am Eingang zum Hof und schaute zu. Ich dachte, es sei zumindest ein Glück, daß unsere lieben Bauern davon profitierten, und nicht diese wilden Bolschewisten. Ich war sogar bereit, ihnen bei dieser Ausplünderung zu helfen, aber ich traute mich nicht.

Über Papa gab es kaum Informationen. Wir wußten nur, daß er bis Ende Oktober in Borszczów im Gefängnis sitzen sollte. Besuche waren verboten. Von dort aus wurde er nach Czortków und dann nach Tarnopol geschafft, wo er im gleichen Gefängnis saß wie sein Bruder Viktor.

Inzwischen hatte man Mama mehrmals vorgeschlagen, mit mir und Pilecia nach Rumänien zu gehen. Sie lehnte jedesmal ab, weil sie hoffte, daß Papa bald wieder nach Hause kommen würde. ‚Und wenn er zurückkommt und das Haus leer findet?' fragte sie mich.

Im November teilte man uns mit, daß eine große Anzahl von Gefangenen in ein düsteres Gefängnis in die Sowjetunion geschafft werde: nach Kosielsk. Von da an verloren wir jede Spur von den Gefangenen.

Anfang Dezember wurde das Schloß offiziell beschlagnahmt, um als Kaserne für durchziehende Truppen zu dienen. Nur die Schlafzimmer ließ man uns: das Schlafzimmer von Pilecia und das große Kinderzimmer für Mama, Jaga, die uns nicht allein lassen wollte, und mich. Das Zusammenleben mit den Offizieren und Soldaten verlief ohne besondere Vorfälle. Abends ging Mama in den Salon, wo sie, von den Offizierschören begleitet, am Klavier russische und ukrainische Melodien spielte. Dank der Bauern fehlte es uns an nichts. Kein Tag verlief, ohne daß nicht der eine oder andere uns besuchte, sich nach uns erkundigte, oder uns frische Milch von ‚unseren' Kühen, Fleisch oder ein Suppenhuhn brachte.

Im Januar verließen uns die Truppen. Zu der Zeit begann man von sowjetischer Seite, Druck auf den Gemeinderat und auf die gesamte Bevölkerung auszuüben. ‚Warum habt Ihr die Mankowska nicht vor die Tür gesetzt? Wie lange habt Ihr noch vor, eure ‚Zarin' im Schloß zu behalten?

Wenn es so weitergeht, werden wir euch zusammen mit ihr nach Sibirien schicken!'

Eines Tages, am Ende des Monats, kamen einige Mitglieder des Stadtrats, um uns anzukündigen, daß Mama und ich auf den Listen für die nächsten Deportationen stünden. Der Abtransport war für Anfang Februar beschlossen. Sie rieten uns, weit wegzugehen, solange noch Zeit war. Sie wollten uns helfen, aber sie waren den neuen Machthabern gegenüber hilflos.

Wohin sollten wir gehen, und vor allem – wie? Mit dem Pferd und der Kuh, die uns geblieben waren? Mit dem Zug konnten wir unmöglich fliehen, weil man uns am Bahnhof verhaftet hätte. Abgesehen davon hatten wir kein Geld. Es gab zwar eine jüdische Familie in Jezierzany, die vorschlug, uns zu beherbergen. Der Ort war aber nur zehn Kilometer von hier gelegen, und war damit viel zu nah. Alle überlegten fieberhaft, wohin wir gehen könnten. Und Mama? – Innerhalb von zwei Tagen und Nächten waren ihre schöne blonden Haare grau geworden. Aber sie gab die Hoffnung nicht auf. ‚Der Himmel wird helfen', sagte sie. Am dritten Tag kam endlich die glückliche Lösung, als wäre sie vom Himmel gefallen.

Die Frau des ehemaligen Pfarrers von Wysuczka, des Paters Oleksij*, kam, um Mama zu besuchen. Sie war für ein paar Tage bei ihrem Vater, dem Pfarrer von Gleboczek, der fünf Kilometer von hier wohnte. Der Pater Oleksij war 1938 von Wysuczka in das hundert Kilometer südlich gelegene Horodenka versetzt worden. Als seine Frau von unseren Schwierigkeiten hörte, schlug sie sofort vor, uns nach Horodenka mitzunehmen. ‚Wir werden nachts reisen', sagte

* Die ukrainischen Pfarrer, griechisch-orthodox, sind verheiratet.

sie, ‚damit uns keiner sieht.‘ Pilecia sollte mit Jaga, der Kuh und dem Pferd im Dorf bleiben. In aller Eile mußten wir das Allernotwendigste und einige warme Kleidungsstücke einpacken. Wir hatten minus 40 Grad Celsius. Mit Tränen in den Augen begleiteten Pilecia und Jaga uns zum Schlitten, der mit Stroh aufgefüllt und mit Schafpelzen bedeckt war. So liefen wir nicht Gefahr zu erfrieren.
Wir fuhren gegen zwei Uhr in der Nacht ab und erreichten das Pfarrhaus in Horodenka um vier Uhr am Nachmittag. Was für eine Überraschung für den braven Pfarrer! Unterwegs hatten wir beschlossen, das Mama die Tante Irena Pawluk und ich ihr Sohn Danylo wären.
Die Oleksijs setzten viel aufs Spiel. Wie wir riskierten sie, nach Sibirien deportiert zu werden. Glücklicherweise erkannte uns in diesem entlegenen Dorf keiner. Mama, mit Kopftuch, Stiefeln und der Kleidung einer Bäuerin, war nicht zu erkennen. Wir mußten unser feines Benehmen am Tisch ablegen und mußten lernen, das Kreuzzeichen auf die ukrainische Art zu schlagen, zuerst die rechte, dann die linke Schulter. Wir durften nicht mehr polnisch, sondern nur noch ukrainisch sprechen. Doch wenn man muß, gewöhnt man sich an alles!
Bis zum Sommer ging alles gut. Den Rest lassen wir jetzt Mama erzählen. Es ist hier außerdem zu kalt, um länger zu bleiben. Mama wird sich Sorgen machen, wenn wir nicht nach Hause kommen.“

*

Nachdem wir gut gegessen hatten, saßen wir gemütlich vor einem großen Feuer. Mama erzählte die weiteren Ereignisse.
„Fünf Monate führten wir bei dieser Familie, die ein Herz aus Gold hatte, ein friedliches Leben. Man war liebevoll

und zuvorkommend zu uns. In diesem so ruhigen Dorf vergaßen wir, daß anderswo der fürchterliche Krieg tobte. Uns mangelte es an nichts. Beinahe wären wir glücklich gewesen, wenn uns nicht dieses furchtbare Gefühl der Sorge um Papa, um Wysuczka und um euch alle bedrückt hätte. Ich hatte von euch nichts gehört.
Anfang Juli traf es uns wie ein Blitz. Mehrere Infanterieregimenter und eine Panzerdivision überfielen uns. Es kursierte das Gerücht, daß ein Angriff auf Rumänien bevorstünde. Das Pfarrhaus wurde beschlagnahmt. Der Familie blieben nur noch zwei Zimmer. Wenn es nur das gewesen wäre. Thadé erkannte zwei Offiziere wieder, die in Wysuczka gewesen waren! Ich beschloß sofort, mein Zimmer, das ich mit den beiden Pfarrerstöchtern teilte, nicht mehr zu verlassen. Ich stellte mich krank. Thadé aber schlief im Pferdestall. Für ihn wurde es gefährlich. Also entschlossen wir uns, ihn zu den Eltern des Pfarrers zu schicken, die einen Bauernhof in der Nähe von Buczacz hatten. In einem Heuwagen verborgen, kam er gesund und wohlbehalten dort an. Der Pfarrer hatte ihm einen Brief mitgegeben, in dem alles erklärt wurde. Thadé arbeitete auf dem Feld, kümmerte sich um das Vieh und wurde wie der Sohn des Hauses behandelt.
Was mich betraf, so war ich in meinem Zimmer eingesperrt, bis zu dem Tag, an dem ein Bauer zu uns kam. Er warnte uns: Die Bolschewisten würden das ganze Dorf und alle Häuser durchsuchen. Sie waren auf der Suche nach einer Dame, die sich bei den Dorfbewohnern versteckt hielt. Sie wäre, so wurde gesagt, eine Schloßherrin, die nach Sibirien deportiert werden sollte.
‚Wir dürfen keine Zeit verlieren', drängte Pater Oleksij. ‚Sie müssen sich verstecken. Das Sicherste wäre, wenn Sie sich

ein paar Tage in einer Holzfällerhütte, die sich im Nachbarwald befindet, aufhalten würden. Sie liegt nicht weit entfernt von uns, ungefähr fünfhundert Meter bis zum Waldrand und dann noch einmal genausoweit bis zur Hütte. Meine Töchter werden Sie durch die Felder bis zu dem Weg begleiten, der zur Hütte führt. Sie werden dort eine Strohliege finden. Es ist nicht sehr bequem dort, aber es ist immerhin besser als in Sibirien. Bis Oktober wird keiner die Hütte betreten. Man wird Ihnen etwas zu essen bringen und wir werden Sie an dem Tag benachrichtigen, an dem Sie die Hütte verlassen können. Ich denke, daß es nicht lange dauern wird, da alle Einheiten uns verlassen sollen. Man sagt, daß die Deutschen im Vormarsch sind. Hoffentlich kommen sie schnell!'

Es war noch nicht dunkel, als seine beiden Töchter mich am Eingang des Waldes verließen. Zu dieser Jahreszeit waren die Tage lang. Um die Hütte zu erreichen, mußte ich noch fünfhundert Meter laufen. Mit meinem Bündel in der Hand schlug ich vorsichtig den Weg ein, den man mir gewiesen hatte. Ich trug einen Stock bei mir, um nicht über Baumstümpfe oder Zweige zu stolpern.

Ich war keine hundert Meter gelaufen, als ich Stimmen vernahm. Wer konnte das sein? Ich blieb stehen und wartete ab. Es war sinnlos, davonzurennen, die Stimmen näherten sich rasch. Und plötzlich, im Licht der Dämmerung, sah ich ungefähr zehn Soldaten, die auf mich zukamen. Sie sahen eher wie Deserteure aus, weniger wie ordentliche Soldaten. Sie waren schlampig angezogen und gingen, als ob sie zuviel getrunken hätten. Ich rührte mich nicht von der Stelle, aber sie bemerkten mich. Ich hörte, wie einer von ihnen rief: ‚Ruki wierch!'*

* Hände hoch!

Ich durfte sie nicht gegen mich aufbringen. Ich warf also mein Bündel und meinen Stock hin und hob die Arme. Einer von ihnen, der der Anführer sein mußte, näherte sich mir. Er sah mir in die Augen und fragte: ‚Was bist du, ukrainisch oder polnisch?'
Ich zögerte einen Augenblick.
‚Polin', antwortete ich dann, hob den Kopf und sah ihn direkt an.
‚Polin? Du wirst also sterben, wie es sich für eine Polin gehört.'
Er winkte den anderen mit der Hand.
‚Hierher, Kameraden, stellt sie an einen Baum und verbindet ihr die Augen.'
‚Ihr wollt mir die Augen verbinden? Nicht doch! Ich bin zu neugierig und möchte sehen, wie das alles vonstatten geht.'
Sie nahmen mich und stellten mich ein paar Schritte weiter mit dem Rücken gegen einen Baum. Die Soldaten nahmen mir gegenüber Aufstellung, legten ihre Gewehre an und warteten auf den Befehl des Anführers, auf mich zu schießen. Ich aber meldete mich zu Wort.
‚Warten sie', rief ich, ‚ich mag diesen Baum nicht. Er bringt Unglück und wird Ihnen Unglück bringen. Ich möchte vor einer Eiche sterben.'
Sie ließen ihre Waffen sinken. Sie wußten nicht, was sie tun sollten. Sie kamen zusammen und besprachen sich.
Schließlich befahl der Anführer: ‚Sucht nach einer Eiche!'
Sie liefen auseinander und hielten Ausschau nach dem gewünschten Baum.
‚Hier steht eine, eine große', meldete einer der Soldaten. ‚Kommt hierher!'
Die ganze Gruppe stürzte in die Richtung, aus der die Stim-

me kam. Mit den Kolben ihrer Gewehre schoben sie mich vor sich her. Die Zeremonie begann von neuem.
Sie schienen allerdings nicht mehr so begeistert zu sein, mich erschießen zu müssen. So nutzte ich diesen Augenblick des Zögerns und sagte:
,Wartet noch! Bevor ich sterbe, möchte ich, daß Sie mir eine von Ihren schönen russischen Melodien singen. Es ist mein letzter Wunsch. Es gibt nichts Schöneres auf der Welt als russische Gesänge. Sterben und sie dabei hören, ist, als ob man bereits ins Paradies eintreten würde.'
Diesmal wußten sie wirklich nicht mehr, woran sie waren. Derjenige, der der Jüngste zu sein schien, stimmte mit starker Stimme ,Wolga, Wolga', den allseits bekannten Gesang, an. Die ganze Gruppe fiel ein. Ich schloß mich an. Ein Lied, ein zweites, ein drittes . . . Die Stimmung wurde immer freundlicher. Sie zündeten ein Feuer nicht weit weg von meiner Eiche an, an der ich noch immer stand. Dann baten sie mich zu sich. Ich verbrachte einige unvergeßliche Stunden mit ihnen. Über das Ganze müde geworden, begannen sie einzuschlafen. Da sagte mir der Anführer:
,Jetzt hau ab. Wir haben dich nicht gesehen!'
,Viel Glück', wünschte ich ihnen und schlug schnell den Weg zur Hütte ein.
Dort verbrachte ich zwei oder drei Tage. Ich traute mich nicht hinaus. Man holte mich jedoch bald, weil die sowjetischen Truppen das Dorf und die Gegend verlassen hatten. Man erwartete nun die Ankunft der deutschen Armee, unserer Retterin, voller Ungeduld. Als man sie kommen sah, brachen alle in überschäumenden Jubel aus. In allen Dörfern und kleinen Städten wurden Triumphbögen errichtet, um sie zu empfangen.
Ich beschloß daraufhin, nach Wysuczka zurückzu-

fahren und Thadé mitzunehmen. Da das Schloß verwüstet war, richteten wir uns hier ein. Pilecia und Jaga kamen ebenfalls. Wir sind hier und werden hier auch bleiben, hoffe ich.
So, mein Liebling das war unsere ganze Geschichte."
„Wenn Sie wüßten, Mama, wie gern ich bei Ihnen bleiben möchte. Ich würde zum Schloß hinaufsteigen, mich auf die kleine Mauer neben dem schwarzen Turm setzen und die Gesänge der Bauern hören, wenn sie von der Arbeit kommen. Ich denke oft an Wysuczka. Es ist der Ort auf der Welt, den ich am meisten liebe. Aber da sind die Kinder und alle meine Pflichten. Gegen meinen Willen bin ich in schwierige und gefährliche Angelegenheiten verwickelt worden. Manchmal erschrecke ich, wenn ich bei Menschen das ganze Ausmaß des Hasses erlebe, die Rachsucht, die von ihnen Besitz ergreift. Warum können die Menschen nicht verzeihen? Wie wird man mit solchen Gefühlen eine bessere Welt aufbauen können? Sie haben uns immer gesagt, daß man weder Feindschaft noch Haß, noch Rache empfinden darf. Gilt dieses Prinzip noch immer für Sie nach alldem, was Sie erlebt haben?"
„Natürlich, es gilt immer noch. Ich habe mich oft gefragt, was ich tun würde, wenn einer dieser Männer, die Papa verhaftet haben, vor mir erschiene und krank oder verletzt wäre. Ich bin sicher, daß ich ihn pflegen und ihm etwas zu essen geben würde. Das ist unsere Lebensregel, vergiß sie nie. Christus am Kreuz hat für seine Henker gebetet. Wir müssen seinem Beispiel folgen und es ihm gleichtun."
„Ja, Mama, ich werde es nicht vergessen. Ich verspreche es Ihnen."
„Nur Mut, meine liebe Tochter."

Die Zeit war so kurz! Zu kurz für mich, diese zwei Tage in Wysuczka. Am Montag, dem 17. November, weckte mich Pilecia morgens um sieben Uhr.
,,Du muß noch vor acht Uhr fertig sein. Glaubst du nicht, daß es gut wäre, für den Offizier, der dich abholen wird, ein gutes Essen vorzubereiten? Es ist kalt, es schneit. Er wird die Strecke schon von Czortków aus unterwegs sein, und wird noch einmal zurückfahren müssen, um dich nach Tarnopol zu bringen.“
,,Sie haben recht wie immer, meine gute Pilecia. Ich hätte daran denken sollen, aber meine Aufregung, euch alle wiederzusehen – Sie, Mama und Thadé – meine Traurigkeit, Papa in einem russischen Gefängnis zu wissen, die Sorge um unseren kleinen Bruder, der keine Möglichkeit zu studieren hat – das alles erschüttert mich zutiefst. Und sie dazu so weit weg zurückzulassen, macht mir Angst. Wären sie in Warschau bei Marie oder Beba nicht besser aufgehoben? Ich habe mit Mama darüber gesprochen. Aber sie will davon nichts hören. ‚Ich liebe dieses Volk und dieses Land‘, sagte sie, ‚nichts wird mich freiwillig von hier wegbringen. In Warschau bräuchte ich Geld zum Leben. Und wie du feststellen konntest, kann man hier darauf verzichten. Nein, bestehe nicht weiter darauf. Wir werden hier bleiben. Vor allem mache dir keine Sorgen um uns. Dieser Krieg wird eines Tages zu Ende gehen. Wir werden dann sehen, welche Möglichkeiten wir haben, und wie die Bedingungen aussehen werden, unter denen wir weiterleben müssen‘, tröstete sie mich.“
,,Eure liebe Mama“, lächelte Pilecia, ,,hat in jeder Lage Mut.“
Liebe Pilecia, Schutzengel der Familie.

Von einem Chauffeur begleitet, kam der Offizier am 17. November zur vereinbarten Uhrzeit. Mama empfing beide freundlich, und Pilecia hatte ein sehr gutes Frühstück vorbereitet. Danach fuhren wir ab. Würde ich sie jemals wiedersehen? Ich mußte nach Frankreich zurück und dann nach England – wer wußte schon zu diesem Zeitpunkt, was noch alles über uns kommen würde?
Sechs Stunden lang fuhren wir über vereiste und schlechte Straßen, die glücklicherweise nicht verschneit waren. Viertel nach zwei kamen wir zum Zug, der Gott sei Dank fast eine Stunde Verspätung hatte. Diesmal war kein Platz für mich reserviert worden. Es gab aber nur wenige Leute, und ich fand leicht einen guten Sitzplatz.
Noch sechs Stunden Fahrt und wir würden in Lemberg sein. Plötzlich verschwand alles aus meinem Gedächtnis: Mama, Pilecia, Thadé, das von mir über alles geliebte und nun so verwüstete Schloß, dieses ganze Land. Ich hatte nur meinen Graf von Rothkirch im Kopf, der mich am Bahnhof erwarten würde. Mein Gott, hoffentlich würden wir uns nicht zu sehr verspäten.
Um halb elf fuhr der Zug schließlich mit zwei Stunden Verspätung in den Bahnhof ein. Ich ging auf den Gang hinaus, schob die Scheibe herunter und starrte ängstlich auf den Bahnsteig. Von Rothkirch fehlte jede Spur. Mir wurde es eng ums Herz, und ich versuchte mir tröstend zu sagen, daß er nicht so lange hatte warten können. Endlich bemerkte ich seinen Chauffeur, der auf dem Bahnsteig auf und ab lief und mich suchte. Ich winkte. Er kam auf mich zu und reichte mir einen Brief. Mein Herz klopfte wild, aber ich wollte diesen Brief jetzt nicht aufmachen. Ich wollte warten, bis ich in meinem Hotelzimmer war. Ohne ein Wort zu sagen, setzte mich der Chauffeur dort ab. In meinem Zim-

mer erwartete mich ein riesengroßer Strauß roter Rosen. Ich zählte sie, es waren dreißig, und eine kleine Karte lag dabei: „Auf Wiedersehen, viel Glück!“ Die Unterschrift fehlte. Er nahm mit Recht an, ich würde Bescheid wissen. Große Erregung befiel mich. Ich zog seinen Brief aus der Tasche und öffnete ihn:

16. November 1941

Ich bin nach Berlin beordert worden und muß heute abend nach Deutschland fliegen. Das Übel, das sich ankündigte, ist eingetroffen. SS und Gestapo haben in der Provinz von Lemberg die Macht übernommen. Die Terrorherrschaft wird beginnen. Man wirft uns vor, zu nachsichtig gewesen zu sein. Ich wurde vom Stab nach Kiew beordert. Ich bitte Sie, umgehend nach Frankreich zurückzukehren. Ich werde warten, daß sich unsere Wege ein drittes Mal kreuzen. Ich träume davon . . .
Vom ganzen Herzen mit Ihnen für immer
Ihr
E.R.

PS: Ihr Sitzplatz im Zug nach Warschau am Dienstag, dem 18. November, um halb neun abends ist reserviert. Vernichten Sie diesen Zettel sofort!

War alles vorbei? Meine Tränen flossen auf das Papier, das ich immer noch in Händen hielt, und verwischten Buchstaben und Worte. Er wünschte, daß ich seinen Brief sofort vernichtete. Ich nahm also ein Streichholz und verbrannte ihn über dem Aschenbecher.
Und die Blumen? Was sollte ich mit ihnen machen? Ich konnte sie doch nicht nach Warschau mitnehmen. Wie

sollte ich ihre Herkunft erklären? Ich hatte einen Einfall: Ich wollte sie in den Dom des Heiligen Georg bringen. Dort wollte ich mich bei den ukrainischen Pfarrern und Bauern bedanken für das, was sie für meine Mutter getan hatten. Sie liebte diesen Dom und den Erzbischof Kyr Andrei Szeptycki, der ein großer Freund unserer Familie war. Er hatte der Hochzeit von Marie beigewohnt. Wie oft hatte ich bei ihm gebeichtet? Wenn ich ihn hätte sehen können, er hätte mich verstanden und mich beraten. Welche Ratschläge hätte er mir gegeben? Würden sich Rothkirchs und meine Wege ein drittes Mal kreuzen?
Müde und vom Inhalt des Briefes tief erschüttert, gelang es mir nicht, meine Gedanken zu ordnen. Ein polnischer Dichter hat einmal geschrieben: „Weine nicht über Rosen, wenn die Wälder brennen.“ Rosen verwelken, aber meine Erinnerung würde nie verblühen.
Ich ging sehr spät ins Bett und schlief mit einer Rose in der Hand ein. Sie war mit Tränen benetzt.
Am nächsten Tag, nachdem ich den Strauß im Dom des Heiligen Georg hinterlassen hatte, lief ich durch die Straßen dieser Stadt, die ich so liebte. Ich ging wie eine Nachtwandlerin. Gegen sieben Uhr abends kam ich am Bahnhof an und nahm hier an diesem Tag die erste Mahlzeit zu mir. Pünktlich um halb neun setzte sich der Zug in Bewegung. Ich sah lange aus dem Fenster hinaus. Am Horizont leuchtete der Himmel flammend rot.
„Das sind sowjetische Bomben“, bemerkte einer der Reisenden im Abteil, „die Wälder brennen!“
Die Leute begannen einzuschlafen. Ich blieb als einzige wach. ‚Die Wälder brennen‘. Ich hielt immer noch meine Rose in den Händen und spürte in mir ein Feuer, das nicht ersticken wollte. Ich mußte mich zusammennehmen und

Ordnung in alles bringen. Vor allem durfte ich niemandem etwas sagen. Ich mußte meinem Willen befehlen, alles zu vergessen . . . zu verdrängen . . . nicht mehr daran zu denken.

Von nun an mußte ich wieder meine Rolle als Agentin der „Musketiere" übernehmen, Agentin für Vaterland und Alliierte sein.

„Sei mutig, meine Tochter", hätte meine Mutter mir gesagt. Es war tröstlich, an sie zu denken. Wenn sie nur hätte bei mir sein können. Sie hatte mir oft Mut gemacht in meinem Leben, auch damals nach dem tragischen Tod von Rudi.

Ich war in jenen Tagen noch sehr jung. Er war zehn Jahre älter als ich. Wir waren noch nicht offiziell verlobt, aber wir wußten, daß wir füreinander bestimmt waren. Wir schickten uns kleine Briefe und machten schüchterne Anspielungen. Gesprochen haben wir wenig miteinander. Er war Österreicher, war vor kurzem in Polen angekommen und sprach unsere Sprache noch schlecht. Ich konnte damals kein Wort deutsch. Er hatte von seinem Vater das schöne Gut Kopyczyne geerbt, das fünfzig Kilometer von Wysuczka entfernt lag. Da das Schloß im Ersten Weltkrieg zerstört worden war, wollte er sich ein anderes schönes Haus einrichten. Er beabsichtigte, sich endgültig in unserem Land niederzulassen. Meine Mutter und ich waren einmal in diesem Haus gewesen. Er bat uns für seine Einrichtung um Ratschläge. Ich war selig. Das Leben versprach so viel Glück. Und dann kam die Tragödie...

Es war im Januar 1931. In Skala fand bei seiner Schwester eine Jagd statt. Sie war mit einem unserer Nachbarn, dem Grafen Agenor Goluchowski, verheiratet. Sie wohnten in einem wunderschönen Palast in Lemberg, kamen aber oft auf ihr Gut nach Skala, das zwanzig Kilometer von uns entfernt war. Die Jagd war für meinen Vater und einige Nachbarn organisiert worden. Rudi war dabei. Alles war so weiß, so schön. Die Sonne glänzte auf dem Schnee und der Himmel war strahlend blau. Rudi und ich waren den ganzen Tag zusammen.

Nach der Jagd sagte er mir beim Abschied:

„Übermorgen werde ich nach Wysuczka kommen. Ich möchte vor der großen Entscheidung deine Eltern sprechen. Du verstehst, nicht wahr?"

Ja, ich verstand. Aber ich antwortete ihm nicht. Ich war so glücklich und befangen.

„Ruf mich morgen an, so zwischen sechs und sieben Uhr abends", fügte er noch hinzu. „Ich werde den ganzen Tag mit meinen Jagdaufsehern verbringen und dann zu Hause sein. Ich organisiere für nächste Woche eine große Wildschweinjagd. Agenor und Lala werden aus Lemberg zu uns kommen. Dein Vater wird sich sehr darüber freuen."

Am nächsten Tag rief ich ihn zur vereinbarten Zeit an. Es klingelte, aber ich erhielt keine Antwort. War er noch nicht nach Hause zurückgekehrt? Warum hatte er sich verspätet? Um halb sieben nahm ich wieder den Hörer in die Hand. Diesmal antwortete mir eine unbekannte Stimme.

„Ich möchte", sagte ich, „den Grafen sprechen. Ist er zurück?"

„Nein . . . ja . . . es ist . . ." Ich hörte etwas wie ein Schluchzen. „Der Graf ist tot. Er ist im Wald von einem Wilddieb getötet worden. Man hat ihn gerade nach Hause gebracht."

Es war, als ob mich der Blitz getroffen hätte. Ich ließ den Hörer fallen. Er fiel mit großem Lärm zu Boden. Ich hielt mich am Tisch fest, um nicht zu stürzen. Dann rannte ich zu Mama.

Der Tag seines Begräbnisses wurde der tragischste Tag meines Lebens. Die ganze Familie von Rudi, seine Mutter, seine drei Schwestern mit Ehegatten und Kindern, seine zwei Brüder, seine Freunde aus dem Umland, aus Lemberg und vor allem aus Wien waren anwesend. In den umliegenden Kirchen klangen die Glocken. Wir waren in einer schönen Kapelle, die auf einem Hügel lag, versammelt. Der Sarg war noch offen und stand vor dem Altar. Rudi war darin, als ob er schliefe, lächelnd und friedlich. Ein Verband um den Kopf mahnte die Stelle an, wo die Kugel ihn getroffen hatte.
Die unmittelbaren Familienangehörigen und ich standen rechts vom Sarg, die Kinder und Fremden links. Es gab einen lateinischen und einen griechisch-orthodoxen Gottesdienst und schließlich den des Rabbiners. Es nahm kein Ende. Ich wollte mich ihm nähern und seinen armen Kopf in meine Hände nehmen, ihm sagen „Steh auf, ich liebe dich." Aber ich wagte nicht, mich zu rühren. Ständig hörte ich seine Stimme, seine liebe Stimme, die mir sagte: „Weine nicht, wenn du mich liebst. Ich werde auf dich warten. Du wirst mich glücklich im Licht und im Leben wiedersehen. Wische deine Tränen ab und weine nicht mehr."
Der geschlossene Sarg wurde in das Untergeschoß der Gruft getragen, in einen großen Raum, in dem alle Familienangehörigen ihre letzte Ruhe gefunden hatten.
Wir gingen anschließend in sein Elternhaus, wo uns ein Essen bereitet wurde. Allein seine Mutter kam nicht. Bevor wir uns zu Tisch setzten, sprach mich einer der Diener an: „Frau Gräfin möchte Sie sprechen."
Sie nahm mich in ihre Arme und küßte mich:
„Mein ganzes Leben lang werde ich dich als meine liebe Schwiegertochter betrachten."

Ich blieb bei ihr bis zur Abfahrt. Ich war innerlich wie erloschen. Mein großes Glück war fortgeflogen, für immer.
Ein Jahr lang blieb ich untröstlich. Meine Eltern wußten nicht mehr, was sie tun sollten, um mich abzulenken. Mein Vater schenkte mir ein wunderschönes Pferd, einen arabischen Vollbluthengst, weiß wie Schnee, namens Dahoman XIII.. Ich galoppierte durch Felder und Wälder, weit weg von allem und allen. In der Natur fühlte ich mich meinem verstorbenen Geliebten näher. Mein Vater schenkte mir dann ein Auto, einen schönen Citroën. Ich machte meinen Führerschein und begann ein wenig zu fahren. Meine Mutter versuchte unterdessen, mir vernünftig zuzureden.
„Ich weiß", sprach sie zu mir, „daß du nicht vergessen kannst, aber man kann nicht sein Leben lang weinen. Die einzige Lösung ist, du heiratest und bekommst Kinder."
Marie, die schon zwei Jahre verheiratet war, verschwor sich mit Mama. Ich sollte in Wrzesnia bei ihr Urlaub machen, wo sie mir dann André vorstellte. Kurz darauf war ich mit ihm verlobt. Ein paar Monate später, am 1. Januar 1933, heirateten wir in Wysuczka.
Ich habe Rudi nie vergessen. Zwar verschwand mit den Kindern nach und nach der große, unendliche Schmerz, aber ich habe ihn nie aus dem Gedächtnis verloren.

*

Am Mittwoch, dem 19. November, kam ich um sieben Uhr in der Frühe in Warschau an. Nach einem Frühstück im Bahnhof begab ich mich wegen des Quartierscheins zur Kommandantur, wie General von Unruh und ich es verabredet hatten.

„Für Sie ist ein Zimmer im Hotel ‚Bristol' reserviert worden", teilte mir der Feldwebel vom Dienst mit. „Hauptmann Beelitz hat uns den Befehl dazu gegeben." Es war ganz nah, lag fast gegenüber. Kaum im Zimmer, rief ich Beba an.

„Ah, endlich . . . Wir begannen uns Sorgen zu machen. Wir kommen so schnell wie es geht. Ich sage Tante Mura Bescheid, damit sie auf das Baby aufpaßt."

„Sagt auch Marie Bescheid. Und Stewit. Ich kann ihn aber heute nicht sehen. Ich bin zu müde nach dieser Nacht im Zug und all den Aufregungen in Wysuczka. Wir bleiben heute unter uns. Ich muß mich ausruhen, bevor ich mich wieder mit ernsten Problemen beschäftigen kann."

Am darauffolgenden Tag verbrachte ich den ganzen Morgen bei General von Unruh. Ich berichtete ihm, wie die Lage in der Provinz von Lemberg nach der sowjetischen Besatzung war und bedankte mich bei ihm für die Hotelzimmer in Warschau und Lemberg. Danach war ich frei, um mich Stewit, den Problemen und den Plänen für die Zukunft zu widmen.

Ludwik wohnte allen unseren Gesprächen bei, die bei Stewit oder in der heimlichen Wohnung der ‚Musketiere' stattfanden. Dort waren Sendegerät, Mikrofilme und anderes Material untergebracht.

Stewit hatte sich schon mit London in Verbindung gesetzt. Es war beschlossen worden, daß ich bei meiner Ankunft in London aufgrund meiner „Zusammenarbeit" mit dem Feind von den englischen Behörden offiziell verhaftet werden sollte. Die Nachricht dieser Verhaftung – ohne daß mein Name ausgesprochen würde – sollte von der Presseagentur Reuter am Tag meiner Ankunft um zehn Uhr abends in einem Bericht bekannt gegeben werden. Das sollte für

Stewit und auch für unsere deutschen Verbündeten das Zeichen sein.
Dies abgesprochen, setzten wir uns mit den Berichten auseinander: seine über Deutschland, Rußland und Polen waren schon kodiert und fertig. Meine Berichte über Frankreich mußten noch, bevor man sie auf Mikrofilme aufnehmen konnte, überlesen, verbessert und kodiert werden. Damit beschäftigten wir uns zwei Tage lang. Am Sonntag, dem 23. November, war alles fertig und in den Nahtstellen zwischen den Falten einer Geldtasche gut verborgen.
„Sie werden diese Geldtasche, so wie sie da liegt, den Offizieren des britischen Nachrichtendienstes aushändigen. Jetzt", fuhr Stewit fort, „die mündlichen Anweisungen. Merken Sie sich gut, was ich Ihnen sagen werde. Es ist sehr wichtig. In London werden Sie sofort mit den Offizieren des ‚Intelligence Service' zu tun haben. Sie werden darum bitten, daß man Sie mit ‚Rohn' in Verbindung setzt. Ihm werden Sie unsere Lage hier schildern, die wegen des Kampfes um Macht und Einfluß nicht glänzend ist. Die ZWZ, die Militärorganisation, die sich sonst als sehr nützlich erwiesen hat, ist, was die Auskünfte angeht, nicht sehr kompetent. Die Männer der ZWZ wollten das Monopol über alle Informationen gewinnen, um sie selber nach London zu übermitteln. Sie sind verärgert, weil ich mit den Engländern, die unsere Hauptverbündeten sind, in Kontakt stehe. Sie verlangen völlige Unterwerfung, die ich um keinen Preis akzeptieren kann. Ein Netz wie unseres kann nur gut arbeiten, wenn es im geheimen geschieht und völlig unabhängig ist. Eine Abhängigkeit von der ZWZ zu akzeptieren, wäre ein unverzeihlicher Fehler. Die polnische Karpaten-Brigade in Tobruk, die einzig und allein den

Engländern Rechenschaft schuldet, sollte unser Vorbild sein. Wahrscheinlich wird das unsere provisorische Regierung in London nicht akzeptieren. Vermutlich steht sie unter dem Einfluß der ZWZ-Berichte und man wird uns somit die finanzielle Unterstützung streichen. Unser Sendegerät ist am Ende und ich habe kein Geld, um es reparieren zu lassen.
Ich gebe Ihnen noch zwei zusätzliche Zehndollarmünzen. Eine für Rohn und eine für alle Fälle. Morgen bei unserer Verabredung in der „Rettung" werde ich Ihnen noch sehr wichtige Dinge zu sagen haben. Sie dürfen nichts aufschreiben. Merken Sie sich alles!"
Montag, den 24. November, wartete Stewit in der „Rettung" auf mich. Nachdem er sich kurz mit Rena unterhalten hatte, wendete er sich mir zu. Er wurde sehr ernst:
„Was ich heute zu sagen habe, ist höchst wichtig und geheim. Marschall Rydz-Smigly hoffte, als er im September 1939 von Polen nach Rumänien ging, die polnischen Verbände in diesem befreundeten Land sammeln und von dort aus die Deutschen angreifen zu können. Leider wurde er von den Rumänen verraten. Er wurde mit seinem Stab und seinen Truppen verhaftet und in ein Lager gebracht. Es würde zu lange dauern, Ihnen zu beschreiben, was dann folgte. Dazu haben wir keine Zeit. Um es kurz zu machen: Er kam schließlich infolge eines langen Fußmarsches müde und erschöpft nach Polen zurück und hatte nur eine Sache im Sinn: seinem Vaterland zu dienen, so gut wie er es vermochte. Er setzte sich mit der ZWZ in Verbindung, die aber eine Zusammenarbeit mit ihm ablehnte, obwohl er weder die Anerkennnung seines Ranges noch eine hohe Stelle forderte. Man wollte einfach nichts von ihm wissen. Er wandte sich also an uns. Sein höchstes Ziel ist, als ein-

facher Soldat einen Treueeid auf unseren Oberbefehlshaber in London, General Sikorski, zu leisten und sich seinen Befehlen unterzuordnen. Wir werden ihn morgen besuchen. Er wird Ihnen einen persönlichen Brief mitgeben, den Sie General Sikorski aushändigen werden. Das ist Ihre Aufgabe! Seien Sie morgen früh um halb elf bei mir. Wir werden zusammen zum Marschall gehen."

Am nächsten Tag klingelte ich zur verabredeten Zeit an seiner Tür.

„Alle unsere Pläne wurden über den Haufen geworfen", begrüßte mich Stewit. „Wir haben in Übereinstimmung mit dem Marschall beschlossen, daß es unvorsichtig wäre, Sie zu ihm zu führen. Niemand könnte uns garantieren, daß die Gestapo Sie nicht beschattet. Es wäre ein großer Triumph für sie, wenn sie den Marschall in ihre Hände bekämen! Sogar der Brief, den Sie dem General aushändigen sollten, ist riskant. In den Zügen gibt es Kontrollen. Der Brief könnte beschlagnahmt werden. Das wäre eine Katastrophe für den Marschall und für Sie. Wir haben also beschlossen, keines dieser Risiken einzugehen. Ich werde Ihnen den Brief persönlich am 4. Dezember nach Paris bringen. Seien Sie morgens um halb elf in der Kirche La Madeleine, vor dem zweiten Altar links. In dem Fall, daß etwas Schlimmes oder Unerwartetes dazwischenkommt und ich nicht kommen kann, werde ich Ihnen an Ihre Feldpostnummer in Noirmoutier schreiben. Ich werde mit ‚Arthur v. T.' unterzeichnen."

„Was heißt ‚Arthur v. T.'?"

„Es ist mein Pseudonym, wenn ich in der Kleidung eines SS-Offiziers durch Deutschland reise. Mein Name ist dann ‚Arthur Baron von Tierbach'. Mit den Stempeln, die Sie besorgt haben, werde ich keine Schwierigkeiten haben. Sie fahren morgen abend, nicht wahr? Wir könnten uns vorher bei Rena treffen. Beba und Marie werden auch dabei sein. "

„Einverstanden. Schade, daß ich den Marschall nicht kennenlernen kann. Aber ich verstehe Ihre Vorsicht."

*

Wie besprochen ging ich am 26. November nachmittags zu Rena. Marie und Beba waren bereits da. Ludwik kam mit Stewit ein bißchen später. Er entschuldigte sich für seine Verspätung.

„Wir haben Ihren Unterrock nicht rechtzeitig zu Ende nähen können. Da ist er nun", sagte Stewit und gab mir ein Päckchen.

Alle brachen in Lachen aus. Ich war die einzige, die seine Worte nicht verstand.

„Mein Unterrock? Aber was bedeutet dieser Scherz?"

„Es ist besser, wenn wir ihr alles erklären", sagte Stewit. „Es ist kein Scherz, es hört sich nur so an. Es verhält sich folgendermaßen: Ich wollte Ihnen noch eine Nachricht für die britische Botschaft in Lissabon anvertrauen. Der Text war fertig kodiert. Leider hat aber unser Mikrofilmgerät eine Panne gehabt. Es wird erst morgen repariert. Wenn ich mich nicht irre, haben Sie vor, heute abend abzufahren. Was also war zu tun? Marie hatte eine geniale Idee. Mit ihrem treuen Zimmermädchen Monia hat sie in aller Eile einen Unterrock genäht, der unten am Saum mit hübscher Spitze verziert ist. Etwas oberhalb der Spitze haben wir mit der Schreibmaschine um den Saum herum vier Reihen unserer Nachrichten getippt. Darauf wurde ein dunkelblaues Band genäht. Sehen Sie selber, es ist schlau, nicht wahr?

Keine Kontrolle könnte das entdecken. Jetzt ziehen Sie ihn an und trennen Sie sich erst in Lissabon davon. Sie müssen ihn in der Botschaft dem Hauptmann Jarvis vom ‚Intelligence Service' aushändigen."

„Sie glauben doch wohl nicht, daß ich ihn ständig tragen werde! Und stellen Sie sich einmal vor: Ich komme in Lissabon in der Botschaft an, sage dem Offizier, daß ich eine Nachricht für ihn habe und – hopp – ziehe meinen Unterrock aus! Die Engländer werden entzückt sein!"

Vor allen Anwesenden zog ich meinen wertvollen Unterrock an. Da mein Zug nicht vor acht Uhr abends abfuhr, blieben noch einige Stunden, in denen ich alle Anweisungen von Stewit und Ratschläge von Rena entgegennehmen konnte. Mit Marie und Beba schmiedeten wir Pläne für unser Wiedersehen nach dem Krieg. Doch keiner von uns wußte, ob wir uns jemals wiedersehen würden.

Ludwik gelang es, ein Taxi zu finden, aber aus Vorsicht begleitete er mich nicht zum Bahnhof.

Es war vorbei! Der große Sprung! Ich fuhr ab und ließ hinter mir mein Land, meine Familie, meine Erinnerungen und meinen Liebestraum. Wieder mußte ich ein neues Leben anfangen.

*

Die Reise kam mir unendlich lang vor. Ich hatte den Eindruck, daß der Zug nicht vorwärts kam. Es gab immer wieder Routinekontrollen an den Grenzen und an bestimmten Haltepunkten. Dann mußte ich zwei Stunden in Berlin mitten in der Nacht warten. Ich bereute, die von Hoepfners zu dieser Uhrzeit nicht anrufen zu können. Aber es war besser

so. Wenn die Nazis mich erwischen würden, wären alle, mit denen ich Kontakte gehabt hatte, in Gefahr.
Hier und da sah ich auf der weiteren Fahrt das Feuer von Bränden und zerstörten Gebäuden. Das war alles andere als beruhigend.
Um halb sechs abends kam ich in Paris an. Ich wollte mich nicht in der Kommandantur melden und rief Yanie an:
„Hallo, Yanie, darf ich ein paar Tage bei dir übernachten? Wenn ja, komme ich sofort, ich muß nur ein Taxi finden. Du weißt, daß ich mich mit der U-Bahn überhaupt nicht auskenne."
„Selbstverständlich, wir freuen uns. Wir haben sogar für den Salon ein neues Schlafsofa gekauft. Es ist sehr bequem, du wirst sehen. So eine Überraschung! Bis gleich."
Es war eine Freude, sie wiederzusehen. Sie wollten alles über Polen – das sie beide so liebten – wissen, über Marie, Beba, meine Mutter und Wysuczka. Ich verbrachte ein paar Tage bei ihnen und ging kaum aus. Wenn die Gestapo mir gefolgt war, hatte sie meine Spur nun bestimmt verloren.
Am Montag, dem 1. Dezember, entschloß ich mich, die Marquise anzurufen. Ich wollte mich nach Dr. Schwerbel erkundigen, dem ich so viel schuldete. Ohne ihn hätte ich immer noch im Gefängnis Cherche-Midi gesessen. Die Marquise war merklich glücklich, mich am Telefon zu hören, und wir vereinbarten, uns am Nachmittag in einem Café auf den Champs-Élysées zu treffen. Wir sprachen gleich über Dr. Schwerbel.
„Wie Sie ja bereits wissen", sagte sie, „ist er seit Juni spurlos aus der Avenue Foch verschwunden. Ich habe vergeblich und mit allen Mitteln versucht, mehr darüber zu erfahren. Immer das gleiche: finanzieller Betrug oder in ein Komplott gegen Hitler verwickelt oder Homosexuali-

tät. Mittlerweile glaube ich nichts mehr davon, bis vielleicht auf die Geschichte von seiner Zugehörigkeit zu einer antinationalsozialistischen Organisation. Vor ungefähr einem Monat ging ich zum Cherche-Midi, um Pakete für polnische Gefangene hinzubringen. In einem Zimmer, das für die Paketkontrolle vorgesehen ist, mußte ich auf einen Verantwortlichen warten. Plötzlich ging eine Tür auf. Ich sah einen Offizier von der Gestapo hereinkommen, der einen Mann vor sich herschob. Dieser blickte zwar zu Boden, aber ich meinte, Dr. Schwerbel zu sehen. Ich rief: ‚Herr Schwerbel! Bleiben Sie tapfer!‘ Der Mann hob den Kopf und ich erkannte, daß er es wirklich war. Schwerbel sah mich und wurde bleich. Er hatte Tränen in den Augen und wollte mich umarmen. Er wollte mir etwas sagen und fing einen Satz auf polnisch an, aber der Mann von der Gestapo zerrte ihn brutal von mir weg und zwang ihn durch eine andere Tür hinaus. Das ist leider alles, was ich weiß. Ich habe ihn nie wiedergesehen, und sein Nachfolger hat mir jede Auskunft verweigert."

Nachdem sie mir von diesen Zwischenfall erzählt hatte, war sie völlig verwirrt. Die Arme! Sie tat mir wirklich leid. War sie in ihn verliebt gewesen?

Bei den Chaumonts zurück, rief ich im Hotel „Commodore" an. Ich fragte nach Dr. Alexander.

„Er ist heute den ganzen Tag außer Haus und wird erst morgen früh wieder hier sein."

„Können Sie ihm ausrichten, daß ich ihn morgen um zwei Uhr nachmittags anrufen werde? Danke."

Ich legte auf, bevor der Portier Zeit hatte, nach meinem Namen zu fragen. Man hatte Dr. Alexander meine Nachricht sicherlich ausgerichtet, denn ich erreichte ihn am nächsten Tag sofort.

„Sie sind früher da als erwartet", sagte er. „Ich habe erst morgen mit Ihnen gerechnet."
„Ja, ich weiß, aber ich konnte mich an das genaue Datum unserer Verabredung nicht mehr erinnern. Ich schreibe nichts auf. Ich muß alles im Kopf behalten. Ich hoffe, daß es Sie nicht zu sehr stört?"
„Auf keinen Fall, ich freue mich. Wann können wir uns sehen? Sind Sie heute abend frei? Ich lade Sie zum Abendessen ein. Wir müssen viel miteinander besprechen. Wenn es Ihnen recht ist, treffen wir uns im Café ‚Colise' auf den Champs-Élysées."
„Einverstanden. Ich werde um acht Uhr dort sein. Oder ist das zu früh für Sie?"
„Nein, der Zeitpunkt ist ausgezeichnet."
Er nahm mich in ein hervorragendes Restaurant mit und führte mich anschließend in das „Schéhérazade", wo man Champagner trank und Zigeunermusik lauschte. Er sprach über unser Hauptproblem: die Abwehr.
„Die Abwehr in Berlin ist einverstanden. Wir müssen bloß noch einige Kleinigkeiten klären und Sie müssen ein paar Unterschriften leisten."
Er zog einige Dokumente und Formulare aus seiner Aktentasche. Auf ihnen war mein Name bereits vermerkt. Ich brauchte nur die üblichen Rubriken auszufüllen. Auf einem Formular stand, daß ich mich verpflichtete, dem Deutschen Reich nach Kräften zu dienen. Deutschland würde von nun an für mich und meine Kinder die Heimat sein. Er bemerkte, daß ich zögerte.
„Es ist nur eine Formalität. Es ist der einzige Weg, Winnogóra eines Tages zurückzugewinnen. Vor dem Ersten Weltkrieg waren die Eltern Ihres Mannes auch deutsche Staatsbürger. Ich denke nicht, daß sie über dieses Formular

geklagt hätten. Außerdem hindert Sie nichts, sich weiter auf Ihre Herkunft zu berufen."
Mir blieb keine andere Wahl, ich mußte unterschreiben. Von nun an war ich also Agentin der Abwehr. Wir unterhielten uns über die Vorgehensweise, über das, was ich meinen Freunden und den französischen Behörden auf der Insel sagen sollte. Was meine deutschen Vorgesetzten in der Kommandantur und beim Zollgrenzschutz betraf, so wollte er alles übernehmen.
„Und Ihre Mutter? Wann wird sie in Noirmoutier ankommen?"
„Ach ja, natürlich! Ich habe völlig vergessen, es Ihnen mitzuteilen. Sie wird nicht kommen. Sie will weder das Land, das sie liebt, noch ihren fünfzehnjährigen Sohn, noch ihre lieben Bauern, die ihr treu und ergeben sind, verlassen. Vor allem hofft sie, daß mein Vater, der 1939 in die Sowjetunion deportiert wurde, zurückkommt. Sie hat seit seiner Verhaftung nichts mehr von ihm gehört und hat sehr schwere Zeiten durchgemacht. Aber mittlerweile hat sie sich ganz gut eingerichtet. Ich denke, daß wir unsere Pläne ein wenig korrigieren müssen. Meiner Meinung nach wäre es keine schlechte Taktik, die Kinder mitzunehmen. Eine Frau mit Kindern ist weniger verdächtig als eine alleinstehende Frau, glauben Sie nicht auch?"
„Ohne Zweifel, da haben Sie recht. Ich werde meinen Vorgesetzten in Berlin davon Mitteilung machen. Sobald ich ihre Einwilligung erhalte, gebe ich Ihnen Bescheid. Ich werde dann möglichst rasch nach Noirmoutier kommen, um das Ganze endgültig festzumachen. Man wird Sie wahrscheinlich für einige Zeit nach Tours versetzen. In der Zwischenzeit fahren Sie in Ihrer gewohnten Tätigkeit fort, als ob nichts geschehen wäre. Bleiben Sie noch ein paar Tage in Paris?"

„Nein, ich muß morgen, spätestens übermorgen zurückfahren. Zollrat Maier hat das Datum meiner Rückreise festgesetzt."
„Bevor wir uns verabschieden, gewähren Sie mir diesen Tanz. Es ist ein Wiener Walzer."
„Es tut mir leid! Ich tanze gern, besondes Walzer. Aber ich habe mir in Warschau den Fuß verstaucht, und der Arzt hat mir für drei Wochen äußerste Schonung auferlegt. Lassen wir den Tanz für das nächste Mal."
„Soll ich Sie wenigstens zurückfahren?"
„Das brauchen Sie nicht, ich werde ein Taxi nehmen."
„Gut, ich begleite Sie also im Taxi."
Ich wollte nicht, daß er erfuhr, wo und bei wem ich wohnte. Ich gab dem Taxifahrer eine Adresse in einer Nebenstraße an und klingelte an einer Haustür, als wir in der Straße angekommen waren. Eine halb verschlafene Concierge öffnete einen Spalt die Tür. Nachdem ich ihr ein reichliches Trinkgeld gegeben hatte, gestattete sie mir, gute zehn Minuten bei ihr zu warten. Das Taxi verschwand um die nächste Biegung, und ich ging in aller Ruhe zu den Chaumonts, die mich bereits erwarteten.
„Na, und?" fragte Yanie, die sehr aufgeregt war. „Was hast du erreicht? Ist es dir gelungen, Hitler auszuschalten? Oder hast du irgend etwas ähnlich Heldenhaftes vollbracht?"
„Weißt Du, wenn ich in Hitlers Nähe kommen könnte, würde ich ihm zu verstehen geben, daß er die verkehrte Richtung eingeschlagen und sich mit schlechten Menschen umgeben hat. Aber leider gibt es für mich weder die Möglichkeit, ihn von Nahem noch aus der Ferne zu sehen. Die einzige Heldentat dieses Abends, von der ich berichten kann, ist, daß nun vor euch eine offizielle Agentin der deut-

schen Gegenspionage steht, sozusagen ‚gelesen und für gut befunden'. Was haltet Ihr davon?"

„Du stürzst dich da in gefährliche Geschichten. Hat es dir nicht gereicht, polnische Agentin zu sein und die Nazis im Nacken zu haben?"

„Ihr braucht keine Angst zu haben. Das ist schon alles sehr gut eingefädelt. Ich werde euch morgen mehr darüber berichten. Es ist spät, ich werde zu Bett gehen. Übermorgen habe ich eine sehr wichtige Verabredung mit dem Chef unseres Nachrichtennetzes in Polen. Anschließend werde ich mit dem Zug nach Nantes fahren."

*

Mittwoch, 3. Dezember: ein ruhiger Tag. Jean war in der Bank. Ich blieb allein mit Yanie. Sie erzählte mir von ihrem täglichen Leben in Paris, von ihren Kontakten mit Mitgliedern des Widerstands und ihren Plänen für die Zukunft.

„Wenn Jean nach dem Krieg nur wieder seine Stelle in der Bank übernehmen und ich nach Winnogóra zurückkehren könnte, was wäre das für eine Freude!"

„Ja, das wäre wunderschön. Aber das wird nicht geschehen. Ich habe das Gefühl, daß wir niemals mehr in Winnogóra leben werden."

„Wie kommst du denn darauf? Bei dir erstaunt mich diese Haltung besonders. Sonst bist du immer so optimistisch!"

„Ich kann es nicht erklären. Ich habe diese Ahnung seit dem Tag, an dem die Gestapo uns vertrieb. Darüber hinaus bin ich optimistisch. Wir werden den Krieg gewinnen. Aber mit Winnogóra ist es vorbei."

„Sag mir eines: Warst du in Winnogóra glücklich?"

„Nein."

„Aber warum nicht? Du hast alles besessen, wovon eine Frau nur träumen kann: einen Mann, schöne Kinder, ein Vermögen, ein Schloß, die schönsten Kleider, Schmuck, edle Pferde, Empfänge, Erfolg – kurz gesagt: einfach alles!"
„Ja, das stimmt, ich glaubte, alles zu haben."
„Was hast du vermißt?"
„Reden wir nicht davon. Gehen wir lieber ins Kino, um uns abzulenken."

*

Tags darauf, am Donnerstag, dem 4. Dezember, war ich seit zehn Uhr in der Kirche La Madeleine. „Zweiter Altar, links", hatte Stewit gesagt. Bis zu unserer Verabredung um halb elf hatte ich noch eine halbe Stunde Zeit und konnte einen Rosenkranz beten. „Gegrüßet seist du, Maria, voll der Gnaden, der Herr . . ." Ich hörte, wie die Tür aufging. Jemand kam herein. Ich drehte mich um – nein, es war ein junges Paar. Ich sah auf meine Uhr. Es war erst zwanzig nach zehn. Ich nahm erneut meinen Rosenkranz: „Der Herr ist mit dir . . . dein Wille geschehe . . ." Mir wurde bewußt, daß ich die Gebete verwechselte. Die Tür knarrte. Diesmal war es ein alter Herr. Es war nun zwanzig vor elf. Ich konnte mich nicht mehr zusammennehmen und beten. Hoffentlich war ihm nichts zugestoßen! Ich wartete. Viertel vor elf, elf Uhr, halb zwölf. Immer noch nichts. Hatte man ihn unterwegs verhaftet? Nein, das war nicht möglich, er hatte sich gut vorbereitet. Vielleicht war etwas Unvorhergesehenes passiert, unter Umständen ein Unfall des Marschalls. Sollte ich noch warten?
Um zwölf Uhr verließ ich beunruhigt die Kirche und kehrte

zu Yanie zurück. Ich hatte gerade noch Zeit, meinen Koffer zu packen und rasch etwas zu essen. In aller Eile fuhren wir zum Bahnhof Montparnasse. Um halb drei fuhr der Zug nach Nantes ab.

*

In Noirmoutier tröstete mich die Freude der Kinder über das hinweg, was ich in den letzten Wochen durchgemacht hatte. Ich nahm meine Arbeit wieder auf. Ich erzählte jedem, der es hören wollte, was für verheerende Folgen die sowjetische Besatzung in den Ostprovinzen und in Polen hatte und berichtete von den Verwüstungen der Schlösser, den Zerstörungen der Bibliotheken, der Archive und der Kunstwerke, von den Deportationen von Millionen von Zivilisten und Soldaten nach Sibirien. Die Deutschen nahmen meine Berichte mit Befriedigung zu Kenntnis, die Kommunisten wahrscheinlich nicht, aber meines Wissens gab es auf der Insel sowieso nur sehr wenige Kommunisten.

Die Zeit verging. Ich begann mir mehr und mehr Sorgen um den Marschall und Stewit zu machen. Was war geschehen? Ich wartete auf Nachrichten von ihnen, und auch von Dr. Alexander. Wenn Berlin nicht akzeptierte, daß ich mit meinen Kindern nach England gehen wollte, würde mein Vorhaben ins Wasser fallen. Am 20. Dezember traf endlich ein Brief ein, unterschrieben mit „Arthur v. T.“. In wenigen Worten ließ Stewit mich wissen, daß „Ihr Greis, den Sie vor Ihrer Abreise nicht treffen konnten, drei Tage darauf nach zwei Herzanfällen gestorben ist“. Alles weitere waren Floskeln. Der Brief enthielt natürlich keine Anweisungen, was ich General Sikorski oder den übrigen polnischen Stellen in London sagen sollte.

Welch ein trauriges Schicksal hatte Marschall Rydz-Smigly ertragen müssen, dieser große Patriot, der viele Risiken eingegangen und zu Fuß wie ein armer Landstreicher in seine Heimat zurückgekehrt war, um ihr treu zu dienen. Ihn hatten seine Kräfte verlassen, bevor er seine Mission zu Ende bringen konnte. Stewit bewunderte diesen Mann über alle Maßen, diesen Kriegshelden, der 1918 für die Unabhängigkeit Polens gekämpft hatte. Ich war tief erschüttert. Ich schrieb Stewit umgehend an die Adresse, die er in Warschau unter falschem Namen angegeben hatte, aber mein Brief blieb ohne Antwort.

*

Am Dienstag, dem 23. Dezember, bekam ich einen Anruf von der Feldkommandantur 6O5 aus La Roche-sur-Yon. Dr. Alexander rief mich nach Paris.

„Das kommt nicht in Frage“, antwortete ich, „daß ich und meine Kinder zu Weihnachten Noirmoutier verlassen. Soll er doch nach Noirmoutier kommen, wenn er dringend mit mir sprechen will, oder soll er mich anrufen oder mir vielleicht schreiben. Richten Sie ihm das aus. Er darf sich nicht einbilden, daß ich auf der Stelle springe, wenn er pfeift.“

Weihnachten und Silvester waren vergangen, und niemand hatte auf meine Weigerung, nach Paris zu kommen, reagiert. War meine Reaktion zu unverschämt gewesen? Er würde daraus lernen.

Ich hatte viel freie Zeit – Marie-Thérèse Caillaud kümmerte sich um die Kinder – und bereitete einen weiteren Bericht über die Lage in Frankreich vor. Ich war jetzt Agentin der Abwehr, und aus diesem Grund würde man mich bestimmt nicht mehr untersuchen. Ich verbarg alle meine Informationen und Berichte in Heften und Schulbüchern. Bei meinen Ausführungen war mir wichtig zu betonen, daß die Alliierten nicht alle Deutschen als Nationalsozialisten ansehen durften. Ich war mit der britischen Propaganda der BBC nicht einverstanden. Sie machte keinen Unterschied zwischen den Deutschen. Diese seien alle Bestien und steckten mit der Gestapo und der SS unter einer Decke. Es war falsch, immer wieder zu betonen, daß alle Deutschen ausnahmslos schlecht wären und die ganze Nation zermalmt und erniedrigt werden müsse. Das führte nur dazu, daß sich die Deutschen geschlossen gegen Großbritannien stellten. Meiner Meinung nach sollte britische Propaganda die Deutschen gegeneinander aufbringen und mußte ihnen zu verstehen geben, daß Hitler und die Nationalsozialisten das ganze deutsche Volk in den Untergang führten, daß aber die Politik der Alliierten zum Ziel hatte, „anständigen" Deutschen eine Chance zu geben. Innerhalb Deutschlands gab es bereits eine zunehmende Tendenz des Widerstands gegen die Nazis. Diesen Widerstand mußte man unterstützen. Die Kluft zwischen den Nazis und den anderen Deutschen mußte sich vertiefen. Auch die deutsche Armee mißbilligte die Übergriffe und Kontrollen der Partei und machte sie für manche militärischen Niederlagen verantwortlich. Zudem müßte die Religion mehr Einfluß im Leben des deutschen Volkes gewinnen, ohne daß dies übertrieben werden sollte. Es wäre von Vorteil, die schönen Traditionen der Taufe, der kirchlichen Eheschließungen, der Familienbindung und der religiösen Erziehung in den Schulen in Deutschland aufzuwerten, denn all das hatten die Nationalsozialisten abschaffen wollen.

Die Deutschen waren aber ein Volk, das tief romantisch war. Man müßte ihnen von der Schönheit ihres Landes, ihrer Berge, Flüsse und Wälder erzählen, von ihren interessanten alten Städten und ihren altertümlichen Bräuchen. Dann würden sie wahrscheinlich besser erkennen, was für einen Angriffskrieg sie, von dem unmäßigen Ehrgeiz eines einzigen Mannes und seiner Clique angetrieben, führten. Würden die Engländer mich verstehen?

*

Am Dienstag, dem 13. Januar 1942, erhielt ich erneut eine Nachricht von der Feldkommandantur 605: Ich sollte Noirmoutier am 18. Januar mit Kindern und Gepäck verlassen.
Mir blieben fünf Tage, um alles in die Wege zu leiten, um meine Freunde und alle, die mir in schwierigen Situationen beigestanden hatten, zu benachrichtigen, vor allem die Caillauds, die meine Kinder gehütet hatten, als die Gestapo mich verhaftet hatte. Monsieur Caillaud mußte für das Rathaus jetzt dringend eine neue Dolmetscherin finden.
Dr. Alexanders offizielle Version lautete, daß ich als Dolmetscherin an die Feldkommandantur von Tours versetzt werden würde. Das klang absolut glaubwürdig. Nur wenige Personen sollten wenigsten einen Teil der Wahrheit – das endgültige Ziel meiner Reise – wissen. Dagegen mußte geheim bleiben, wie ich dorthin gelangte. Meine Freunde verstanden, daß ein Gutteil der Einzelheiten vertraulich bleiben mußte.
Unter ihnen waren die Evens, denen ich sehr verbunden war und bei denen ich ein leistungsstarkes Empfangsgerät untergebracht hatte, mit dem ich die Sendungen aus London und die neuesten geheimen Nachrichten empfangen konnte. Monsieur Even war Schweinemetzger, seine Frau war Schneiderin. Sie fertigte für mich alles, was ich

brauchte, ohne dafür Geld annehmen zu wollen. Sie waren beide sehr betrübt, als sie von meiner bevorstehenden Abreise erfuhren.
,,Wie werden wir erfahren, ob Sie es geschafft haben, nach England zu gelangen?"
,,Wir müssen einen Weg finden. Ich weiß noch nicht, welchen."
,,Einen Moment", rief Monsieur Even, ,,ich habe eine Idee. Letzte Woche habe ich einen Text für ein Lied geschrieben. Ganz Noirmoutier würde sich freuen, wenn er um neun Uhr abends in der französischen Sendung vom BBC zu hören wäre. Aber Sie dürfen nur ‚Free French' darum bitten, ihn ein paar Tage hindurch zu senden. Das wird für uns das Zeichen sein, daß Sie gut angekommen sind. Die Melodie ist die von ‚Unter den Brücken von Paris'."
Er zog aus einer Mappe ein Blatt Papier, das er mir reichte.
,,Lesen Sie es, und sagen Sie mir, was Sie davon halten."
In Deutsch ist der Text etwa so wiederzugeben:

Erste Strophe:
Überall über unserem Frankreich sehen Sie sie fliegen
Die großen weißen Flügel mit den Hakenkreuzen
Das sind die Flugzeuge des Deutschen Reichs
Sie sind leicht zu erkennen
An ihrem Motorenlärm, fünfhunder Kilometer pro Stunde
Fliegen sie, denn sie sind die Herrscher.

Refrain:
Sehen Sie sie vorüberfliegen, die deutschen Dickschädel
Mit den Hakenkreuzen
Wie sie unsere Landschaften und Täler überfliegen
Diese Herren machen es sich gemütlich.

Wenn ein Engländer aufkreuzt, schwöre ich ihnen, ist es
Damit vorbei
Sie geben Gas und drehen ab in ihr Land
Diese großen Nazivögel!

Zweite Strophe:
Von Norwegen bis Frankreich
Von Frankreich bis zum Balkan
Fliegen immerzu ihre Flugzeuge mit den weißen Flügeln
Über unseren Ländern scheint der Nazivogel große Heldentaten zu vollbringen.
Aber in Rußland, ich sage es Ihnen, da zieht der deutsche Dickwanst den A . . . ein.

Refrain:
Dort sagt man, in Frankreich haben ihre Stukas* Heldentaten vollbracht
Im Moment haben sie es sicherlich schwer
Das tut ihnen, diesen widerlichen Preußen, mal gut
Sie haben unsere Frauen und Kinder ermordet
Jetzt sind sie an der Reihe.

Dritte Strophe:
Aber der Tag ist nah
Und er wird bald kommen
An dem die kleinen dickschädeligen deutschen Flieger
Mit ihren Hakenkreuzen
Von unseren Freunden, den braven Tommis
In die Flucht geschlagen werden
Und dann werden alle unsere Kinder
Auf den Straßen spielen können.

* Sturzkampfbomber

Refrain:
Denn an diesem Tag werden für sie
Unsere Flugzeuge tief fliegen
Und unter unseren Flügeln mit den schönen
Französischen Farben
Singen unsere gewaltigen Motoren die Marseillaise
De Gaulle und seine Freunde ziehen in Paris ein
Und der besiegte Nazi hoppelt wie ein Kaninchen
Zurück über den Rhein.

(Ren Even, 1942)

„Ausgezeichnet, Monsieur Even, „ich werde mein bestes tun, damit ‚Free French' in London es wie besprochen vor den neun Uhr Nachrichten im BBC ausstrahlt."
Es war ein Vergnügen für mich zu sehen, wie stolz und glücklich sie waren bei dem Gedanken, daß ihr Lied von London gesendet und in ganz Frankreich gehört werden würde.
Einen Tag später rief ich Zollrat Maier in Royan an, um ihn von meiner bevorstehenden Abreise zu unterrichten. Er schien bereits Bescheid zu wissen, ohne aber das Abreisedatum zu kennen. Er war völlig außer sich und sagte mir, daß er am nächsten Morgen um zehn Uhr über Le Gois zu mir käme, um sich mit mir über meine Pläne zu unterhalten.
Gesagt, getan. Nachdem Zollrat Maier den Zollbeamten Altmann hinausgeschickt hatte, ging er ohne Umschweife das Thema an:
„Sie wissen", sagte er, „daß ich Sympathie für Sie empfinde. Daher erlauben Sie mir, daß ich Sie vor diesem Unternehmen warne. Es ist gefährlich, sehr gefährlich. Was sind Ihre wahren Gründe, die Sie zu diesem Schritt veranlas-

sen? Noch ist es vielleicht nicht zu spät, davon zurückzutreten. Hätten Sie in Noirmoutier nicht ruhig das Ende des Krieges abwarten können? Sie werden hier nicht schlecht behandelt, es fehlt Ihnen an nichts, alle haben Sie gern."

„Es stimmt, was Sie sagen. Ich fühle mich wohl hier, aber es gibt auch einige, die mich schief ansehen, weil ich für den Feind arbeite. Sie werden sich rächen, wenn Sie schließlich das Land verlassen haben. Nein, es ist unmöglich. Ich muß an die Zukunft denken. ‚Wer nicht wagt, der nicht gewinnt.' Ein sehr vernünftigiger Ausspruch, habe ich den Eindruck. Vielleicht haben Sie recht, wenn Sie sagen, daß es gefährlich ist, aber ich bin nie vor einer Gefahr zurückgeschreckt. Angst kenne ich nicht. Mir wurde versprochen, daß ich mein Gut zurückerhalte, wenn ich gewisse Gegenleistungen erbringe. Ich werde es versuchen."

„Und wenn wir den Krieg nicht gewinnen? Was wird dann aus Ihnen?"

„Das kann man schwer voraussagen. Aller Wahrscheinlichkeit nach werden wir nach Polen auf unser schönes Schloß zurückkehren. Oder man wird mich in London auf frischer Tat ertappen, verurteilen und erschießen. Dann habe ich keine Sorgen mehr. Für den Fall weiß ich meine Kinder in guten Händen. Sie werden gute Schulen besuchen und mein Mann, der, wie ich hörte, in Brasilien ist, wird sie zu sich nehmen. Aber das alles ist Zukunftsmusik."

„Da wir gerade bei der Zukunft sind, ich habe Hauptmann Kohlenberger versprochen, Sie morgen nach La Roche-sur-Yon zu fahren, wo Sie Oberst von Kurnatowski sprechen will. Könnten wir, wenn es Ihnen recht ist, gegen elf Uhr aufbrechen?"

„Das ist mir recht. So können wir noch über Le Gois fah-

ren. Ich wollte mich sowieso noch in der Feldkommandantur 6O5 verabschieden. Hauptmann Kohlenberger war immer so verständnisvoll. Ihm habe ich es zu verdanken, daß ich so lange in Noirmoutier bleiben konnte."
„Also abgemacht. Ich komme morgen um elf und hole Sie ab. Heute habe ich noch den Tag über bis in den Abend hinein mit meinen Vorgesetzten zu tun."

*

Wir kamen gegen Mittag in der Feldkommandantur an. Man führte uns direkt ins Büro von Oberst von Kurnatowski. Er sah sehr imposant aus, groß, schlank, mit graumeliertem Haar.
„Ich freue mich, Sie kennenzulernen", begrüßte er mich. „Ich habe viel von Ihnen gehört. Sie wissen sicherlich, daß wir beinahe Cousin und Cousine sind. Die Kurnatowskis und die Mankowskis waren seit jeher eng verbunden. Mein Großvater, der vom Heer ausgemustert wurde, hat eine Deutsche geheiratet. Er ist nie nach Posen zurückgekehrt. Meine Eltern haben alle Verbindungen mit dem polnischen Zweig der Familie abgebrochen. Und heute sind wir nun Gegner. Aber ich will nicht als Feind mit Ihnen sprechen. Wenn Sie einverstanden sind – ich habe einen Tisch für vier Personen in einem sehr guten Restaurant bestellt. Hauptmann Kohlenberger wird uns dort treffen. Es wird dort angenehmer sein, miteinander zu sprechen, ohne Telefon und ohne . . ."
Er deutete auf seine Ohren.
Das Restaurant befand sich in der Nähe der Kommandantur. Hauptmann Kohlenberger erwartete uns schon. Der reservierteTisch am Fenster stand weit weg von den anderen Tischen, was dem Schutz vor Lauschern dienen sollte.

Sehr wenige Leute waren im Raum: Offiziere der Feldkommandantur und eine Gruppe von Fliegern vom Luftstützpunkt in Nantes sowie einige französische Zivilisten. Keiner konnte uns hören, es sei denn, jemand hätte unter dem Tisch ein Mikrophon angebracht.
„Sie können sich sicher denken, worüber ich mit Ihnen sprechen möchte. Der Hauptmann, der Zollrat und ich sind bestürzt über Ihre Entscheidung, die Sie getroffen haben, und wegen des Risikos, das Sie damit eingehen. Mit solchen Sachen ist nicht zu spaßen. Überlassen Sie das den Spezialisten. Ich weiß, daß Sie in den polnischen diplomatischen und militärischen Kreisen in London viele Verbindungen haben. Man möchte das ausnutzen und macht Ihnen großzügige Angebote. Aber sind Sie sicher, daß diese Versprechungen auch gehalten werden? Sind Sie vom deutschen Sieg überzeugt? Ich nicht. Und ich bin nicht der einzige, der die große Katastrophe für unser Land voraussieht. Wir, die Militärs des ehemaligen Kaiserreichs, sehen die Dinge klarer. Man wird uns alle zu Kanonenfutter machen. Ich und alle meine Mitarbeiter haben den Befehl, den Ort nächste Woche zu verlassen. Die SS wird an unsere Stelle treten. Sie werden niemanden mehr haben, den Sie in schwierigen Situationen um Unterstützung bitten können. Vergessen Sie nicht, daß Sie Polin sind – man wird Ihnen das bis zum Überdruß vorwerfen. Ich bitte Sie in meinem und im Namen meiner beiden Freunde nur um eine Sache: Ich weiß, daß Sie auf Ihr Vorhaben nicht verzichten wollen und diese Gelegenheit dazu benutzen, nach England zu kommen. Aber versprechen Sie mir, dort keine Aktivitäten zu Gunsten der Abwehr zu beginnen. Das ist ein gefährliches Spiel, und die Engländer spaßen nicht mit Spionen."
Er schwieg. Dann wiederholte er eindringlich seine Bitte:

„Versprechen Sie es!“
Ich war von seiner Sorge um mich und über seine Ehrlichkeit tief berührt. Ich dachte einen Moment nach.
„Ich verspreche es Ihnen.“
Das Essen endete in freundlicher, wenn auch trauriger Stimmung. Ich verstand ihre Gemütslage angesichts der Vorstellung, an die Ostfront zu müssen. Mein General Graf von Rothkirch in Lemberg empfand gewiß ebenso. Ich bedauerte sie. Sie waren nicht Feinde, sondern Menschen.
Der Zollrat brachte mich nach Fromentine zum Boot, das um vier Uhr nachmittags abfahren sollte.

*

Am Sonntag, dem 18. Januar, hatte ich mit den Kindern kaum die elf Uhr Messe verlassen, als ein Wagen vor meiner Haustür hielt. Dr. Alexander stieg aus:
„Ich hoffe, daß Sie alles bereit und nicht zuviel Gepäck haben. Sie können wegen der restlichen Angelegenheiten ein andermal nach Noirmoutier zurückkehren. Wir müssen heute abend meine Sekretärin, Maria Schlanstein, in Nantes abholen. Sie hat das Wochenende mit ihrem Verlobten verbracht, Oberleutnant zur See Jenz, der in Saint-Nazaire stationiert ist. Da wir erst zwischen elf und zwölf Uhr über Le Gois fahren können, werden die Kinder im Wagen schlafen. Wir werden spät in Saint-Avertin ankommen. Es liegt fünf Kilometer von Tours entfernt. Dort werden Sie sich in einer Villa in der Hauptstraße 58 niederlassen und einen russischen Koch und eine Putzfrau, seine Frau, zu Ihren Diensten haben. Sie heißen Taupig. Zusätzlich wird sich ein Mädchen um die Kinder kümmern.
Vom heutigen Tag gehört der Name Mankowska der Ver-

gangenheit an. Sie sind Gräfin Henningen, geborene Angelini, sind Italienerin und stammen aus Bologna. Ihr Mann, Graf Henningen, Diplomat, ist zur Zeit als Offizier Militärattaché bei der deutschen Botschaft in Spanien. Vor dem Krieg hatte er lange Zeit eine Stelle in Warschau inne. Das ist der Grund, weshalb Ihre Kinder polnisch sprechen. Was Sie betrifft, so werden Sie als Dolmetscherin für die Feldkommandantur in Tours arbeiten.

Ich denke, daß das für den Augenblick alles ist, was Sie wissen müssen. Ich werde jeden Tag allein oder mit meinem Kollegen Leutnant Neumann zu Ihnen kommen, um Sie in Zahlentechniken und Kodierungen zu unterweisen. Jetzt lasse ich Sie in Ruhe, damit Sie Ihre Reise vorbereiten können. Ich werde Sie um elf Uhr nachts abholen."

Ich beendete meine Vorbereitungen, ließ die Kinder bei Marie-Thérèse und nahm mein Fahrrad. Ich fuhr ein letztes Mal zu den Plätzen, die mir die liebsten waren – zum Wald mit den grünen Eichen, zu den Buchten und Stränden, die zu dieser Jahreszeit verlassen dalagen. Die Sonne schien, alles badete im goldenen Licht der Mimosenblüten.

Ich war traurig, diese so freundliche Insel verlassen zu müssen. Würde ich jemals hierher zurückkehren? Vielleicht hatten sie recht gehabt, als sie mir von diesem Unternehmen abrieten. Ich wußte, daß ich – entgegen dem, was ich Zollrat Maier gesagt hatte – nichts riskieren würde, wenn ich bliebe. Nun war es zu spät. Ich hatte mich weit vorgewagt und konnte nicht mehr zurück. Und da gab es vor allem Stewit, der sich auf mich verließ. Ich konnte ihn einfach nicht enttäuschen.

Eine weitere Seite meines Lebensweges war umzublättern. Ein weiteres Mal lag Unbekanntes vor mir.

Auf Wiedersehen, liebe Insel. Ich werde zurückkommen, ich verspreche es dir.

*

Fünf Kilometer östlich von Tours, an der Straße von Chenonceaux nach Vierzon, liegt Saint-Avertin, ein kleines Dorf wic viele andere in Frankreich. An der Hauptstraße stehen einige Geschäfte, Cafés, zwei Restaurants und eine Kirche. Die Nummer 58 war eine geräumige Villa mit einem Garten. Keiner wußte, was ihr Name, ,,Villa Fouchtra“, bedeutete. Es gab einen Salon, ein Wohnzimmer, vier Schlafzimmer, ein Badezimmer und eine große Küche, im Dachgeschoß zwei Räume mit Waschgelegenheiten für die Dienstboten. Die Möbel waren nicht besonders geschmackvoll, aber bequem; einige Nippsachen waren vorhanden, Kopien von Gemälden bekannter Maler. Die Einrichtung zeugte von Sorgfalt: Geschirr, Besteck und Wäsche waren ordentlich in die Schränke geräumt. Der Eigentümer, ein Arzt für Allgemeinmedizin, und seine Frau lebten mit ihren drei Kindern in Casablanca in Marokko.

Gegen vier Uhr in der Nacht kamen wir in unserem neuen Heim an. Dr. Alexander führte uns ins Haus. Er stellte mir die Putzfrau vor, die noch ganz verschlafen war, die Arme. Sie versprach, am Nachmittag zurückzukommen, und verschwand. Am Nachmittag kam auch an diesem 19. Januar Dr. Alexander mit seinem Kollegen Leutnant Neuman zurück.

,,Ich will Sie heute nicht lange stören. Ich möchte Ihnen nur meinen Kollegen vorstellen, der in meiner Abwesenheit Ihr Ausbilder sein wird. Im Moment müssen Sie von der nächtlichen Reise erschöpft sein und werden erst einmal das Haus und das Leben Ihrer Kinder organisieren müssen. Morgen früh um neun Uhr wird ein deutsches Kindermädchen kommen. Glücklicherweise sprechen ja Ihre Kinder auch deutsch. Im übrigen werden sich die Taupigs um alles kümmern, aber Sie müssen sie anleiten. Sie sind jetzt die Hausherrin. Frau Taupig ist Französin und wird folglich die Einkäufe machen, aber sie hat Ihnen darüber Rechenschaft abzulegen. Sie werden über tausend Francs die Woche verfügen. Das müßte reichen. Alle weiteren Kosten wie Löhne, Strom und so weiter übernehmen wir."

„Selbstverständlich", sagte ich, „das ist mehr als ausreichend. Sie werden sehen, mit mir werden Sie wirtschaften lernen."

„Ich zweifle daran, denn Sie müssen darüberhinaus noch Gäste bewirten, die sich gelegentlich hier aufhalten werden, wie unsere Vorgesetzten aus Berlin oder Offiziere in besonderer Mission. Ich werde Sie jedesmal im voraus benachrichtigen."

„Es wird also ein herrschaftliches Leben sein?"

„Sie können es so nennen, wenn Sie wollen. Morgen fangen wir mit dem Unterricht an. Sie werden sehen, es ist nicht sehr schwer."

*

Am Donnerstag, dem 20. Januar, fing also die Schulung an. Dr. Alexander und Leutnant Neumann kamen jeden Tag in der Frühe für zwei oder drei Stunden und am Nachmittag. Zuerst fand ich alles äußerst kompliziert und schwierig, aber nach ein paar Übungen war es ein Kinderspiel. Sie fanden mich sogar sehr begabt. Ich war sehr stolz darauf.

Das Ganze basierte auf einem Raster, das aus dreißig Vierecken bestand und sechs waagerechte sowie sechs senkrechte Reihen hatte. Ein Exemplar dieses Rasters war für den Absender, das andere für den Empfänger bestimmt. Die Addition von Tagesdatum und Monat und die Subtraktion der letzten beiden Zahlen des Jahres ergaben die erste Zahl, mit der die kodierte Nachricht begann, und die dann erst nach einem Satz mit einem Strich endete. Gleichzeitig lernte ich das Kode-System. Es beruhte auf den Grundlagen eines Vokabulars. Heute wäre ich nicht in der Lage zu erklären, wie das alles vonstatten ging, doch damals beherrschte ich meine Sache von Tag zu Tag besser. Dr. Alexander legte mir bald genauer dar, was man von mir erwartete:

„Zu Beginn wird es für Sie darauf ankommen, zu den diplomatischen und militärischen Kreisen der Polen so viele freundschaftliche und gesellschaftliche Beziehungen herzustellen wie möglich, und sich durch sie dann den vergleichbaren englischen Kreisen zu nähern. Mit Hilfe der Frauen wird es Ihnen am ehesten gelingen. Sie wissen oft mehr als man denkt und prahlen gern mit ihrem Wissen. Da Sie fließend englisch sprechen, dürften Sie keine Verständigungsprobleme haben. Und da Sie zudem vom Festland sind und alle ängstlich auf die neuesten Nachrichten warten, werden Sie keine Schwierigkeiten haben, ins Gespräch zu kommen. Hier ist die Liste der Informationen, die wir von Ihnen erwarten. Ich brauche wohl nicht zu betonen, daß Sie die Fragen auswendig lernen müssen. Es dürfen sich keine Papiere in Ihrem Besitz befinden."

Die Liste lautete wie folgt:

„– Beschreiben Sie ausführlich die verschiedenen Möglichkeiten einer Reise von Lissabon nach Großbritannien.

Formalitäten zum Erhalt eines Visums und einer Flug- oder Schiffskarte. Nummer des Visums.
– Was gibt es für Schwierigkeiten für eine Person, die nach England will, und wie sind sie zu überwinden?
– Knüpfen von gesellschaftlichen Beziehungen in diplomatischen Kreisen und, wenn möglich, in Kreisen des polnischen und britischen Militärs in London.
– Geben Sie genau an, welche Art von Informationen Sie dank dieser Beziehung erlangen.
– Versuchen Sie in Erfahrung zu bringen, von welchen Häfen und in welche Richtungen Einheiten des britischen Heeres die Insel verlassen. Von wem kann man sich diese Auskünfte bestätigen lassen?
– Mit welchem strategischen Ziel sollten die Amerikaner im Norden Islands ankommen?
– Wo befinden sich Flugzeugfabriken, welche Art von Maschinen wird dort gebaut und welche Kapazitäten haben sie?"
Dr. Alexander fuhr fort:
„In den nächsten Tagen wird Leutnant Neumann allein kommen. Ich werde bis Sonntag, dem 25. Januar, in Paris sein. Für diesen Sonntag meiner Rückkehr bitte ich Sie, ein Abendessen für fünf Personen vorzubereiten. Es werden unter anderem der Leutnant, ich, Hauptmann Berger, seine Sekretärin, Fräulein Sauermann, und meine Sekretärin, Maria Schlanstein, die Sie bereits kennen, anwesend sein."

*

Das angekündigte Abendessen mit den Gästen von Dr. Alexander gelang hervorragend. Taupig war wirklich ein ausgezeichneter Koch und Dr. Alexander hatte für die

Weine gesorgt. Die Stimmung war heiter und fröhlich. Nach dem Abendessen bat ich Fräulein Olga, das deutsche Kindermädchen, zu uns. Sie war, wie ich glaube, in Leutnant Neumann verliebt, und ich wollte ihr eine Freude machen.

Das Leben bekam eine gewisse Routine, sogar Eintönigkeit. Da Dr. Alexander wieder nach Paris gereist war, exerzierte ich mit Leutnant Neumann die Übungen zum Kodieren von Briefen. Ich fing an, mich zu langweilen. Ich hatte die Lektion gelernt und meiner Meinung nach reichte mein Können nun aus. Ich wollte die Übungen endlich beenden.

Ende des Monats erwartete mich eine große Überraschung. Zu meiner Freude erhielt ich einen Brief von meinem General! Er teilte mir in wenigen Worten mit, daß er in größter Unruhe sei und gab mir seine neue Feldpostnummer. Ich antwortete ihm sofort. Ich wußte, daß er aufgrund der Zensur durch die Gestapo wenig erzählen konnte. Sein kurzer Brief war eine Warnung. Ich las ihn wieder und wieder und war so glücklich zu wissen, daß er mich nicht vergessen hatte.

Am Montag, dem 2. Februar, kam Leutnant Neumann ein bißchen früher als sonst.

„Ich komme, um Sie nach Tours zu bringen. Unser oberster Chef, Kapitän zur See von Bonin, ist gestern abend eingetroffen. Er möchte Sie umgehend sehen."

„Warten Sie ein paar Minuten, ich werde nicht lange brauchen."

Ich machte mich in aller Eile zurecht, und wir fuhren los.

„Wohin fahren wir?"

„Zum Büro von Dr. Alexander."

In irgendeiner Straße stand das Gebäude, nichtssagend wie

viele andere. An der Eingangstür hing ein Schild aus Kupfer und darauf stand in großen Buchstaben: ,,Reichskulturkammer". Da war es also, das verborgene Büro der Abwehr? Leider hatte ich keine Möglichkeit, mir den Straßennamen zu merken.

Wir wurden von Kapitän von Bonin persönlich empfangen. Er war mittelgroß, sah jung aus, hatte sehr blaue Augen, einen scharfen Blick, graumelierte blonde Haare und ein schelmisches Lächeln. Er war mir sehr sympathisch und flößte mir Vertauen ein.

,,Bestimmt ein Gegner der Nazis", dachte ich.*

,,Danke, Leutnant Neumann", sagte von Bonin. ,,Kommen Sie in einer Stunde wieder."

Der Leutnant grüßte und schlug die Hacken zusammen. Er ging hinaus.

,,Jetzt, da wir allein sind, können wir offen sprechen. Zuallererst möchte ich Sie bitten – Ihr Einverständnis vorausgesetzt –, morgen abend bei Ihnen ein Abendessen für zwölf Personen vorzubereiten. Sie und ich, Dr. Alexander, Leutnant Neumann, vier Offiziere unserer Abteilung aus Berlin, die heute abend ankommen, und vier Personen von der Feldkommandantur werden mit von der Partie sein. Ich werde Sie als meine neue mehrsprachige Sekretärin vorstellen, die in Tours für einige Wochen wegen einer besonderen Aufgabe eingesetzt wird. Ich muß noch dazu sagen, daß alle diese Offiziere weder der SS noch der Gestapo angehören, sondern im Gegenteil Nazigegner sind. Deshalb

* Ich habe damals nicht im entferntesten daran gedacht, daß von Bonin der berühmte Leiter der Abwehr im OKW, Wilhelm Canaris, sein könnte, der seit 1938 Verbindung zur Widerstandsbewegung hatte. Ich habe diese Information erst später erhalten. Der Verdacht, daß von Bonin Canaris war, hatte sich allerdings in den letzten Jahren bereits bei mir entwickelt, denn er sah diesem auf später veröffentlichten Fotos verblüffend ähnlich.

wollen wir uns bei Ihnen treffen und nicht in der Stadt, wo es zu viele ungebetene Zuhörer gibt.
Und jetzt zu einer persönlichen Angelegenheit. Als ich mich zwischen dem 15. und 20. November in Berlin aufhielt, habe ich meinen besten Freund getroffen, einen General, der von Lemberg nach Kiew versetzt worden ist. Ich glaube, daß es unnötig ist, Ihnen seinen Namen zu nennen. Wir haben einen Abend miteinander verbracht. Als er erfuhr, daß ich häufig in Frankreich bin, hat er mich gebeten, auf eine Person aufzupassen, die ihm besonders lieb ist. Diese Person sind Sie. ‚Sie ist Polin', sagte er mir. ‚Ich befürchte, daß die Gestapo ihr etwas antun wird, wenn an die Stelle der Feldkommandantur 6O5 Gestapo und SS treten werden. Ich weiß nicht, was Sie für sie tun können, aber ich vertraue Ihnen. Wenn Sie sie beschützen, wird sich das Schlimmste vermeiden lassen.' Ich habe ihm versprochen, alles zu tun, was in meiner Macht steht, um Ihnen zu helfen. Seither habe ich kleine Nachforschungen über Sie angestellt. Ich glaube, Sie gut zu kennen. Ich bewundere Ihren Mut, Ihre Kaltblütigkeit und Ihre Phantasie. Ich verstehe, daß Sie sich wegen der Rückgewinnung Ihres Besitzes in unserem Nachrichtendienst anwerben ließen. Ich muß Sie aber vor dieser Entscheidung warnen. Die Nazis halten ihre Versprechen nie. Rechnen Sie nicht damit. Ich hatte in Berlin Einblick in die Listen der Personen, die deportiert werden sollen. Die Frauen nach Ravensbrück, die Männer nach Dachau. Sie stehen auf einer dieser Listen. Das ist der Grund, weshalb ich Sie offiziell nach Tours versetzen ließ. Von hier aus werden Sie unter unserem Schutz bald nach Lissabon und möglicherweise nach England gehen können. Für Sie wird es besser sein, auf der Seite der Sieger zu stehen. Wir machen uns keine Illusionen, was den Ausgang

dieses Krieges betrifft. Der Irrsinnige, der unsere Nation leitet, führt uns geradewegs in die Katastrophe. Alle, die sich einen Sinn für Ehre und Gerechtigkeit bewahrt haben, stehen machtlos vor seiner Gewalt.
Und nun habe ich noch eine Bitte. Wenn Sie in England angekommen sind, sollten Sie nicht für uns arbeiten. Versuchen Sie den Engländern und den übrigen Alliierten klarzumachen, daß wir keine Bestien sind, daß es in unserem Land anständige Leute mit menschlichen Gefühlen gibt, die die Taten der Gestapo, der SS und der Partei insgesamt ablehnen. Ich wünsche Ihnen viel Glück. Gott schütze Sie!"

*

Nach Saint-Avertin zurückgekehrt, verbrachte ich den Rest des Tages mit den Kindern. Olga war mit Leutnant Neumann nach Tours gefahren.
Die Kinder mochten Olga. Sie war jung, sehr hübsch, fröhlich und sportlich. Sie spielte mit ihnen im Garten, ging lange mit ihnen spazieren, zeichnete, las vor und tanzte. Kurz, sie war das ideale Kindermädchen, so daß ich mich nicht mit den Problemen des täglichen Lebens zu befassen brauchte.
Eines Tages erschien Christophe mit ernstem Gesicht bei mir und fragte:
„Mama, warum haben wir unseren Namen geändert? André fragte mich, wie wir heißen. Ich antwortete ihm, wie mir befohlen war, ‚von Henningen'. Aber warum, Mama?"
„Weil die schlechten Menschen Polen nicht mögen. Sie könnten uns ins Gefängnis bringen."

„Aber wer sind diese schlechten Menschen? Wie erkennt man sie?“
„Das sind die Agenten der Gestapo, immer in Zivil, in Mänteln und schwarzen Hüten, ebenso die Soldaten der SS und die Offiziere in schwarzen Uniformen. Man muß ständig auf der Hut sein. Wir dürfen niemandem, egal wem, sagen, daß wir Polen sind.“
„Auch Olga nicht? Sie ist nicht schwarz gekleidet.“
„Auch Olga nicht, weder ihr noch sonst jemandem.“
„Gut, Mama, ich liebe Sie.“
Er war erst sieben Jahre alt, aber ich wußte, daß ich mich auf ihn verlassen konnte. Er küßte mich und lief hinaus zu seinem kleinen Bruder.
Am Abend war Olga wieder zurück. Ich mußte mit Taupig den morgigen Empfang und das Menü besprechen. Seine Vorschläge waren ausgezeichnet und zeugten von exklusivem Geschmack. Es würde unter anderem Garnelentörtchen, Fasan und eine delikate Käseplatte geben.
Am nächsten Tag, dem 3. Februar, kam Leutnant Neumann nicht, und so hatte ich Zeit, mich um den Tisch, die Blumensträuße, mein Kleid und meine Frisur zu kümmern. Gegen Mittag war ich fertig. Am Nachmittag brachte Dr. Alexander Aperitifs, Weine und Champagner.
„Haben Sie Häppchen für den Aperitif vorbereitet?“ fragte er mich.
„Selbstverständlich, alles ist fertig. Sie können es in der Küche nachprüfen. Taupig ist wirklich ein vollendeter Koch!“
„Das ist nicht erstaunlich! Er arbeitete in dem besten weißrussischen Restaurant in Paris. Er brauchte ein bißchen Erholung, und wir haben ihm für zwei Monate diese Stelle vorgeschlagen. Er hat angenommen. Wir haben Glück gehabt. Wir haben viel mit Weißrussen zu tun. Ihre größte Hoffnung ist, daß wir

die Sowjets besiegen. Das wird nicht leicht sein, wenn wir die Ukraine nicht auf unserer Seite haben. Wir befürchten, daß SS und Gestapo uns einen Strich durch die Rechnung machen werden. Man hat dort schon mit Verfolgungen und Strafaktionen begonnen."

Pünktlich um halb acht hielten drei Wagen vor der Villa. Kapitän zur See von Bonin trat als erster ein, gefolgt von den Offizieren: drei Oberste, vier Hauptmänner, ein Oberleutnant. Man begann sich vorzustellen. Die älteren gaben Handküsse, die jüngeren schlugen die Hacken zusammen. Mit Dr. Alexander, Leutnant Neumann, von Bonin und mir waren wir zwölf. Dr. Alexander, der am Nachmittag mit einem Koffer angekommen war, hatte noch Zeit gefunden, sich umzukleiden, und trug die Uniform eines Leutnants mit den Ehrenzeichen des Generalstabs.

Die Begrüßung war zu Ende. Wir gingen in den Salon, wo uns der Aperitif erwartete. Dr. Alexander kümmerte sich um die Getränke, Olga und Christophe reichten die Tabletts mit den Häppchen herum. Da ich Angst gehabt hatte, daß der kleine André irgendeinen Fehler begehen könnte, hatte ich Olga gebeten, ihn ins Bett zu bringen.

Die Stimmung war gut und entspannt. Um halb neun setzten wir uns zu Tisch. Rechts von mir befand sich Kapitän zur See von Bonin, links ein älterer Oberst der ehemaligen kaiserlichen Armee. Dr. Alexander kümmerte sich darum, die anderen je nach Rang zu plazieren. Als Hausherr saß er mir gegenüber.

„Was für ein Zufall", wunderte sich mein Nachbar zu meiner linken, als wir uns gesetzt hatten. „Ich komme gerade aus Madrid und bei einem Essen, das man in der Botschaft gab, habe ich den jungen Militärattaché Graf Karl von Henningen kennengelernt. Ich hatte keine Gelegenheit,

mich länger mit ihm zu unterhalten. Er sagte mir nur, daß er erst seit kurzem in Spanien wäre. Seine Familie sei in München geblieben. Netter Junge. Kennen Sie ihn? Seinerzeit kannte ich mehrere Mitglieder dieser Familie."
„Ich kenne ihn gut, sicherlich, sogar sehr gut. Er ist mein Mann. In ein oder zwei Monaten werde ich zu ihm gehen. In der Zwischenzeit werde ich in der Kommandantur arbeiten, die dringend eine Dolmetscherin braucht. Sie wissen vielleicht, daß ich gebürtige Italienerin bin. Ich spreche fünf Sprachen fließend: deutsch, italienisch, französisch, englisch und polnisch. Mit solchen Kenntnissen sucht man keine Arbeit, man wird gesucht!"
„Aber sagen Sie, liebe Gräfin, Ihre Schwiegereltern leben doch noch? Ich hoffe es sehr. Ich habe den Bruder Ihres Schwiegervaters und seine Frau gut gekannt. Ich kann mich nur an ihren Mädchennamen nicht mehr erinnern. Sie war Ungarin, glaube ich? Was ist aus ihr geworden? Und aus ihren Kindern?"
Ich hatte plötzlich das Gefühl, den Boden unter den Füßen zu verlieren. Ich wußte von der Familie von Henningen nichts, überhaupt nichts. Man hatte mir diesen Namen gegeben, ohne mich genauer zu informieren. Noch ein paar Fragen dieser Art, und ich wäre ertappt. Was sollte ich tun? Ich mußte mir eiligst ein Ablenkungsmanöver ausdenken. Ich ließ rechts meine Gabel fallen, so daß ich mit meinem Nachbarn flüstern und ihn um Hilfe bitten konnte. Er griff sofort ein und begann mit dem Oberst ein angeregtes Gespräch. Die schwierige Situation war überbrückt.

*

Obwohl es ein fröhlicher Abend zu sein schien, obwohl das Essen gut und die Weine erstklassig waren, machten die

Offiziere einen besorgten Eindruck. Schüchterte sie meine Anwesenheit ein und hinderte sie daran, sich ungezwungen zu äußern? Ich sprach darüber flüsternd mit Kapitän zur See von Bonin. Er schien die gleiche Beobachtung gemacht zu haben, griff nach seinem Dessertlöffel und schlug sogleich mehrmals an sein Glas. Die ganze Versammlung hielt in ihrer Unterhaltung inne.

„Meine Herren", begann von Bonin. „Wir sind nicht hier, um über das Wetter zu reden. Wir haben das Glück, an einem Ort zu sein, wo wir nicht belauscht werden können. Die Anwesenheit meiner Sekretärin, die hier sogar Hausherrin ist, darf Sie nicht daran hindern, offen über die Probleme zu sprechen, die uns beschäftigen. Sie steht hundertprozentig auf unserer Seite. Sie ist entschiedener gegen Hitler eingestellt als wir alle zusammen. Sie hat lange in Polen gelebt – ihr Mann, Graf von Henningen, war Botschaftsattaché. Sie kennt dieses Land gut und hat viele Freunde dort.

Die Situation ist tragischer, als wir angenommen haben. Wir versuchen die materiellen Beweise für die Verbrechen aufzulisten, die von der Gestapo, der SS und dem SD begangen wurden. Die Kommandos von Heydrich* verhaften systematisch die Elite dieses Landes, Rechtsanwälte, Ärzte, Professoren, Kirchenführer, Gutsbesitzer. Sie werden in Lager gebracht, wo die meisten zum Tode verurteilt werden. Die Anklage lautet auf Fluchtversuch. Hunderttausende von polnischen Juden sind oder werden im Lager Treblinka in Gaskammern vergast. Es geht um Völkermord!

Unsere Generäle haben einen Bericht verfaßt und ihn Hitler vorgelegt. Darin steht unter anderem, daß Hinrichtun-

* Reinhard Heydrich baute in enger Zusammenarbeit mit H. Himmler den Sicherheitsdienst (SD) der Schutzstaffel (SS) auf und die Geheime Staatspolizei (Gestapo).

gen unverzüglich verboten werden sollen, da das deutsche Heer nicht dazu bestimmt sei, eine Horde von Mördern zu unterstützen. Die beauftragten Generäle in den Besatzungsgebieten tun alles, um die ansässige Bevölkerung zu schützen, damit diese ihr Hab und Gut behalten und weiter über sich selbst bestimmen können. Solche Zustände, wie sie dort herrschen, entehren das deutsche Volk.
Ich weiß, daß wir zur Zeit wenig ausrichten können. Aber durch unsere Haltung gegenüber der Bevölkerung in den besetzten Gebieten können wir zumindest der Welt zeigen, daß wir nicht alle schuld an diesen unverantwortlichen Taten sind. Die Alliierten werden es vielleicht am Ende berücksichtigen. Die einzige Lösung wäre, Hitler umzubringen. Leider sind bisher alle unsere Versuche gescheitert. Ich denke, daß ich die Situation in aller Deutlichkeit geschildert habe. Ich warte jetzt auf Ihre Kommentare . . ."
Als das Essen beendet war, gingen wir in den Salon. Dr. Alexander öffnete einige Flaschen Veuve Clicquot.
„Auf den Erfolg Ihrer Unternehmung", sagte ich und hob mein Glas.
Die Offiziere lebten auf. Ich wollte kein Wort des Gesprächs versäumen und blieb bis spät in die Nacht. Gegen halb zwei gingen sie, als letzter der Kapitän zur See von Bonin.
„Danke, Kapitän, von ganzem Herzen danke ich Ihnen für alles, was Sie für mich und Ihren Freund tun."
„Ich werde ihm gute Nachrichten von Ihnen ausrichten", antwortete er und schüttelte mir die Hand.
Dr. Alexander war ahnungslos. Er wußte nichts von dem, was sein Vorgesetzter Kapitän zur See von Bonin für mich entschieden hatte. Am Nachmittag des nächsten Tages kam er und nahm die Übungen zum Briefkodieren wieder auf.

Diesmal brachte er mir eine ganze Anzahl von Briefen, die ich dekodieren sollte, um darin enthaltene Nachrichten zu finden. Er sprach lange über die Abwehr im allgemeinen und über die Agenten, die nach England geschickt wurden, sowie über die Frauen, die für die Nachrichtendienste arbeiteten. Er erzählte mir, daß der oberste Dienstherr in Berlin prinzipiell gegen den Einsatz weiblicher Agenten war, mußte aber zugeben, daß sie Großes leisteten und notwendig waren. Oberste Regel war, keine Liebesbeziehung zu einer Agentin zu unterhalten. Gegen diese Regel zu verstoßen, bedeutete automatisch die Entlassung aus der Abwehr.

Schließlich kündigte er mir an, daß er noch am selben Abend nach Paris fahren müsse und schlug mir vor, seine Abwesenheit dazu zu nutzen, meine restlichen Sachen aus Noirmoutier zu holen.

„Nächste Woche, am Montag, dem 9. Februar, müssen Sie nach Paris kommen. Wir werden wichtige Dinge zu besprechen haben. Ich werde Sie um drei Uhr nachmittags am Bahnhof erwarten."

Die Gelegenheit, auf meine geliebte Insel zurückzukehren, erfüllte mich mit Freude. Es würde zwar nur für kurze Zeit sein, aber dies war immerhin besser als nichts. Ich traf mit Taupig und Olga die notwendigen Vorkehrungen. Olga sollte bei den Kindern bleiben. Tags drauf stieg ich in den Zug nach Nantes.

Glücklicherweise stimmten an diesem Tag die Zeiten von Le Gois und die der Ankunft des Busses in Nantes überein. Ich wollte nicht ins Hotel gehen und begab mich sofort in die Villa „Saint-François", die den Gutzeits, den Eltern von Ilmi gehörte. Sie waren sehr erstaunt, mich zu sehen.

„Selbstverständlich kannst du so lange wie du willst bei uns wohnen!"

„Leider werden es nur zwei Tage sein. Ich muß am Sonntag wieder in Tours sein. Womit soll ich meine Sachen bei Marceline abholen, du weißt, die damals bei mir zu Hause putzte? Ich habe nur zwei Koffer, alles, was nicht hineinpaßt, werde ich ihr überlassen."
„Ich denke", sagte Ilmi, „wir werden es mit unseren beiden Fahrrädern schaffen."
„Wir sollten es so anstellen, daß uns keiner sieht. Alle Leute, die mich kennen, wären mir sonst böse, daß ich nicht bei ihnen vorbeikomme."
„Heute werde ich die Fahrräder reparieren, damit wir morgen keine Überraschung erleben, wie zum Beispiel platte Reifen oder ähnliche Pannen."
Nach einem langen Spaziergang auf den Nachbarstränden setzten wir uns auf eine kleine Mauer. Plötzlich hörten wir den Motor eines Wagens. Langsam fuhr der Wagen auf dem Pfad am Strand von Souzeaux. Unglaublich, zu dieser Jahreszeit gab es hier niemanden. Wer konnte das sein?
Der Wagen hielt und wir sahen mit Bestürzung vier Soldaten in schwarzen Uniformen aussteigen.
„Die SS", flüsterte ich meiner Freundin ins Ohr. „Schnell nach Hause, aber nicht auf dem Weg, sondern durch das Waldgebüsch bis zum Haus."
In der atemlosen Stille der Natur wagten wir nicht, auch nur ein weiteres Wort zu wechseln.
„Uff", sagte Ilmi, als wir vor ihrer Tür ankamen. „Wir sind heil davongekommen. Aber wir müssen mehr darüber erfahren. Ich gehe zum Hotel ‚Saint Paul', wo Monsieur Perraud, der doch immer alles weiß, mir vielleicht sagen kann, was los ist. Sie können mir sowieso nichts tun, ich habe Papiere eines neutralen Landes."
„Sag Perraud nicht, daß ich hier bin."

„Für wen hälst du mich, mein Schatz!"
„Gut, gut, geh, aber schnell."
Sie kam bald mit den nötigen Informationen zurück. Die SS-Offiziere waren am Nachmittag angekommen. Sie hatten zwei Zimmer genommen und hatten vorgegeben, als Touristen über das Wochenende bleiben zu wollen. Sie hatten Perraud gefragt, ob es eine Dolmetscherin auf der Insel gab. Perraud hatte geantwortet, daß es zwei Jahre lang eine gegeben hätte. Sie wäre weggegangen, aber er wüßte nicht, wohin.
„Dieser brave Perraud wußte Bescheid und hat nichts gesagt. Die SS wirft unsere Pläne um. Glaubst du nicht, daß es vernünftiger wäre, heute abend zu Marceline zu gehen, damit ich morgen abfahren kann? Wir wissen nicht, ob mich nicht jemand im Bus oder auf der Strecke zu dir gesehen hat."
„Sicherlich. Ich werde sofort die Fahrräder fertig machen. Sobald es dunkler wird, werden wir aufbrechen."
Über die kleinen Pfade hinter den Häusern kamen wir bei Sonnenuntergang bei Marceline an.
„Frau Mankowska!" rief sie aus. „Was für eine Überraschung! Wo kommen Sie her? Ich dachte, Sie seien endgültig fortgegangen."
„Das stimmt, Marceline, ich bin endgültig weg, aber ich muß noch einige meiner Sachen abholen, die bei Ihnen geblieben sind. Ich werde nur ein paar wichtige Dinge mitnehmen. Den Rest können Sie benutzen oder Ihrer Tochter geben, wie das Geschirr, Töpfe, einige Lampen und Wäsche. Ich werde es nicht brauchen. Gott allein weiß, wann ich zurückkommen werde. In jedem Fall nicht vor Ende des Krieges. Derzeit ist die Gestapo hinter mir her. Sagen sie also niemandem, daß Sie mich gesehen haben. Ich wer-

de morgen mit dem Bus abfahren. Übermorgen können Sie den Evens sagen, daß sie in zwei Monaten ihr Lied im Radio hören werden. Man wird Ihnen erklären, was das bedeutet. Richten Sie den Caillauds und Marie-Thérèse, Madame Gendron und allen meinen Freunden in Noirmoutier meine freundlichen Grüße aus. Aber nicht sofort, die SS ist auf der Insel. Sie darf nichts erfahren."

Wir packten in aller Eile meine Sommerkleider, die Kleidung der Kinder, einige Photorahmen und Bücher zusammen, unter anderem die großen Bécassine-Alben, in denen man so praktisch Dokumente verstecken konnte, wenn man die Seiten zusammenklebte.

Die Eltern von Ilmi waren sehr enttäuscht, als sie am nächsten Tag von meiner Abfahrt erfuhren. Doch glaubten sie auch wie ich, daß es vorsichtiger wäre, nicht in Noirmoutier zu bleiben. Am Freitag nahm ich also wieder den Zug nach Nantes und dann den Zug nach Tours. Die Kinder empfingen mich in Saint-Avertin mit großer Freude, besonders da sie ihre liebsten Bücher wiederfanden. Ich gab Olga, die schon lange darauf hoffte, zwei Tage Ur- laub.

„Ich habe eine Freundin in Tours", erzählte sie, „bei der ich wohnen kann." Ich ließ es Leutnant Neumann wissen. Er sollte mir einen Brief von Dr. Alexander bringen und schlug vor, Olga nach Tours mitzunehmen.

Es war nur ein kurzer Brief, in dem Dr. Alexander mir mitteilte, daß er mich am Montag, dem 9. Februar, abends um halb acht am Bahnhof Montparnasse in Paris erwarten würde. Maria Schlanstein, seine Sekretärin, sollte mich begleiten.

Es geschah, wie er es gewünscht hatte. Maria und ich kamen mit dem Zug in Paris an, aber es gab keine Spur

von Dr. Alexander. Maria schien völlig durcheinander zu sein:
,,Was sollen wir machen? Wohin sollen wir gehen? Es wäre besser, nach Tours zurückzufahren. Wir haben keine Adresse, keine Telefonnummer, wo man ihn erreichen kann."
,,Warten wir ein bißchen", schlug ich ihr vor. ,,Lassen Sie uns nicht so schnell in Panik geraten."
Wir geduldeten uns demgemäß und warteten beide, ohne uns zu rühren. Als der Bahnsteig leer wurde, näherte sich uns ein junger, großer, attraktiver Mann.
,,Ich komme von Dr. Alexander. Er ist krank und liegt im Krankenhaus, wo Sie ihn bitte morgen besuchen. Ich werde Sie hinbringen."
Ein Wagen erwartete uns. Der junge Mann begleitete uns zum Hotel ,,Ambassadeur", Boulevard Haussmann. Zwei Zimmer waren für uns reserviert.
,,Ich werde Sie morgen mittag gegen zwei Uhr abholen, um Sie zum Krankenhaus zu fahren. Wenn Sie mich brauchen sollten, rufen Sie mich an. Hier ist meine Karte:

Bahn Alma Marceau
Sergej Graf von der Pahlen
4 rue de Galliéra
KLE 94-20, Paris

Es ist das Büro des russischen Hauptausschusses, in dem Sie mich immer erreichen oder eine Nachricht hinterlassen können. Hier ist auch ein Vorschuß für Ihre Reisekosten und eine Vergütung Ihres Aufenthalts in Paris", erläuterte er mir und reichte mir einen Umschlag.
Marie und ich beschlossen, an diesem Abend nicht auszugehen. Nach einem guten Abendessen im Hotelrestaurant gingen wir in unsere Zimmer. Wir verabredeten uns für

zehn Uhr in der Frühe, um die schönen Schaufenster zu bewundern und ein wenig einkaufen zu gehen.
Von Pahlen kam am anderen Tag wie vereinbart zu uns und fuhr uns zum Krankenhaus, das nur für deutsche Militärangehörige bestimmt war. Wir fanden Dr. Alexander allein in seinem Zimmer. Auf seinem Bett lagen Papiere aller Art verstreut herum. Er machte, bis auf häufige Hustenanfälle, nicht den Eindruck, krank zu sein.
„Ich bin glücklich, Sie zu sehen", begrüßte er uns. „Zuallererst möchte ich Sie beruhigen, ich habe nichts Ansteckendes. Es ist nur eine einfache Bronchitis mit ein wenig Fieber. Aber der Arzt zwingt mich, im Bett zu bleiben. Wie Sie sehen, verliere ich keine Zeit, aber ich kann mit so viel Arbeit nur schwer allein fertig werden. Deswegen habe ich Sie darum gebeten zu kommen. Maria wird alles tippen müssen. Pahlen wird ihr in seinem Büro Platz machen. Die Kode und Ziffern, die ich gerade zusammenstelle", erklärte er mir, „müssen wir uns ganz genau zusammen ansehen. Deshalb müssen Sie jeden Tag hierherkommen. Am Nachmittag ist es mir lieber, weil in der Früh Besuche nicht erlaubt sind. Ich denke, daß wir in zwei Tagen fertig sein werden. Donnerstag oder Freitag werden Sie nach Tours und Saint-Avertin zurückfahren können. Ich werde nachkommen, sobald mir der Arzt erlaubt, von hier wegzugehen."
Marie war die ganze Zeit bei von Pahlen beschäftigt. Ich wußte nicht, was ich mit meinen freien Vormittagen machen sollte. Aus diesem Grund nahm ich mir vor, die Orte und genauen Adressen der verschiedenen Büros der SS und der Gestapo herauszufinden. Ich schrieb alles in ein kleines Heft, das ich in meiner Tasche hatte. Es war vielleicht ein gefährliches Spiel, aber den Franzosen in London würden diese Angaben nützlich sein.

Ich verbrachte Mittwoch und Donnerstag nachmittag im Krankenhaus bei Dr. Alexander. Wir wiederholten alles, was ich gelernt hatte. Es war eine langweilige Arbeit.
„Das reicht!" unterbrach ich nach einer Weile. „Sie sehen doch, daß ich den Stoff auswendig kenne. Wenn wir zur Abwechslung über etwas anderes reden könnten. Zum Beispiel möchte ich gern Ihren wirklichen Namen wissen. ‚Dr. Alexander' klingt gekünstelt. Ich habe Sie beim ersten Mal als Leutnant kennengelernt, und für mich bleiben sie immer ein Leutnant, oder Sie steigen im Rang. Also Leutnant, geben Sie es zu! Sagen Sie mir die Wahrheit. Sie wissen über mich nahezu alles. Ich denke, daß ich ein Recht habe, Ihren Namen zu wissen."
Er lachte.
„Ich habe diese Frage erwartet. Ich stelle mich vor: Hans Alexander Wallraf. Sie sehen, es gibt trotzdem ein ‚Alex' in meinem Namen. Hier ist zur Bestätigung mein Soldbuch."
Er nahm sein Soldbuch vom Nachttisch und reichte es mir. Diesmal stimmte es also. Im Buch stand geschrieben: „Hans Alexander Wallraf, Stabsoberleutnant, im März 1901 geboren."

*

Am nächsten Tag, Freitag, den 13. Februar, fuhr ich nach Saint-Avertin zurück. Ich mußte die Sachen für meine Abfahrt vorbereiten. Das große Unternehmen wartete auf mich. Ich prüfte den Zustand meines wertvollen Unterrocks.
Eine Woche verging, ohne daß ich von irgend jemandem eine Nachricht erhalten hätte. Das Telefon blieb stumm. War das ein gutes Zeichen? Oder vielleicht ein schlechtes?

Am Vormittag des 19. Februar nahm ich schließlich allen meinen Mut zusammen und rief von Pahlen selbst an.
„Er ist außer Haus", antwortete seine Sekretärin. „Ich richte ihm aus, daß er Sie anrufen soll, wenn er zurückkommt."
Eine Stunde später klingelte das Telefon.
„Ich wollte mich sowieso bei Ihnen melden, um Ihnen zu sagen, daß Sie morgen in Paris sein sollen. Um drei Uhr nachmittags werden Sie im Hotel ‚Lutetia' eine Prüfung ablegen müssen. Sie wissen, glaube ich, daß sich der Stab der Abwehr dort befindet. Ich werde Sie um halb drei am Bahnhof erwarten. Dr. Alexander liegt immer noch im Krankenhaus. Es ist eine Lungenentzündung, aber es geht ihm besser. Nach der Prüfung können sie nach Saint-Avertin zurückfahren, oder haben Sie Lust, ein oder zwei Tage in Paris zu verbringen?"
„Ich habe in Paris nichts verloren. Mir ist lieber, nach Saint-Averin zu fahren."
„Bis morgen also", sagte er.
Er legte auf.
Endlich passierte etwas. Hotel „Lutetia"! Das Hauptquartier der Abwehr. Das war ein spezielles Erlebnis!
Als ich das Hotel am nächsten Tag betrat, war ich aufgeregt. Im ersten Stock warteten in einem weiträumigen Büro zwei Offiziere auf mich, die hinter einem großen, überfüllten Schreibtisch saßen. An den Wänden hingen Karten von Europa, Frankreich und England, die mit kleinen bunten Fähnchen gespickt waren. Diese Karten hätte ich gern näher anschauen wollen. Wie viele nützliche Informationen hätte ich aus ihnen entnehmen können! Ich traute mich kaum, einen Blick auf sie zu werfen.
Die Offiziere standen auf und stellten sich vor. Ich verstand ihre Namen nicht. Der Jüngste, ein Leutnant, nahm zwei

Stühle und stellte sie vor den Schreibtisch. Von Pahlen blieb bei mir stehen. Der Hauptmann zog eine sehr umfangreiche Akte hervor. Darauf konnte ich meinen Namen erkennen, der mit großen Buchstaben geschrieben war.
„Sie wissen, hoffe ich, warum wir Sie hier sehen wollen? Es ist von großer Wichtigkeit, daß wir Ihre Kenntnisse überprüfen, die die Kommunikation zwischen uns betrifft. Ihre Aufgabe: Hier sind zwei Briefe, die Ihnen von einer ‚Freundin' geschrieben wurden. Sie müssen darin die kodierte Nachricht entdecken."
Er reichte mir die beiden Briefe, die auf französisch verfaßt waren, das Raster, das ich mit Dr. Alexander benutzt hatte, ein kleines deutsches Wörterbuch und ein paar Blatt Papier. Ich setzte mich sofort an die Arbeit.
Alle waren aufgestanden. Der Leutnant hatte das Büro verlassen. Unterdessen unterhielt sich der Hauptmann am Fenster mit von Pahlen. Mit dem Material auf dem Tisch war ich allein. Es war halb vier. Dreißig Minuten später war ich fertig. „Nicht schlecht", dachte ich und winkte dem Hauptmann.
„Nicht schlecht, gar nicht schlecht", sagte er lächelnd. Jetzt schreiben Sie einer Freundin. Verschlüsseln Sie folgendes: „Vor drei Tagen sind vier amerikanische Flugzeuge in Schottland in der Nähe von Glasgow gelandet."
Ich schrieb einen langen Brief auf französisch und setzte die Nachricht ein. Es war ein bißchen kompliziert, da sie deutsch sein sollte. Doch am Ende war ich überzeugt, daß es mir gut gelungen war.
Der Hauptmann gratulierte mir und wir gingen hinaus.
Am selben Abend noch fuhr ich nach Saint-Avertin zurück.

*

Wieder fing das unendliche Warten an.
Eine Woche ohne Nachrichten, weder von Dr. Alexander noch von von Pahlen. Endlich kam Dr. Alexander am Nachmittag des 1. März zu mir.
„Was ist los?", fragte ich ihn. „Ich habe mir Sorgen gemacht, weil Sie so lange im Krankenhaus geblieben sind."
„Es ist nett von Ihnen, daß Sie sich um mich sorgen. Aber das war nicht der Grund meines Schweigens. Stellen Sie sich vor, die Gestapo in Berlin war mit Ihrer Abreise nach England nicht einverstanden. Wir wissen nicht, warum. Kapitän zur See von Bonin ist nach Berlin gefahren, und nach zahlreichen Bemühungen gelang es ihm schließlich, unser Vorhaben wieder auf den Weg zu bringen. Allein, unser Kommunikationssystem muß laut Bonins Befehl geändert werden. Er findet es zu gefährlich, daß Sie das ganze Material für die Entzifferung bei sich tragen. Von morgen an werden Sie lernen, wie man Geheimtinte benutzt. Es ist nicht sehr kompliziert. Ich werde gewöhnlich vormittags erscheinen, da ich in Tours viel Arbeit habe."
Ich freute mich über diese neue Wendung der Dinge. Dr. Alexander kannte natürlich die Gründe des Kapitäns zur See von Bonin nicht. Dieser wollte mich schützen und mir das Leben erleichtern. Ohne ihn wäre ich vielleicht schon in Ravensbrück gelandet. Daß sich diese vier Leute der SS neulich in Noirmoutier nach einer Dolmetscherin erkundigt hatten, war kein Zufall, davon war ich überzeugt.
General Graf von Rothkirch stand mir durch von Bonin bei. Warum konnte ich ihm nicht helfen? Warum konnte ich ihm nicht mit einer Hoffnung, und sei es mit einer illusorischen Hoffnung, Kraft geben? Ich schrieb einen kurzen Brief an seine Feldpostnummer, um ihm zu sagen, daß er sich keine Sorgen machen müsse, daß alles in Ordnung sei,

daß ich beschützt werden würde und ich hoffte, ihn nach dem Krieg wiederzusehen. Wer weiß, was dann geschehen würde . . . Ich unterschrieb mit „K".
Würde er diesen Brief bekommen? Das war nicht sicher. Er wurde sicherlich streng überwacht.
Sobald er angekommen war, zog Dr. Alexander aus seiner Aktentasche eine kleine Flasche mit neunzigprozentigem Alkohol, zwei Zitronen, eine kleine Packung Wattestäbchen, womit man die Ohren der Kinder sauberzumachen pflegt, eine kleine Packung Watte und einen Beutel doppeltkohlensaures Natron in pulverisierter Form.
„So", meinte Dr. Alexander, „das wäre das ganze notwendige Material. Aber Sie dürfen nichts mitnehmen. Bis auf die Zitrone können Sie alle diese Zutaten in jeder Apotheke finden. Jetzt werde ich Ihnen erklären, wie man damit umgeht. Es ist sehr einfach. Schauen Sie aufmerksam zu."
Er nahm einen Teelöffel Alkohol, den er in ein kleines Glas mit zehn Tropfen Zitronensaft goß.
„Das ist alles", sagte er. „Jetzt, nachdem Sie auf eine Seite des Blattes Ihren Brief an die ‚Freundin' geschrieben haben, nehmen Sie ein Wattestäbchen, spitzen es zu und schreiben damit auf die andere Seite die Nachricht für uns. Sie müssen nur aufpassen, daß Sie die Linien wie auf der Vorderseite einhalten. Versuchen Sie es jetzt. Wenn Sie damit fertig sind", fuhr er fort, „nehmen Sie ein Blatt vom selben Papier, zerknittern es und bilden damit eine Kugel, mit der Sie die Fläche der unsichtbar beschriebenen Seite reiben."
„So, und was muß ich tun, um Ihre Nachricht zu lesen?"
„Das ist noch einfacher: In einem Glas Wasser lösen Sie eine ausreichende Menge doppeltkohlensaures Natron auf, bis es kein Wasser mehr saugt. Dann tauchen Sie ein

Stäbchen mit Watte in die Lösung und benutzen es dann wie ein Pinsel. Verstreichen Sie die Lösung diagonal über die gesamte Fläche des Blattes. So wird die Nachricht sichtbar.
Das wäre es im Augenblick. Ich muß Sie einige Tage allein lassen, weil ich nach Angers muß. Wenn ich zurückgekehrt bin, werde ich Sie über die Maßnahmen für Ihre Reise nach Lissabon informieren. Es wäre auch Zeit, Ihre Sachen und die Ihrer Kinder für die Abreise vorzubereiten, die kurz bevorsteht. In spätestens sechs bis sieben Tagen werde ich Sie anrufen, um Ihnen das Abreisedatum mitzuteilen."

*

Eine Woche verlief ohne Zwischenfälle. Ich war für die Abreise bereit. Am Dienstag, dem 10. März, rief Dr. Alexander an.
„Es ist alles fertig. Morgen früh werde ich zu Ihnen kommen, um Ihnen die letzten Anweisungen zu geben. Später, wenn Sie reisefertig sind, werde ich Sie mit den Kindern und dem Gepäck nach Paris fahren. Sie werden Paris am Freitag, dem 13. März, in Richtung der freien Zone verlassen."
Nun war es bald soweit! In drei Tagen würden wir fahren. Erneut würde ich dem Unbekannten gegenüberstehen.
Am nächsten Morgen kam Dr. Alexander.
„Ab jetzt", teilte er mir mir, „dürfen Sie kein einziges Schriftstück mehr bei sich tragen und keine Notizen, bis auf eine Adresse, die Sie in eines der Hefte der Kinder schreiben können. Es wird eine Adresse sein, die Sie benötigen werden, wenn Sie mit uns den ersten Kontakt herstellen wollen. In der freien Zone können wir Ihnen überhaupt

nicht mehr behilflich sein. Sie müssen sich selber behelfen, damit Sie die Visa und alle weiteren notwendigen Papiere für den Transit nach Spanien und die Einreise nach Portugal bekommen.
Sie schreiben zur ersten Kontaktaufnahme an Ort und Stelle einen Brief an den alten Freund Pedro Gonzales, Aruza, Passo de Pereda, Santander, Spanien, und unterschreiben mit ‚Marie'. Der Text des Briefes ist unwichtig. Wichtig sind das Datum Ihrer Ankunft und Ihre Adresse in Lissabon. Dieser Brief wird einen Kurier der Abwehr in Aktion treten lassen, der sich bei Ihnen vorstellen und in irgendeiner Sprache ‚Grüße von Dr. Alexander' ausrichten wird. Er wird Ihnen dann eine Adresse in Portugal geben, an die Sie Ihre späteren Berichte aus England schicken werden. Bleiben Sie zwei oder drei Monate in Portugal, um uns zu ermöglichen, eine sichere Verbindung herzustellen. Wenn Sie aber dieses Land verlassen wollen, müssen Sie Pedro schreiben: ‚Ich habe die Adresse von Ihrer Cousine verloren'. Wir werden dann Mittel und Wege finden. Vor Juli werde ich keine Nachricht von Ihnen erwarten. Beeilen Sie sich nicht. Wenn später die Verbindung gut hergestellt sein wird, werden wir Ihnen konkrete Aufträge geben und Sie werden mit anderen Agenten der Abwehr in Verbindung gebracht. Ich füge noch hinzu, daß Sie, wenn Sie sich gefährdet fühlen, uns sofort davon unterrichten sollten, damit wir Ihre Beförderung nach England organisieren können. Wahrscheinlich werden Sie mit dem Zug von Schottland nach London fahren. Abschließend sei noch einmal zu sagen, daß Sie auf keinen Fall Papiere und Dokumente von deutschen Behörden bei sich tragen dürfen!"
„Ich habe verstanden. Sie hätten es mir nicht mehr zu sagen brauchen. Ich bin mir wohl bewußt, daß man mich und meinen Koffer durchsuchen wird, und ich habe keiner-

lei Lust, wegen irgendwelcher Papiere mein Leben aufs Spiel zu setzen. Ich bitte Sie, Ihre Beziehungen zur Gestapo und zum Zoll spielen zu lassen, damit man sich in Moulins bei der Durchsicht meines polnischen Passes nicht auf mich stürzt."

„Einverstanden. Ich werde morgen zum Hotel ‚Lutetia' fahren, um sicherzugehen, daß alle notwendigen Maßnahmen ergriffen werden. Ich glaube, es ist vorgesehen, daß einer unserer Agenten Sie bis Moulins begleitet. Sie werden ihn nicht erkennen, er wird sich in einem Abteil in Ihrer unmittelbaren Nähe aufhalten, immer bereit, einzugreifen, wenn es nötig ist. Sie brauchen keine Angst zu haben, es wird alles gutgehen."

Nach einem ausgezeichneten, von Taupig vorbereiteten Mittagessen verabschiedete ich mich von diesem so unauffälligen und ergebenen Paar. Ich küßte Olga, wünschte ihr viel Glück und stieg mit Christophe, André und unserem Gepäck in den großen Mercedes von Dr. Alexander ein, mit dem wir nach Paris fuhren.

Unterwegs ließ er mich wissen, daß wir nicht in ein Hotel, sondern in die Privatwohnung von einem ihrer Agenten gehen würden.

„Sie müssen verstehen", sagte er, „daß alle Indizien, die Sie als eine ‚von Hennigen' ausweisen, vernichtet werden müssen. Wir können Sie deshalb, besonders wegen der Kinder, nicht in einem uns zur Verfügung stehenden Hotel unterbringen. Ab heute sind Sie wieder Klementyna Mankowska, wie es Ihr Paß ausweist, den Sie für Ihre bevorstehende Reise benutzen werden. Der Agent, der Sie zwei Tage beherbergen wird, ist Graf von Lamsdorf, russischer Herkunft. Er arbeitet für uns seit mehr als zwei Jahren. Er ist uns von größtem Nutzen, da er fließend russisch, französisch, englisch und spanisch spricht, deutsch auch ein wenig. Er reist oft für uns in die freie Zone und nach Spanien. Er war schon zweimal in Großbritannien und wird Ihnen wertvolle Hinweise geben können. Sie werden sehen: Er ist ein sehr charmanter Mann und ein echter Grandseigneur."

Abends gegen halb sieben kamen wir in Paris an. An der Nummer 41 der Avenue Rapp klingelte Dr. Alexander. Ein gutaussehender, großer schlanker Mann um die Fünfzig mit blauen Augen und dunkelblondem Haar öffnete die Tür.

„Seien Sie willkommen in meinem bescheidenen Haus", begrüßte er uns auf französisch, verneigte sich leicht und küßte meine Hand. „Guten Tag, Kinder. Ich dachte, sie wären kleiner, aber ich sehe, daß sie schon große Jungen sind. Wie alt sind Sie?" fragte er.

„Ich bin acht Jahre alt", antwortete Christophe. „Mein Bruder ist erst sechs."

„Wenn das Wetter morgen schön ist, werde ich Ihnen den Eiffelturm zeigen. Inzwischen werde ich Ihnen und Ihrer Mutter die Räume vorstellen, in denen Sie wohnen. Das Bad ist nebenan. Ich hoffe, daß Sie sich bei mir wohlfühlen werden."

„Vielen Dank, mein Herr", sagten Christophe und André im Chor.

„Für die Kinder wird um sieben ein kleiner Imbiss serviert", wandte er sich an mich. „Wir werden, wenn die Kinder im Bett sind, in ein Restaurant in der Nähe gehen. Ist es Ihnen recht?"

„Ausgezeichnet. Es tut mir leid, Ihnen so viele Umstände zu machen."

„Sie kommen mit, Hans?" fragte er Dr. Alexander.

„Mit Vergnügen."

,,Ich lasse Sie einen Augenblick allein. Ich muß die Sachen der Kinder auspacken und mich erfrischen."
,,Fühlen Sie sich wie zu Hause."
Mir schien, als würde ich ihn schon immer kennen. Er erinnerte mich an meinen Vater: dieselbe Vornehmheit, dieselbe Eleganz. Er flößte mir Vertrauen ein.
Wir verbrachten zwei sehr angenehme Tage bei ihm. Wir sprachen über den Krieg, über die Möglichkeiten, das kommunistische Regime niederzuwerfen, über unsere Rückkehr in eine freie Heimat. Waren wir realistisch? Nein, wir träumten.
Unser Gastgeber führte die Kinder zum Eiffelturm. In der Zeit kaufte ich ein. Vor allem kaufte ich zwei zusätzliche Bécassine-Alben, die als Versteck für belastendes Material wertvoll waren, und eine Tube Klebstoff.
Am Abend des 13. März, einem Freitag, fuhren Graf von Lamsdorf und Dr. Alexander uns um halb sieben zum Bahnhof. Sie begleiteten uns in den Schlafwagen. Bevor Sie uns verließen, flüsterte mir Dr. Alexander ins Ohr:
,,Wenn Sie glauben, daß unsere Mission zu gefährlich ist, lassen Sie es. Es wird den Ablauf des Krieges nicht ändern. Denken Sie an Ihre Kinder und an alle, die Sie lieben. Gute Reise und viel Glück!"
Nach dem Pfiff des Bahnhofsbeamten setzte sich der Zug in Bewegung.
Hatte ihm Kapitän zur See von Bonin etwas gesagt, um mich zu beschützen? Ich würde es nie erfahren.

*

In Moulins wurde eine kleine Routinekontrolle der Fahrkarten und Pässe durchgeführt, mehr nicht. Die Gestapo ist nicht einmal in unser Abteil gekommen.

Wir kamen am Samstag, den 4. März morgens um Viertel nach zehn am Bahnhof von Nizza an. Wir waren in der freien Zone! Das Wetter war herrlich, der Himmel und das Meer blau, überall waren Blumen. Eine fröhliche, glückliche Stimmung. Wie lange konnte sie noch dauern?
Nun war die Frage, was wir tun sollten und wohin wir gehen konnten. Die einzige Adresse, die ich besaß, war die von meiner Freundin und Nachbarin Monique Koscielska aus Winnogóra. Sie besaß ein Schloß in Miloslaw, in dem sich General von Gienanth mit seinem Stab niedergelassen hatte, wohingegen die Quartiermeisterabteilung sich in Winnogóra einquartiert hatte. Ich beschloß, unverzüglich zu ihr zu gehen.
„26, Rue du Maréchal-Joffre", nannte ich dem Taxifahrer. Ich brauche nicht zu betonen, wie groß unsere Freude war, als wir uns wiedersahen.
Schon vor dem Krieg und vor dem Tod ihres Mannes hatte Monique diese schöne Ferienwohnung in Nizza erworben. Als ich als junge Braut nach Winnogóra kam, war sie schon Witwe gewesen. Als Nachbarinnen sahen wir uns oft. Die Empfänge in Miloslaw waren prächtig, und sie war immer bei unseren schönen Tanzabenden dabei, die nach der Jagd im Haus stattfanden. Sie hier in Nizza zu sehen, hieß, auf einmal in eine andere Welt zu treten.
„Du kannst dir nicht vorstellen, wie glücklich ich bin, dich wiederzusehen", sagte sie. „Ich habe mich um euch gesorgt, da ich seit eurer Abreise aus Polen nichts mehr von euch gehört hatte. Ich hoffe, ihr bleibt bei mir, und so lange, wie du willst. Wie du siehst, habe ich genügend Platz hier."
„Es wird nicht für sehr lange sein", erwiderte ich, „weil ich, sobald ich die notwendigen Visa und die Auswande-

rungserlaubnis aus Frankreich erhalten habe, sofort nach Lissabon weiterreisen muß."

„Wir werden, hoffe ich, doch wenigstens zusammen einige Tage verbringen können. Ich habe dir so viel zu erzählen. Nimm jetzt ein gutes Essen und ein Bad! Mein Zimmermädchen wird sich um die Kinder kümmern."

Wir blieben vom 14. bis zum 24. März in Nizza. Dies bedeutete zehn Tage Glück für die Kinder, die in der Obhut des Zimmermädchens von Monique die Stunden am Strand verbrachten.

Was mich betraf, geriet ich wieder in das Netz von Diplomatie, Intrigen, Eifersucht und Machtkämpfen innerhalb der Widerstandsbewegungen und der geheimen Aktionen der polnischen Exilregierung.

Am zweiten Tag unserer Ankunft stand mir Vincent Rozwadowski gegenüber, den ich schon aus der Zeit vor dem Krieg kannte.

„Aber was machst du denn hier?" rief er aus, als er mich sah. „Wir haben schon durch die Post aus Polen von dir gehört. General Kleeberg, dessen Ordonnanzoffizier ich bin, wird glücklich sein, dich zu sehen. Wenn du es erlaubst, werde ich mit ihm einen Termin vereinbaren. Unter welcher Nummer kann ich dich erreichen? Im Hotel?"

„Nein, ich bin hier mit meinen Kindern bei meiner Freundin Monique Koscielska."

„Bis morgen also. Entschuldige mich, aber ich muß los, ich habe einen wichtigen Termin."

Schon am nächsten Nachmittag hatte ich um drei Uhr eine Verabredung mit General Kleeberg in einem Café. Ich kannte Nizza überhaupt nicht und bat Vincent, mich hinzufahren. Der General wartete bereits auf uns.

Nachdem wir uns vorgestellt hatten und einige Höflich-

keitsfloskeln ausgetauscht hatten, bestürmte er mich mit Fragen.
,,Also, nachdem was ich gehört habe, sind Sie von den ‚Musketieren‘ geschickt worden?“
,,Genau. Ich bin unterwegs nach Lissabon und fahre dann auf Anweisung von Witkowski nach England.“
,,Ich weiß, ich kenne die Situation dieser Organisation und Ihres Chefs, Oberleutnant Witkowski. Man macht ihm ebensoviele Schwierigkeiten wie mir hier. Ich möchte mit ihm in Kontakt kommen. Aber wie?“
,,Nichts ist einfacher“, antwortete ich ihm. ,,Diese Münze dient uns als Erkennungszeichen."
Ich zog die falsche Zehndollarmünze aus meiner Tasche und reichte sie ihm.
,,Jede Person, die sich mit dieser Münze bei Frau Lubienska in der Straße des 6. August, Nummer 7, vorstellt, wird sofort mit Stewit, dies ist Witkowkis Pseudonym, zusammengebracht. Hier ist auch noch die Adresse seines Agenten in Paris. Er trägt das gleiche Erkennungszeichen bei sich.“
Ich schmierte die Adresse von Chojecki auf eine Papierserviette.
,,Sie tun mir einen großen Gefallen. Jetzt möchte ich Ihnen unsere Probleme schildern. Ich hoffe, daß Sie so manche Hindernisse, auf die wir bei unserer Arbeit treffen, aus dem Weg räumen können. Sie waren noch nicht in London. Sie können nicht wissen, was dort los ist. General Sikorski und General Sosnkowski sind von einem Kreis von Personen umgeben, die nur zu intrigieren versuchen und den andcren, die ihre Anordnungen nicht blind befolgen, Schaden zufügen. Ihr einziges Ziel ist, nach dem Krieg in die höchsten Positionen des Landes zu gelangen. Alle, die ihnen

dabei im Weg sind, werden nach und nach politisch beseitigt, manchmal sogar physisch. Witkowski leistet für die Alliierten hochwertige Arbeit. Aber viele neiden es ihm, daß er direkte Kontakte zu den Engländern hat. Ich fürchte, daß es schlecht für ihn endet. Meine Situation ist seiner ähnlich", fuhr er fort, ,,obwohl ich nicht behaupten kann, ihm gewachsen zu sein. Witkowski ist ein As, wenn es um Informationen geht. In diesem Bereich haben wir hier große Möglichkeiten. Die Franzosen arbeiten lieber mit den Polen als mit den Engländern zusammen. Aber für diese Arbeit muß man über ausreichende Mittel verfügen, und London begrenzt sie mehr und mehr. Deshalb bitte ich Sie inständig, bei General Sikorski zu intervenieren. Er muß über unsere Schwierigkeiten unterrichtet werden. Wenn man Sie daran hindert, was durchaus möglich ist, mit ihm zuammenzutreffen, versuchen Sie, sich mit Tadeusz Bielecki, dem Präsidenten der Nationalen Partei, in Verbindung zu setzen. Sie können ihn über François Rozwadowski erreichen, dessen Adresse Ihnen Vincent, mein Ordonnanzoffizier, geben wird. Morgen muß ich nach Marseille und Toulouse fahren. Ich werde also keine Möglichkeit haben, Sie wiederzusehen. Ich verlasse mich auf Sie, bedanke mich und wünsche Ihnen viel Glück!"

*

Am nächsten Tag unternahm ich die nötigen Schritte zur Erlangung eines Einwanderungsvisums für Portugal und eine Auswanderungserlaubnis für Frankreich. Zuerst mußte ich meinen Paß nach Vichy schicken, wo das einzige portugiesische Konsulat war, das die Erlaubnis hatte, Visa auszustellen. Wie sollte ich vorgehen? Mußte ich sel-

ber hin- gehen? Mit der Post könnte es gefährlich werden. Ich rief Vincent an. Er und der General waren der Meinung, daß er statt meiner hingehen sollte.
Er kam am Freitag, dem 20. März, zurück. Alles war zu unserer Zufriedenheit verlaufen. Jetzt brauchte ich die Auswanderungserlaubnis für Frankreich. Dazu mußte man sich persönlich in der Präfektur des Departements Bouches-du-Rhône in Marseille vorstellen. Das war der einzige Weg. Ich beschloß, gemeinsam mit den Kindern hinzufahren, damit ich nicht von dort nach Nizza zurück mußte.
In dieser Zeit kam am Sonntag, dem 22. März, nachmittags Oberst Romeyko zu Monique, dem ich 1940 in Rom die Berichte und Mikrofilme von Stewit ausgehändigt hatte. Er wollte mich dringend sprechen. Er warf mir vor, ihn nicht von meiner Ankunft unterrichtet zu haben.
„Aber woher hätte ich wissen sollen, daß Sie in Nizza sind?"
„Hat es Ihnen keiner gesagt?"
„Nein, und wer hätte es mir sagen können? Ich bin bei einer Freundin, mit der ich mich über die guten alten Zeiten vor dem Krieg unterhalte. Nächste Woche fahre ich mit den Kindern zu meinem Schwager nach Lissabon, den Sie ja schon in Rom kennengelernt haben."
Ich wußte nicht mehr, wie ich mich verhalten sollte. Das Gespräch mit General Kleeberg hatte mich verunsichert. Gehörte auch Oberst Romeyko der Clique an, die gegen Stewit und General Kleeberg agitierten?
„Sie dürfen mir nichts verschweigen", forderte er. „Ich kann Ihnen helfen. Ich weiß, daß Sie Beziehungen zu den ‚Musketieren' haben. Erzählen Sie mir von ihnen."
„Soweit ich weiß, sind Stewit die Hände gebunden. Er hat kein Geld mehr und sein Sendegerät wird bald den Geist

aufgeben. Könnten Sie sich für ihn einsetzen und ihm, wenn es Ihnen möglich ist, helfen?"

„Sicherlich. Bei der ersten Gelegenheit werde ich ihm ein Sendegerät und Geld zukommen lassen. Ich muß Sie allerdings darum bitten, bei Ihrer Ankunft in Lissabon zu Oberst Kara zu gehen und ihn fragen, ob er das mir versprochene Gerät bereits auf den Weg gebracht hat. Dieses Gerät werde ich Stewit schicken können. Ich bedauere, daß ich von seinen Schwierigkeiten nichts gewußt habe. Und Sie, haben Sie alles, was Sie für die Reise brauchen? Morgen werde ich zur Bank gehen und Ihnen ein wenig Geld bringen. Sie werden es in Spanien brauchen. Sie müssen es in Marseille umtauschen, da man nur in der ‚Banque de France' Dollar erhalten kann."

„Ich weiß nicht, wie ich mich bei Ihnen bedanken soll. Es wird mir sicherlich sehr helfen."

„Ich werde morgen mittag gegen zwölf Uhr kommen", sagte er, als er aufstand.

Er ging hinaus. War er wirklich ehrlich? Würde er Stewit Hilfe leisten? Nichts war fragwürdiger. Ich würde es wahrscheinlich nie erfahren. Das einzige, was ich nun verstand, war, daß man wissen mußte, wem man vertrauen und wem man sich nicht anvertrauen sollte, wer Freund und wer Feind ist. In diesem Fall hier war es das Beste zu schweigen.

*

Am Dienstag, den 24. März kam ich nach Marseille. Ich weiß nicht, warum ich diese Stadt nicht mochte. Zuviel Lärm, zu viele Leute. Es wimmelte von Menschen, wie in einem Ameisenhaufen.

Ich verfügte über sehr wenig Geld, trotz der dreitausend Francs, die mir Oberst Romeyko gegeben hatte. Ich beschloß also, in ein kleines preiswertes Hotel zu gehen, denn ich mußte etwas Geld sparen, um meine Kinder zu ernähren. Ich kannte niemanden in dieser Stadt und fühlte mich sehr fremd. Glücklicherweise war das Hotel sauber, die Besitzer sympathisch und das Essen einfach, aber gut.
Ich rannte von Behörde zu Behörde, zur Präfektur und zum spanischen Konsulat, und dann zur „Banque de France“ und zum Bahnhof, um die Fahrkarten nach Lissabon zu kaufen. Die Kinder blieben mit Büchern und Malheften – Geschenke von Monique – im Hotel.
Ich hoffte, innerhalb von zwei oder drei Tagen alles organisiert zu haben. Ich hoffte vergeblich. Wir blieben sieben Tage. Als ich am 1. April die Visa und die Bescheinigungen erhalten und alle Formalitäten erledigt hatte, machten wir uns auf die Reise über Marseille und Toulouse nach Madrid. Es war eine lange und anstrengende Fahrt. Wir mußten oft umsteigen und etliche Kontrollen passieren. Am 3. April warteten wir sogar den ganzen Tag auf den Zug nach Lissabon. Ich nutzte die Gelegenheit, um Antoine, der sich mit seiner Familie in Lissabon aufhielt, ein Telegramm zu schicken. Aber ich traute mich nicht, den Bahnhof zu verlassen.
Am 4. April, an einem Samstag, kamen wir endlich in Lissabon an. Meine alten Freunde aus Rom Antoine und Maya erwarteten uns auf dem Bahnsteig.
„Endlich! Du bist da! Wir waren gestern sehr überrascht, als wir dein Telegramm bekamen. Seit zwei Jahren suchen wir nach dir und haben dabei alles versucht, über das Rote Kreuz, die deutschen und amerikanischen Diplomatendienste. Seitdem du aus Rom zu Yanie Chaumont nach

Noirmoutier verschwunden bist, hatten wir kein Wort, kein Lebenszeichen von dir. Wir dachten, du wärst im Ozean ertrunken oder mit Yanie in die Vereinigten Staaten gegangen, oder gar von der Gestapo verhaftet. Gott sei Dank, seid ihr da, gesund und wohlbehalten! Sie sind kräftig gewachsen, deine Jungen, besonders Christophe, mein Patenkind. Dein Mann André wird sie nicht wiedererkennen."

Wir fuhren nach Estoril, einem traumhaften Vorort von Lissabon, in dem es einen schönen Strand, ein Casino und prächtige Villen gab. Antoine und Maya bewohnten eine davon. Ihr Garten war voller Blumen. Rose Chlapowska, die Schwester von Maya, mit der ich damals in Rom den Film hätte drehen sollen, war auch mit ihren Kindern da. Antoine und Maya folgten mir auf Schritt und Tritt. Sie wollten alles wissen, aber ich konnte ihnen leider nicht alles sagen. Wir schmiedeten Pläne. Zuerst ging es um den Besuch beim Bevollmächtigten der Polnischen Republik, Herrn Dublicz-Penter, den man für die Ausstellung des Visums ansprechen mußte.

„Wir werden uns um dein Visum kümmern", sagte Antoine. „Es wird aber bestimmt sechs bis acht Wochen dauern."

„Das ist zu lange", erwiderte ich ihm. „Du wirst sehen, ich werde es viel schneller bekommen, wenn ich zum britischen Konsulat gehe."

„Unsere polnische Behörde wird beleidigt sein, wenn du alles hinter ihrem Rücken machst. Wir haben Angestellte in der Gesandtschaft, die für die Ausstellung von Visa verantwortlich sind."

„Gut, dann laß deine Beziehungen spielen, aber ich sage dir gleich – wenn ich in zehn Tagen keine Antwort habe, unternehme ich bei den Engländern selber etwas."

Zehn Tage tat sich nichts. Ich schrieb Pedro Gonzales

einen Brief und erwartete daraufhin den Besuch des Agenten der Abwehr. Ich verbrachte die Tage mit Sonnenbädern und dem Strand, schwamm im Meer, bummelte in Lissabon und in der Umgebung. Überall herrschte großer Luxus.
Aber die Tage vergingen, ohne daß ich etwas von meinem Visum gehört hätte. Ich beschloß also, mich ohne zu zögern zum britischen Konsulat zu begeben. Ich wollte nicht nur mein Visum bekommen, sondern auch endlich die Gelegenheit ergreifen, meine Nachrichten von Stewit zu übermitteln. Antoine begleitete mich, ließ mich aber allein ins Konsulat hineingehen. Der Sekretärin, die mich fragte, worum es ginge, antwortete ich, daß ich Hauptmann Jarvis persönlich sprechen müßte. Sie ließ mich gut fünfzehn Minuten warten, bevor ich in das Büro des Hauptmanns eintreten durfte.
In wenigen Worten erklärte ich ihm, wer ich sei und woher ich käme. Ich zog mein Portemonnaie aus der Tasche und reichte es ihm. Er nahm es, leerte es und drehte es in seinen Händen, bis er das Versteck der Mikrofilme gefunden hatte.
„Es ist das, was wir erwarteten. Glücklicherweise sind Sie da."
„Ich habe noch etwas für Sie. Das Gerät, das die Mikrofilme aufnimmt, hatte am letzten Tag eine Panne. Wir haben eine andere Möglichkeit gefunden, um Ihnen eine wichtige Nachricht zu übermitteln."
Ich hob meinen Rock ein Stück und ließ den besagten Unterrock auf den Boden fallen. Hauptmann Jarvis war außerordentlich verblüfft! Sein Gesicht zeigte großes Erstaunen! Mit einer kleinen Schere, die ich aus der Tasche zog, trennte ich die Naht der dunkelblauen Spitze auf, die Stewits auf ein weißes Band getippte Nachricht verbarg. Er traute seinen Augen nicht.

„Die Nachricht ist kodiert", stellte Hauptmann Jarvis nach näherer Betrachtung fest. „Ich denke, daß Sie mir nichts weiter zu übergeben haben. Ich möchte nun Ausführliches über die Lage der ‚Musketiere' wissen. Und Sie müssen in zwei oder drei Tagen wiederkommen. Inzwischen werde ich die Berichte entziffern, die Sie mir gebracht haben. Kann ich unterdessen etwas für Sie tun?"

„Bestimmt. Es handelt sich um mein Visum für England. Ich habe bei den polnischen Behörden nachgefragt, die sich darum kümmern, aber bis jetzt ist es ergebnislos geblieben."

„Es wird für Sie überhaupt keine Schwierigkeiten geben. Lassen Sie mir Ihren Paß hier, ich werde ihn Ihnen in zwei Wochen zusammen mit dem Visum zurückgeben."

„Das wäre ja großartig! Vielen Dank im voraus! Ich komme in drei Tagen wieder zu Ihnen."

Antoine wartete auf mich im Wagen, den er in der Nähe des Konsulats geparkt hatte.

„So, erledigt", teilte ich ihm mit. „In zwei Wochen werde ich mein Visum haben."

„Wie ist dir dieses Kunststück gelungen? Andere müssen zwei Monate darauf warten."

„Das ist meine Sache. Dringe nicht weiter in mich. Laß uns nicht mehr darüber reden."

*

Am übernächsten Tag, nach meinem Besuch bei Hauptmann Jarvis, verkündete mir Antoine, daß ich zu einem offiziellen Mittagessen in die Gesandtschaft eingeladen sei, das zu Ehren von General Anders und General Kopanski

stattfinden würde. Beide waren nur für einige Stunden in Lissabon, bevor Sie nach London weiterfuhren.
„General Anders hat erfahren“, erzählte Antoine, „daß du hier bist. Er will dich nach dem Essen unter vier Augen sprechen.“
Was für eine Aufregung! Worüber wollte er mit mir reden? Wahrscheinlich über Stewit und dessen Bemühungen, Offiziere aus Polen auswandern zu lassen, damit sie in Rußland zum Heer von General Anders stoßen konnten.
General Anders hatte zwei Jahre in dem furchtbaren Gefängnis Lubjanka in Moskau verbracht. Nach dem Abkommen zwischen General Sikorski und Stalin im Juli 1941 stellte er eine polnische Truppe aus den Geretteten und Überlebenden der Gefängnisse, der Lager und Gulags* zusammen, die sich im ganzen Land befanden. Unter unmenschlichen Umständen überwand er alle Hindernisse, Verbote und Schikanen von seiten der sowjetischen Behörden. Er schreckte vor keiner Schwierigkeit zurück und stellte eine Armee auf die Beine, die entschlossen war, gegen den Feind zu kämpfen.
Ich war stolz, ihn kennenzulernen und mich mit ihm unterhalten zu können.
Der Empfang, der vor dem Essen in der Gesandtschaft stattfand, war gleichzeitig feierlich und lebendig. Das ganze Personal aus Diplomaten- und Konsulatskreisen, Militärattachés und die Frauen, die um den General Anders herumstanden, jeder wollte ihm die Hand schütteln, ihm ein paar Worte sagen. General Kopanski, Chefkommandant der Einheit „Tobruk“ in Nordafrika, und sein Gefolge standen ein wenig abseits.

* Lagerhauptverwaltungen des Straflagersystems in der UdSSR

Nach dem Anblick unserer armen und braven Offiziere in Polen, die abgenutzte, oft geflickte Kleidung trugen, war es eindrucksvoll, so viele schöne Uniformen auf einmal zu sehen.
Ich wußte, daß General Anders mich nach dem Essen sprechen wollte. Von daher versuchte ich nicht, mich ihm zu nähern, obwohl ich vielleicht die einzige war, die ihn bereits aus der Zeit vor dem Krieg kannte.
Gegen halb zwei mittags hatte die große Menge endlich die Gesandtschaft verlassen. Ein Essen mit guten Weinen wurde aufgetragen. Allein die nächsten Mitarbeiter des Ministers und ihre Gattinen waren dazu geladen. Man kommentierte die Kriegskampfhandlungen; man hörte General Anders zu. Er erläuterte die Schwierigkeiten mit der Organisation seines Heeres in Rußland und die Bemühungen von General Kopanski in Afrika. Er beschrieb alle seine Probleme sehr ausführlich. Ich hörte zu und wartete ungeduldig auf mein Gespräch mit ihm unter vier Augen.
General! Dieser Rang begann wie magisch auf mich zu wirken. Immer und überall stand ein General an meinem Weg. Hier in Nizza, in Winnogóra, in Warschau und vor allem in Lemberg! Nein, nein, ich durfte nicht mehr daran denken. Was sollte ich tun, um ihn zu vergessen? Es würde mir nie gelingen.

*

Nach dem Essen gingen wir in den Salon, um Kaffee und Likör zu trinken. In diesem Augenblick näherte sich mir General Anders und sprach mich an:
„Man hat Ihnen, hoffe ich, Bescheid gegeben. Ich möchte Sie sprechen. Wir haben leider nur wenig Zeit. Ich muß in

ungefähr einer Stunde nach London fliegen. Ich schlage Ihnen also vor, daß wir uns in das Zimmer nebenan zurückziehen, wo wir mehr Ruhe haben werden."
Ich folgte ihm, ohne etwas zu sagen.
„Sie können es sich bereits denken", fuhr der General fort, „worüber ich mit Ihnen sprechen möchte. Zuvor möchte ich, daß Sie mir alles sagen, was Sie über den Offizier wissen, der mir von Witkowski geschickt wurde. Seinen Namen, seinen Rang und wie diese Vermittlung zustande kam."
Stewit hatte mich vor der Reise gut instruiert: „Ich kann Ihnen selbstverständlich alle Einzelheiten erzählen, aber es wird in so kurzer Zeit nicht leicht sein. Ich werde es trotzdem versuchen. Der besagte Offizier heißt Czeslaw Szadkowski. Er ist Kavalleriehauptmann im zehnten Regiment der Ulanen. Er beherrschte die deutsche und die russische Sprache und wurde von Witkowski seinerzeit ausgesucht, um eine schwierige Mission zu erfüllen. Man mußte um jeden Preis erreichen, daß in Zukunft so viele Offiziere wie möglich nach Rußland geschickt werden würden. Diesmal handelte es sich um einen ganz besonderen Auftrag. Sie wissen auch, daß Marschall Rydz-Smigly nach Polen zurückgekehrt ist. Er erklärte, seinem Land weiter dienen zu wollen und wollte sich unter den Befehl von General Sikorski stellen, unserem Oberbefehlshaber in London. Er hatte keinerlei Absicht, seinem Rang oder seiner Würde entsprechend behandelt zu werden. Er wandte sich an die ZWZ, aber General Rowecki wollte ihn nicht unter sein Kommando stellen. Er setzte sich daraufhin mit Witkowski in Verbindung. Er bat ihn um das Unmögliche, jemanden nach London zu General Sikorski zu schicken. Diese Person sollte dann für ihn bei General Sikorski den

Treueeid leisten. Szadkowski sollte mit Ihrer Hilfe diesen Auftrag in London ausführen. Um sicherzugehen, wurde ich von Witkowski mit derselben Mission beauftragt. Aber inzwischen, und das wissen Sie wahrscheinlich nicht, ist der Marschall nach mehreren schweren Herzanfällen gestorben.

Darüber hinaus bin ich von Witkowski beauftragt worden, ein Gespräch mit General Sikorski zu führen, um ihm von den immer größer werdenden Schwierigkeiten der ‚Musketiere' und ihres Chefs zu berichten. General Rowecki verlangt die völlige Unterordnung unter die ZWZ. Das ist für Witkowski unannehmbar. Seine Agententätigkeit soll, sagt er, geheim bleiben und außerhalb der Einmischung jedweder Organisation bleiben. Er hat Agenten in allen besetzten Ländern, vor allem in Deutschland. Man macht ihm die Arbeit immer schwerer und verweigert ihm Geld. Seit der Unterzeichnung des polnisch-sowjetischen Abkommens am 30. Juli 1941 versucht er mit Ihnen über die Weißrussen, die Beziehungen zur Abwehr haben, in Kontakt zu kommen. Er möchte für seine Agenten Passierscheine bekommen, damit sie die deutschen Linien übertreten können. Was die Weißrussen betrifft, so führen die Ingenieure Borys Smyslowski und sein Mitarbeiter Bondorowski Verhandlungen mit der Abwehr. Witkowski schlägt eine antisowjetische Zusammenarbeit vor als Gegenleistung für die Hilfe der Abwehr, einige Personen aus den Händen der Gestapo zu befreien und weitere Verhaftungen oder Deportationen in deutsche Lager zu verhindern. Witkowski agierte unter dem Decknamen ‚Arthur Baron von Tierbach' und als Mitglied des antikommunistischen Bundes, der seinen Sitz in Genf hat. Ich denke, das Wichtigste gesagt zu haben. Haben Sie noch Fragen?"

„Nein, es wird reichen, die Zeit ist knapp. Ich hätte Sie gern nach London mitgenommen, aber Zivilisten, besonders mit Kindern, dürfen in Militärflugzeugen nicht mitfliegen. Ich werde versuchen, für Sie einen Termin mit General Sikorski zu organisieren. Wenn er abwesend ist, versuchen Sie General Sosnkowski zu sprechen. Ich bedanke mich für Ihre Auskünfte, sie sind für mich sehr wertvoll."
Er stand auf. Ich folgte ihm und wir gingen zu den anderen geladenen Gästen zurück, die ungeduldig auf ihn warteten.

*

Zwei Tage nach dem Gespräch mit General Anders rief mich Hauptmann Jarvis an. Er sagte mir, daß alles in Ordnung sei. Das Visum sei mir gewährt worden. Ich solle am 28. April ins Konsulat kommen, um meine Papiere abzuholen. Er teilte mir auch mit, daß er für mich und die Kinder am 4. Mai Plätze in einem Flugzeug nach England gebucht habe.
So war alles zufriedenstellend verlaufen. Mein Abflug war in zehn Tagen. Ich schrieb schnell, wie mit Dr. Alexander vereinbart, Pedro Gonzales einen Brief. Fast sicher war ich mir, daß Kapitän zur See von Bonin jeden Kontakt mit mir hatte abbrechen lassen, denn der Gesandte der Abwehr war bei Antoine nie aufgetaucht. Um so besser!
Am gewünschten Tag ging ich zu Hauptmann Jarvis ins britische Konsulat. Er erwartete mich.
„Ich bin glücklich, Ihnen sagen zu können, daß ich Ihnen das Visum ausstellen darf. Auch wurde alles gemäß den Anweisungen von Stewit, die Sie in Ihrem Unterrock transportierten, erledigt. Bei Ihrer Ankunft werden bestimmt

Journalisten zugegen sein. Sie werden offiziell verhaftet aufgrund Ihrer ‚Zusammenarbeit' mit dem Feind. Von da aus werden Sie mit einer Eskorte nach London zur ‚Patriotic School' gebracht."

„Was ist das, die ‚Patriotic School'?" fragte ich.

„Es ist ein großes Gebäude, wo alle verdächtige Personen, die in England ankommen, hingebracht werden. Sie werden verhört und durchsucht. Sie brauchen keine Angst zu haben, Sie werden nicht zu dieser Kategorie gehören. Sie werden einen privilegierten Status genießen: gut untergebracht, gut beköstigt, gemeinsam mit den Kindern, die im großen und schönen Garten spielen können. Sie werden Berichte schreiben und damit jene ergänzen, die bereits hier sind. Über alles weitere werden Sie von einem unserer Offiziere an Ort und Stelle unterrichtet.

Good luck", wünschte er mir, als er mir meinen Paß und auch ein Päckchen mit meinem Unterrock zurückgab.

Als alle Formalitäten erledigt waren, konnte ich zehn Tage lang die Sonne, das Meer und den Strand genießen sowie die Anwesenheit von Maya und ihrer Schwester Rose. Am Montag, dem 4. Mai 1942, flogen wir von Sintra nach England.

Zwei reizende junge Frauen in Uniform erwarteten uns in Bristol beim Aussteigen aus dem Flugzeug mit einem Polizeiwagen. Die Inszenierung, die für die Journalisten gedacht war, war sehr gut organisiert. Reuter konnte noch am selben Abend die Nachricht meiner Verhaftung senden. Stewit würde glücklich sein, Dr. Alexander enttäuscht.

*

„Patriotic School" – das war ein großes Gebäude aus rotem Backstein, das an eine ehemalige Kaserne oder Schule erinnerte.

Der Wagen hielt vor dem Haupteingang. Eine meiner Begleiterinnen stieg sofort aus und lief schnell hinein, während die andere mir beim Ausladen der Kinder und Koffer half. Wir hatten kaum den Wagen verlassen, da trat eine ältere Dame aus dem Gebäude, wünschte mir ein „Willkommen in England“ und führte uns ins Haus. Ich sah einen langen Flur mit Türen auf beiden Seiten. Sie führte uns bis zum Ende des Flures, machte eine Tür auf und lud uns ein, in ein schönes, sonnendurchflutetes Zimmer zu treten. Es hatte eine Glastür und zwei Fenster, die zu einem großen Garten führten. Die Einrichtung war sehr schlicht: drei Betten, eine Kommode, ein Schrank. Ein großer runder Tisch stand mitten im Raum. Gardinen mit großen gelben Blumen ließen den Raum heiter wirken. An den Wänden hingen Rahmen mit Photos von schottischen Schlössern.

Das war also mein „Gefängnis“! Ich war glücklich!

„Sie müssen von Ihrer Reise sehr müde sein. Wollen Sie Tee mit mir trinken? Für Ihre Kinder gibt es Milchschokolade und Gebäck. Aber vorher zeige ich Ihnen das Bad, damit Sie sich ein wenig erfrischen können.“

Nach einer kurzen Besichtigung des Bads mit den Kindern führte sie uns in den Speisesaal. Ein gewaltiger Raum mit an den Wänden aufgereihten Tischen, die für zwei bis vier Personen bestimmt waren.

„So“, erklärte uns unsere Gastgeberin, „dies ist der Ort, wo Sie Ihre Mahlzeiten mit den anderen einnehmen werden. Da es verschiedene Nationalitäten und soziale Schichten gibt, versuchen wir, die Leute nicht miteinander zu mischen. Sie werden Ihren eigenen Tisch haben. Da ist er“, sagte sie und zeigte uns einen Tisch neben dem Fenster. „Die Mahlzeiten werden zu festgelegten Zeiten serviert.

Seien Sie immer pünktlich, um die Arbeit des Personals, das zur Zeit nicht sehr zahlreich ist, zu erleichtern. Das Frühstück ist um neun Uhr, der Lunch um halb zwei und das Abendessen um halb sieben. Bevor ich Sie allein lasse, zeige ich Ihnen noch die Bibliothek und das Büro, wo Sie jeden Tag von halb zehn bis zwölf und von halb drei bis fünf Uhr mit einem Offizier arbeiten werden. In der übrigen Zeit können Sie machen, was Sie wollen, zum Beispiel in die Bibliothek gehen oder den Garten benutzen. Nur eins ist verboten: Sie dürfen draußen mit niemandem reden."

Am nächsten Tag kam der angekündigte Offizier zur genannten Zeit. Er war sehr elegant. Gewandt stellte er sich vor:

„Hauptmann Malcom Scott vom ‚Intelligence Service'. Sie sind sicher schon eingeweiht worden, glaube ich. Sie wissen, worum es geht. Ich habe die Berichte, die Sie Hauptmann Jarvis in Lissabon ausgehändigt hatten. Jetzt müssen diese Auskünfte ausführlich bearbeitet und ergänzt werden. Diese Arbeit muß getan werden, daran führt leider kein Weg vorbei. Ich werde Sie fragen und Ihre Antworten und Kommentare mitschreiben. Darüber hinaus werden Sie in den nächsten Tagen mit mir das Luftfahrtministerium besuchen. Auf äußerst genauen Karten werden Sie Ihre Angaben belegen müssen, wo sich zum Beispiel der Flughafen in Nantes genau befindet. In einem Ihrer Berichte erwähnen Sie, daß ein Wagen der Feldgendarmerie aufgetankt worden sei. Der Standort der Tankstelle ist eine sehr wichtige Information für uns. Und schließlich möchte auch das Marineministerium zusätzliche Informationen von Ihnen."

„Bevor wir mit der eigentlichen Arbeit anfangen", erwiderte ich, „habe ich eine Bitte: Wann könnte ich Rohn

sehen? Ich habe für ihn wichtige Nachrichten von Witkowski."
„Leider wird das unmöglich sein, weil er nicht in England ist. Es ist nicht abzusehen, wann er zurückkommt. Zur Zeit ist er in Ägypten. Er ist schon seit längerem dort."
Die Arbeit begann. Ich lebte abgeschnitten von der Welt. Vier Wochen mit Fragen, Antworten, Gesprächen in den Ministerien und Berichten über mein Tun und Treiben. Beinahe jeden Tag mußte ich Auskunft geben über mein Leben von September 1939 bis Mai 1942. Alles lief in einer freundlichen Atmosphäre ab. Ich hatte den Eindruck, das alles jemandem zu erzählen, den ich seit langem kannte. Der Bericht war in Englisch abgefaßt, aber der Hauptmann sprach fließend polnisch. Er gehörte einer Familie an, die in Lemberg ein Sportgeschäft betrieben hatte, Malcom Scott & Co. Wahrscheinlich hatte er seit langem eine hohe Stelle beim „Intelligence Service".
Eines Tages, als wir bei einer Tasse Tee saßen, sagte er mir plötzlich:
„Wissen Sie, daß unsere Nachrichtendienste in Lissabon mit der Zustimmung in London sofort bereit gewesen wären, Ihnen einen englischen Paß zu gewähren? Aber die polnische Regierung war dagegen. Sie lehnte wütend ab, weil Witkowski, ohne die offiziellen polnischen Stellen zu benötigen, zu uns Kontakt hatte. Die Sache ist sehr traurig. Ich fürchte, Sie werden auf Schwierigkeiten treffen, wenn Sie hier herauskommen. Zu guter Letzt gebe ich Ihnen einen guten Rat: Versuchen Sie möglichst nicht, in London zu bleiben."
Er wollte weiter nichts sagen. Als gute Freunde gingen wir auseinander. Ich habe ihn nie wiedergesehen.

*

Am nächsten Tag, dem 2. Juni 1942, verließen wir die „Patriotic School". André, mein Mann, war davon unterrichtet worden und erwartete uns bei sich in der Ebury Street, Nummer 18.
Die Kinder waren wegen der Anwesenheit ihres Vaters sehr verschüchtert. Eine dreijährige Trennung ist für Kinder ihres Alters viel zu lang. Der kleine André war besonders mißtrauisch.
„Mama, Sie sind unvorsichtig", tadelte er mich, als ich ihn ins Bett brachte.
„Aber warum?" fragte ich ihn.
„Alles, was Sie Papa erzählen . . . Wie können Sie sich sicher sein, daß er kein Mann der Gestapo ist, der als Papa verkleidet ist?"
Ich beruhigte ihn und erklärte ihm, daß wir in England wären. Da gäbe es keine Gestapo und kein Risiko. Er blieb noch sehr lange zurückhaltend. Hatte ich ihnen allen nicht gesagt, einer fremden Person gegenüber immer mißtrauisch zu sein?

*

Jetzt mußte ich mich auf die aggressiveren Verhöre der polnischen Seite vorbereiten.
„Wir müssen", sagte ich zu meinem Mann André, „versuchen, General Sikorski selbst zu treffen."
„Es wird nicht leicht sein", antwortete er. „Du hättest wahrscheinlich mehr Chancen, Hitler zu erreichen als unseren Chefkommandanten. Er wird von seiner Clique, die ihn umgibt, gut abgeschirmt. Sie informieren ihn nur über das, was sie für wichtig halten. Sie kämpfen gegen die ‚Musketiere' so gut sie können. Für sie sind diese eine

Konkurrenz, die sie nicht ertragen können. Also, mach dir keine Illusionen. Aber mit ein bißchen Glück werden wir einen Termin mit General Sosnkowski vereinbaren können. Du mußt sowieso morgen zu Oberst Protasewicz. Vergiß nicht, daß er ein erbitterter Feind von Stewit ist!"

„Aber warum dieser Krieg gegen Stewit? Die Engländer haben mir nur Gutes über ihn erzählt. Er ist ein großer Patriot, sehr begabt und außergewöhnlich klug, mutig und voller Tatendrang. Ich weiß, daß er direkt mit den Engländern zusammenarbeitet. Na, und? Wir können den Krieg nicht allein gewinnen. Den Engländern zu helfen, heißt, allen zu helfen."

„Es ist vergeblich, darüber nachzudenken. Wir können daran nichts ändern. Unser Nachrichtendienst mißbilligt Stewits Kontakte mit dem ‚Intelligence Service'. Es ist ein schlimmer Irrtum, aber so ist es! Deine Fragen helfen da nicht weiter!"

Die nächsten Tage mußte ich von einem Termin zum anderen hetzen, zu Oberst Protasewicz, Oberst Mitkiewicz, Hauptmann Messinger und zu vielen anderen. Ich kann mich an all die Namen nicht mehr erinnern. Immer wieder wurden mir die gleichen Fragen zu den „Musketieren" gestellt. Der wirkliche Krieg existierte nicht mehr. Es war ein Krieg gegen Stewit, und das drückte mich nieder. Zu allem Unglück gab es keine Hoffnung, General Sikorski zu treffen.

Eine Woche verging. Dann war es endlich meinen Freunden, dem Grafen Puslowski und seiner Frau, gelungen, ein Abendessen bei ihnen mit General Sosnkowski zu organisieren. Ich konnte mit ihm sprechen. Alles, was ich Sikorski sagen sollte, sagte ich ihm. Ich sprach über die polnischen Offiziere aus Warschau, die zu General Anders stoßen sollten, erzählte ihm von der Rückkehr von Mar-

schall Rydz-Smigly, dem Brief, der die Nachricht von seinem Tod enthielt, von meiner Zusammenarbeit mit der Abwehr, die auf Befehl Stewits erfolgt war, und schließlich von meinen Berichten.
Der General hörte zu und stellte mir keine Fragen. Nur über den Marschall wollte er Näheres wissen.
„Ist es wahr, was Sie über den Marschall erzählen? Laut letzter Nachrichten soll er sich doch in Südafrika aufhalten."
„Das stimmt nicht", erwiderte ich. „Man gibt Ihnen und General Sikorski falsche Informationen. Aus welchem Grund, weiß ich nicht, aber ich bin mir sicher, daß das, was mir Stewit sagte, stimmt."
Der General antwortete nicht. Er war besorgt. Er dachte eine Weile nach, dann schlug er vor:
„Reden wir nicht mehr darüber. Ich werde gründlichere Untersuchungen anstellen. Ich gebe Ihnen jetzt einen guten Rat: Verlassen Sie London so schnell, wie es geht. Man wird Sie loswerden wollen. Unerklärbare Unfälle passieren schnell. Und", scherzte er, „essen Sie lediglich gekochte Eier, dann ist es schwierig, Sie zu vergiften. Ich werde für Sie etwas in Edinburgh in die Wege leiten. Kommen Sie in drei Tagen zu mir. Sava Puslowski, mein Adjutant, wird Sie abholen."

*

Drei Tage später klingelten wir an der Tür des Generals Sosnkowski. Der General öffnete persönlich. Neben ihm – was für eine Überraschung – stand unser lieber Freund, Professor Jurasz, Chefchirurg und Direktor des wohlbekannten Krankenhauses in Posen. Er hatte mir 1936 das Leben gerettet, als bei der Geburt unseres zweiten Sohnes Komplikationen aufgetreten waren. Um drei Uhr in der

Nacht war er nach Winnogóra gekommen. Ich hatte eine Venenentzündung, die sich durch eine Embolie verschlimmert hatte. Mein linkes Bein begann abzusterben, es war höchste Eile geboten. Ich war in Lebensgefahr. Der Professor mobilisierte alle kompetenten Kräfte seines Krankenhauses: Ärzte, Krankenschwestern, Medikamente, Spritzen, alle nötigen Instrumente und – zu meinem Entsetzen – Blutegel, die das Blut meines geschwollenen Beins aussaugen sollten. Wie durch ein Wunder überlebte ich. Über einen Monat lang kam der Professor jeden Tag den weiten Weg aus Posen, immerhin fünfzig Kilometer, zu mir. Später besuchte er uns mit seiner Frau und nahm an großen Jagden in Winnogóra teil.

„Ich glaube nicht", sagte der General, der sich über meine Überraschung freute, „daß ich Sie einander vorstellen muß. Der Professor ist seit langem ein Freund von mir. Wir haben alles gemeinsam geplant. Er nimmt Sie als Fremdsprachenkorrespondentin mit nach Edinburgh, und Sie werden dort auch andere Funktionen in dem Krankenhaus haben, das er für die Polen mit amerikanischer Hilfe gerade eingerichtet hat. Sie werden bei Professor Jurasz und seiner Frau Stasia wohnen. Die Kinder werden selbstverständlich mit Ihnen kommen, aber sie werden im Internat leben. Hier ist es Tradition, die Jungen sehr früh ins Internat zu geben. Ihr Mann, der das Studium an der Militärakademie mit Auszeichnung abgeschlossen hat, wird in London bleiben müssen, da er nun diplomierter Offizier ist. Er wird ein Wochenende im Monat zu Ihnen kommen können. Es läßt sich nicht anders planen."

„Wenn es Ihnen recht ist", fügte der Professor hinzu, „möchte ich spätestens morgen abreisen und den Zug am Abend um halb neun nehmen."

„Für mich ist das ausgezeichnet. Ich und die Kinder werden fertig sein. Könnten Sie uns abholen und uns zum Bahnhof bringen?"
„Einverstanden, Stasia wird sich freuen. Wir haben ein großes Haus und bewohnen nur den ersten Stock. Das Erdgeschoß steht zu Ihrer Verfügung."
„Wunderbar, vielen Dank."
Der Professor ging hinaus. Der General war sehr zufrieden. Ich blieb noch eine Weile bei ihm. Wir unterhielten uns:
„Ich werde Sie bald in Edinburgh besuchen. Ich muß unsere Truppen inspizieren. Sie werden sich dort wohlfühlen, vergessen Sie den Rest, all diese politischen Intrigen und alles andere. Das ist nichts für Sie. Sie haben für unser Land und die Alliierten mehr geleistet als die meisten von uns. Die Auskünfte, die Sie gebracht haben, sind nicht hoch genug einzuschätzen. Sie haben Glück gehabt. Allerdings sind wir etwas erstaunt, daß Sie so viele freundliche Deutsche kennengelernt haben. Ihre menschliche und warmherzige Haltung hat sich offenbar auf den Feind ausgewirkt. Man spürt, daß Sie keinen Haß in Ihrem Herzen und keine Rachgier empfinden. Es gibt in jedem Menschen etwas, das Glück oder Unglück anzieht. Aber ich rede, als ob ich Ihr Vater wäre! Ich kenne das Leben, ich habe viel gelitten. Versuchen Sie nun, an Ihr eigenes und an das Glück Ihrer Familie zu denken. Bereiten Sie Ihre Abreise nach Edinburgh vor. Gott segne Sie!"
Ich sollte an mein eigenes Glück denken? Wenn er wüßte, wie schwer, ja unmöglich das war.
„Was für ein wunderbarer Mann", dachte ich, als ich hinausging. „Wenn alle ihm ähnlich wären, wie schön würde die Zukunft aussehen!"
Bevor ich London verließ, mußte ich noch unbedingt den

französischsprachigen Sender aufsuchen, um das Lied von Monsieur Even ausstrahlen zu lassen. Ich begab mich also unverzüglich zum Sitz von „Free French“. Ich wurde von einer Gruppe von Soldaten begeistert empfangen. Sie waren von meiner Ankunft durch die Engländer unterrichtet worden. Aufgeregt stellten sie viele Fragen und ich hatte kaum Zeit, sie zu beantworten. Dann wurde es ruhiger. Ich zog das Lied von Monsieur Even aus der Tasche und erläuterte meine Bitte.

„Im Prinzip geht das in Ordnung“, versicherte mir der Verantwortliche. „Aber wir müssen vorher die Zustimmung der englischen Behörden bekommen. Warten Sie eine Weile, ich werde sie anrufen.“

Er ging hinaus. Die anderen nützten die Zeit aus, um mich auszufragen zur Lage in ihrem Land, über Paris, die Restaurants und Tanzlokale. Vor allem interessierte sie natürlich das Verhalten der Besatzungsmacht. Nach einer guten Viertelstunde kam der Verantwortliche wieder:

„Es ist in Ordnung“, rief er. „Die Engländer erlauben uns, das Lied auszustrahlen. Erklären Sie uns, worum es geht.“

„Es ist sehr einfach. Dieser Text, der mit der Melodie von ‚Unter den Brücken von Paris‘ unterlegt ist, soll mehrere Tage hintereinander und vor den Nachrichten abends um neun Uhr ausgestrahlt werden. Sie kennen die Melodie. Versuchen Sie es.“

Sie machten sich mit großer Begeisterung an die Arbeit und sangen das Lied in verschiedenen Besetzungen. Ich war glücklich, als ich an die Freude meiner Freunde in Noirmoutier dachte.

„Ich muß Sie nun verlassen. Haben Sie vielen Dank für Ihren Empfang. Wann werden Sie mit dem Senden anfangen?“

„Ab morgen."
„Nochmals herzlichen Dank. Es lebe Frankreich!"
Ich eilte zurück in unsere Wohnung.
Den nächsten Tag verbrachte ich zusammen mit meinem Mann. Wir schmiedeten Zukunftspläne, sprachen über die Rückkehr nach Winnogóra nach dem Krieg und über die Erziehung unserer Söhne. Er versprach, so oft wie möglich nach Edinburgh zu kommen.
Am Abend verließ ich mit den Kindern endgültig London.

*

Ein neues Leben begann. André verbrachte ein oder zwei Wochenenden im Monat in Edinburgh. Die Jungen, die im Internat einer sehr guten katholischen Schule waren, kamen nur zu Weihnachten, Ostern und in den Sommerferien zu mir. Die Wohnung der Jurasz war groß und geräumig, so konnte ich die Kinder ohne weiteres bei mir haben. Die Jurasz waren echte Freunde für uns.
Meine Tätigkeit im „Paderewski Krankenhaus" beschäftigte mich sehr. Dort verbrachte ich zehn bis zwölf Stunden am Tag. Ich war beim Professor Sekretärin für polnische Angelegenheiten, Dolmetscherin bei den Ärzten, die die Sprache noch nicht beherrschten, war für die Krankenberichte verantwortlich und half in dringenden Fällen im Krankenhaus mit. Das alles ließ mir keine Zeit, über meine Vergangenheit nachzudenken. Die Arbeit war meine Zuflucht. Ich versuchte, wie es mir General Sosnkowski geraten hatte, zu vergessen, aber das war nicht leicht, obwohl die Zeit so schnell verging.
Am 20. Juni 1944 wurde unsere Tochter Maya geboren, meine Freude, meine Liebe, mein Sonnenstrahl. Sie würde

mir helfen, hoffte ich, alles andere zu vergessen. Ihre Zukunft war mir wichtig, nicht die meine. Ich machte Pläne für sie. Sie würde in Winnogóra so glücklich sein. Der Krieg ging dem Ende entgegen und bald könnten wir nach Polen zurückkehren. Ich würde unzählige Rosen pflanzen.
Im Februar 1945 stürzten mit der Konferenz von Jalta alle unsere Hoffnungen zusammen. Wie war das nur möglich? Man ließ uns unter Stalins Joch?
Ich weinte um die Rosen, die ich in Winnogóra nie würde pflanzen können.

*

1948 wurde das Krankenhaus geschlossen. Die Ärzte verstreuten sich über die Städte und Krankenhäuser Englands und Schottlands. Manche versuchten in Polen ihr Glück. Der Professor und seine Frau wanderten in die Vereinigten Staaten aus.
André war noch beim „Resettlement Corps" für entlassene polnische Offiziere – aber es dauerte nicht mehr lange. Man mußte sich über die Zukunft Gedanken machen. Sehr gute Freunde in Belgien, Graf und Gräfin Lippens, schlugen uns vor, einige Zeit bei ihnen in Zoute zu verbringen. Wir nutzten Andrés zweiwöchigen Urlaub, um sie zu besuchen. Bei ihnen kam der Gedanke auf, nach Belgisch-Kongo* zu gehen. Der Vater von Susie, Staatsminister und ehemaliger Generalgouverneur des Kongos, erleichterte uns die Erlangung der notwendigen Papiere für unsere Auswanderung in dieses ferne Land. Wir wurden zu Staatenlosen, zu politischen Flüchtlingen mit Pässen der UNO.

* Das heutige Zaire

Anfang Mai 1949 schifften wir uns auf einem englischen Frachtschiff nach Afrika ein. Christophe, der inzwischen sechzehn Jahre alt geworden war, blieb in England, da er in seinem Studium zu weit fortgeschritten war, um einen Wechsel in einen anderen Sprachraum noch verkraften zu können. Zwei Monate dauerte unsere Reise. Viele Häfen der englischen Kolonien liefen wir an. Wir reisten mit André junior und Maya, die sich über die Reise und die Aussicht, in Afrika zu leben, freuten und ständig sangen: „Bingi-bingi, bingi-bingo, we'll be happy in the Congo."
Zwölf Passagiere waren wir an Bord, ohne die Mannschaft mitzurechnen. Das Leben auf dem Schiff war sehr eintönig, aber sehr erholsam. Außer Pässen, Visa und den anderen erforderlichen Papieren hatten wir noch einen Arbeitsvertrag für André, dem somit ein guter Lohn, ein möbliertes Haus, sechs Monate bezahlte Urlaubstage für insgesamt sechs Jahre und Flugtickets nach Europa und zurück zugesichert waren. Was wollte man mehr?
Wir erreichten Angola und gingen in Lobito an Land. Von dort aus fuhren wir mit dem Zug in die Provinz Katanga, nach Elisabethville*. Drei Tage und zwei Nächte reisten wir durch die Buschwildnis. Im Bahnhof von Kolwezi erreichte uns eine schlechte Nachricht. Ein Missionar des Benediktinerordens stieg in den Zug, suchte nach uns und bat uns, mit den Kindern und dem Gepäck auszusteigen. Er erklärte uns ohne Umschweife, daß eine Weiterreise zwecklos wäre, denn die Firma, die André angestellt hatte, war inzwischen bankrott gegangen. Es gab für uns folglich weder Arbeit noch Lohn, noch ein Haus. Wir standen vor dem Nichts!

* Bis 1966 Name der Stadt Lubumbashi

„Sie müssen sich etwas anderes suchen", sagte Pater Odilon. „Zuerst nehmen wir Sie auf. Ich habe für Sie Zimmer im ‚Biano' reserviert. Es ist eine Hotel-Pension, ein Haus für Beamte der verschiedenen belgischen Firmen. Dort werden wir in aller Ruhe über die Situation nachdenken und über eine mögliche Lösung für die Zukunft beratschlagen."

Wir beschlossen, daß ich so lange wie nötig mit den Kindern im „Biano" bleiben sollte, während André mit Pater Odilon nach einer anderen Arbeit suchen würde. Aber nicht umsonst bin ich ein Sonntagskind – in den schwierigsten Augenblicken ereignet sich immer ein Glücksfall! Bei unserem erzwungenen Aufenthalt lernte ich eine Persönlichkeit kennen, die seitdem eine große Freundin von mir ist: Frau von Busschère, Gattin des Generaldirektors der Eisenbahn im Kongo. Sie hatte viele Beziehungen und ein Herz aus Gold. Frau von Busschère machte hier in den Schulferien Urlaub mit ihren vier Söhnen, die zwischen drei und acht Jahre alt waren. Sie sorgte für das Wohl ihrer Kinder, die viel Freude daran hatten, die Zebras, Affen, Antilopen und alles, was sich bewegte, in der umgebenden Buschwildnis zu beobachten.

André und Maya schlossen sich den vier Jungen schnell an. Wir, die Mütter, begannen erst allmählich, uns zu unterhalten. Schließlich vertraute ich ihr alle Probleme unserer gegenwärtigen Lage an. Sie versprach, uns zu helfen. Als die Ferien zu Ende waren, fuhr sie nach Elisabethville zurück, nahm dabei André junior mit und brachte ihn zu den Saliern, die eine Knabenschule unterhielten. Mir versicherte sic, daß sie für mich Arbeit finden würde.

Das Versprechen war ernst gemeint. Ein paar Tage später bekam ich einen Telefonanruf. Ich sollte so schnell wie

möglich zu ihr kommen. Mich erwarte eine gute Stelle. André hatte immer noch nichts gefunden, und so war diese Nachricht wie ein Geschenk des Himmels. Ich wurde als Telefonistin und Buchhalterin im Gästehaus einer belgischen Fluggesellschaft eingestellt. Zwei Jahre blieb ich dort. Danach bot mir das Konsulat der Vereinigten Staaten eine Stelle an, die besser bezahlt war. Inzwischen fand André eine Stelle an der Zeitung „Essor du Congo“ als Leitartikler. Er war überaus erfolgreich. Der Zeitungsverkauf verdreifachte sich. Man riß sich um die Zeitungen, um seine Artikel zu lesen, die mit „Franc.“ unterzeichnet waren.
Im Juli 1952 erreichte mich ein langer Brief von Rittmeister Nickisch-Rosenegk, einer der Offiziere, die 1939 in Winnogóra gewesen waren. Mit Erregung las ich von seinen Erinnerungen an Winnogóra, seinen Erlebnissen in sowjetischer Kriegsgefangenschaft. Er erzählte, wie ausweglos es gewesen war, nach seiner Entlassung 1948 Arbeit zu finden. Schließlich hatte er eine Stelle als Nachtwächter in einer Druckerei bekommen, mit der Auflage, für zweiundzwanzig Öfen Kohle in Eimern vom Keller in alle Stockwerke zu tragen. Armer Nickisch-Rosenegk, in seinem Alter und mit seiner Vergangenheit, das war ein schweres Los!
Er berichtete auch von denen, die ich gekannt hatte: Dr. Rupp war nach einigen Monaten in Frankreich 1940 nach Danzig entsandt worden, wo sich seine Spur verlor. Von Hoepfner wurde in Rußland schwer verletzt und ist zwei Jahre später gestorben.
Schließlich kam Nickisch-Rosenegk auf Graf von Rothkirch zu sprechen. Er sei heil aus dem Krieg zurückgekehrt und führe jetzt das Reiterteam für die Olympischen Spiele an.

„Ich habe ihn vor kurzem in München getroffen", fuhr Nickisch in seinem Brief fort. „Als ich ihn fragte, ob er geheiratet hätte, hat er traurig geantwortet: ‚Nein, ich warte immer noch darauf, daß sich meine Weg ein drittes Mal mit der kreuzen, die ich liebte, die ich liebe und die ich mein ganzes Leben lieben werde. Ich bin vielleicht romantisch, aber ich kann nichts dagegen tun. Ich habe sie in Lateinamerika gesucht, da unsere Botschaft in Paris mir mitgeteilt hatte, daß sie zu ihrem Mann nach Brasilien gehen wollte. Mein Suchen war jedoch vergeblich. Es ist vielleicht hoffnungslos, aber ich warte.' Ich war nahe daran, ihm zu sagen, daß ich Ihre Adresse kenne, wußte aber nicht, ob das in Ihrem Sinne gewesen wäre. Da habe ich geschwiegen!"
Und auch ich habe geschwiegen. Ich habe Nickisch nicht geantwortet. Wie konnte ich es riskieren, wieder Verbindung aufzunehmen? Ich hätte nicht die Kraft gehabt, weiteren Widerstand zu leisten. Und was wäre dann aus meinem Versprechen für André vor Gott ‚bis daß der Tod euch scheidet' geworden? Ich wollte kein Wagnis eingehen. Das Schweigen ist manchmal vielleicht die beste Antwort.
Die Zeit, das Leben vergeht. Ich habe den Schlüssel für den kleinen Tresor meines Herzens vergeben.

*

1953 beschloß ich nach vier Jahren ununterbrochener Arbeit, wohlverdienten Urlaub in Europa zu machen. Ich wollte vor allem meine zwei Söhne wiedersehen, Christophe in England und André, der schon seit zwei Jahren die Benediktinerschule in Saint-André in Belgien besuchte. Ich hatte auch einiges in London zu erledigen. Gleich am ersten Tag,

gerade als ich in das polnische Restaurant in der „Exhibition Road" eintrat, fiel ich fast in die Arme von General Bór-Komorowski, der gerade hinausgehen wollte. Ich hatte ihn vor dem Krieg gut gekannt. Er war Oberkommandierender der Widerstandsarmee und ein führender Held des Warschauer Aufstands von 1944 gewesen.
„Was für eine Überraschung", rief er, „Sie hier zu sehen! Was für ein Zusammentreffen! Gerade gestern haben wir lange über Sie gesprochen. Der Oberbefehlshaber des ‚Intelligence Service' teilte mir mit, daß kaum eine Person ihm so viele wesentliche und wertvolle Auskünfte gebracht habe wie Sie. Es gab sogar einen Beschluß, Ihnen den ‚George-Cross'-Orden zu verleihen. Aber da Sie Polin sind, war unsere Zustimmung notwendig."
„Und?" fragte ich.
„Seien Sie nicht böse, ich habe abgelehnt."
„Aber warum?"
„Weil ich weiß, wie sehr die Zusammenarbeit von Witkowski mit dem ‚Intelligence Service' kritisiert worden ist. Ich kann nicht akzeptieren, daß ein Mitglied der Organisation der ‚Musketiere' von England auf Nachfrage des englischen ‚Intelligence Service' hin ausgezeichnet wird. „Aber", fügte er hinzu, „wir möchten Ihnen die höchste Auszeichnung gewähren, die ein Zivilist je erhalten kann: das Verdienstkreuz mit Schwert. Es gibt zwei Verdienstkreuze, das einfache und das mit Schwert für riskante Taten unter Einsatz des Lebens. Wann haben Sie Zeit, damit ich eine kleine Zeremonie organisieren kann?"
„Wann Sie wollen", antwortete ich. „Morgen zum Beispiel."
„Einverstanden, morgen mittag. General Rudnicki wird anwesend sein."

Es war eine kleine bewegende Zeremonie, ohne großes Aufsehen: zwei Generäle, ein paar Offiziere, die ich nicht kannte, eine kleine Rede, ein Glas Champagner – und das glänzende Kreuz.

*

Zwei Tage später verließ ich London, um zu Graf und Gräfin Lippens nach Zoute zu fahren und mit meinen drei Kindern Urlaub zu machen. Wir verbrachten wunderbare Ferien.
Dann fuhr ich eine Woche nach Noirmoutier, bevor ich die lange Strecke nach Katanga mit dem Auto zurücklegte. In Noirmoutier gab es einen Empfang nach dem anderen. Alle wollten meine Rückkehr feiern. Man rief Erinnerungen wach und sprach sogar von dem Lied von Monsieur Even, das man im Juni 1942 im BBC gehört hatte.
„Ich werde eines Tages zurückkommen . . .“, versprach ich beim Abschied.
„Ja, kommen Sie zurück. Und gute Reise“, wünschten sie mir.
Ich hoffte, daß dieser Wunsch mich begleiten und mir für die ganze Strecke nach Elisabethville Glück bringen würde, denn die Rückreise war mit unvorhersehbaren Gefahren verbunden. Mit meiner neunjährigen Tochter begab ich mich auf unbekannte Straßen, wie jemand, der nicht schwimmen kann und sich mitten ins Meer wirft. Spanien, Tanger, Marokko, dann – nachdem wir in Casablanca bis nach Pointe-Noire ein Schiff genommen hatten – die Fahrt durch das französische Äquatorialafrika. Es folgte der Kongo. Dort begannen die wahren Schwierigkeiten. Acht Stunden fuhren wir auf Pfaden im Busch ohne einen einzigen Wegweiser, trafen auf Flüsse ohne Brücken, und unter-

nahmen Flußfahrten auf primitiven Flößen, die von Eingeborenen gesteuert wurden. Darunter waren sogar Angehörige eines Stammes von Menschenfressern.
„Sie mögen kein weißes Fleisch“, hatten mir Missionare am Vorabend in einer Haltestation erzählt. Sie waren tatsächlich sehr nett, und ich konnte Maya mit einigen von ihnen photographieren. Wir kamen erschöpft, aber stolz auf unsere Heldentaten in Elisabethville an.

Was danach kam . . .

Ich lebte noch vierzehn Jahre im Kongo. Die Arbeit im Konsulat der Vereinigten Staaten wurde langsam eintönig. Schließlich war André gezwungen, wegen seiner Krankheit, eine schwerwiegende Salmonellen-Infektion, nach Europa zurückzugehen. Ich erlebte die wilden Kämpfe um die Unabhängigkeit dieses Landes, das unter belgischer Herrschaft wieder so friedlich schön gewesen war. Die Kugeln pfiffen und die Maschinengewehre ratterten auf der Straße, die ich mit dem Fahrrad überquerte, um ins Konsulatsbüro zu kommen.
Ich sparte unnachgiebig, um unser Haus in Noirmoutier fertig bauen zu lassen. Dieses Haus hatte uns der Bürgermeister von Noirmoutier, Monsieur Caillaud, geschenkt, um sich für die Gefälligkeiten zu bedanken, die ich der Bevölkerung Jahre zuvor erwiesen hatte. 1967 zogen wir dann auf diese Insel, die ich liebte und die ich immer lieben werde.
Fünfzehn Jahre später zogen wir schließlich in ein altes Herrenhaus in Nièvre, um näher bei unseren Kindern und Enkelkindern zu sein, die alle in Paris waren. Ich war traurig, Noirmoutier verlassen zu müssen, aber ich konnte nicht anders handeln. Man muß leider immer wieder Ab-

schied nehmen und immer wieder zu vergessen versuchen, um nicht zu sehr zu leiden. Und das Leben nimmt seinen Lauf mit Freude und Kummer, Hoffnung und Enttäuschung.

Polen stand unter sowjetischer Herrschaft, Winnogóra war auf auf immer verloren und Wysuczka zerstört. Mein Vater war in Katyn ermordet worden. Und meine Mutter? Mit Hilfe ihrer treuen Bauern gelang es ihr, durch die Maschen des NKWD-Netzes* zu schlüpfen und Beba in Warschau wiederzufinden. Von dort aus konnten wir sie dank des Eingreifens unserer belgischen Freunde und der belgischen Botschaft aus dem Elend, das in Polen herrschte, herausholen. Wir taten alles, damit sie zu uns in den Kongo kommen konnte.

Dort ist sie 1958 am Vorabend des Weihnachtsfestes gestorben. Auf dem Friedhof von Elisabethville steht ein Granitstein, der von vier Palmen umgeben ist. Auf dem Kreuz ist nur „Izabella" zu lesen. So wollte sie es, die liebe Mama. Mit ihr sind so viele Erinnerungen einer verlorenen Vergangenheit verbunden, eines nun unmöglichen und unerreichbaren Glücks.

Glücklicherweise ist hier in Nièvre die Natur schön und ungetrübt. Die Pracht der Herbstfarben – sie scheinen wie entflammt in den Strahlen der untergehenden Sonne. Und um das Schloß herum blühen überall Rosen, Rosen, die ich seit vielen Jahren pflanze. Ich pflege sie mit Hingabe, in Erinnerung an die Rosen, die ich einst in den Dom des Heiligen Georg in Lemberg gebracht habe.

Ich habe ein schweres Herz, sehr schwer, aber ich weine nicht . . . ich habe keine Tränen mehr.

* Abkürzung für das russ. „Volkskommissariat für Innere Angelegenheiten", den Geheimdienst Stalins

Weitere Ausgaben des dbm Media-Verlages:

Barocke Heiterkeit –
Wehrhafte Standfestigkeit
Dorfkirchen in der Mark Brandenburg
Von Annett Stroetmann. Als idealer Reisebegleiter. Mit weit über 100 herausragenden Fotografien, Glossar und Übersichtskarte. 39,80 DM.
Format 14 x 20 cm.
ISBN 3-930541-10-6

Die schönsten Tiergedichte
„. . . Und tausend Augen sinken leuchtend in dein Herz“
Herausgegeben von Heike Greve. Die schönste und umfassendste Sammlung von Tiergedichten, die je in deutscher Sprache erschien. Auf 384 Seiten, in Leinen gebunden, mit 50 farbigen Tierfotos, Leseband und dreiseitigem Goldschnitt. 88,– DM. Format A4.
ISBN 3-930541-05-X.

Ostpreußische Stick-Ideen
Kreuzstich – Vom Motiv zum Bild
Von Else Gruchow. Auf 90 Seiten hochwertigem Bilderdruckpapier und in Fadenheftung zum idealen Arbeiten. Über 100 zauberhafte Motive aus der Volkskunst, von der einfachen Blüte zum aufwendigen Wandteppich. 39,80 DM.
Format 21 x 31,5 cm.
ISBN 3-930541-00-9

Bestellungen auch direkt beim **dbm Media-Verlag**
10117 Berlin, Schützenstraße 18 (Tel. 030/20 35 33 06)

Königsberg
Gdynia
Ostpreußen
Stettin
Bydgoszcz
Deutsches
Reich
Gniezno
Posen
Wrzesnia
Kutno
Sroda
Winnogóra
Berlin
Polen
Lodz
Czestochowa
Krakau
Prag
Pilsen
Tschechoslowakei